高校教育纠纷
司法审查研究

王重文◎著

图书在版编目（CIP）数据

高校教育纠纷司法审查研究/王重文著.—北京：知识产权出版社，2022.6
ISBN 978-7-5130-8154-2

Ⅰ.①高… Ⅱ.①王… Ⅲ.①高等教育—教育法—研究—中国 Ⅳ.①D922.164

中国版本图书馆CIP数据核字（2022）第073178号

内容提要

之所以选择"高校教育纠纷司法审查"作为研究主题，是因为当前高校教育纠纷的司法审查存在诸多需要解决的问题。高校作为传播与创造知识的场所，早已不是远离是非的"象牙塔"，其中也会产生各种纠纷，高校教育纠纷司法审查的研究，对于拓展司法审查介入高校教育纠纷的广度和深度，促进高校教育纠纷救济制度的完善，以及保护学生、教师的合法权益都有着重要的意义。

责任编辑：韩婷婷　王海霞　　　　　　责任校对：潘凤越
封面设计：回归线（北京）文化传媒有限公司　责任印制：孙婷婷

高校教育纠纷司法审查研究
王重文　著

出版发行	知识产权出版社有限责任公司	网　　址	http://www.ipph.cn
社　　址	北京市海淀区气象路50号院	邮　　编	100081
责编电话	010-82000860转8790	责编邮箱	93760636@qq.com
发行电话	010-82000860转8101/8102	发行传真	010-82000893/82005070/82000270
印　　刷	北京九州迅驰传媒文化有限公司	经　　销	新华书店、各大网上书店及相关专业书店
开　　本	720mm×1000mm 1/16	印　　张	12.75
版　　次	2022年6月第1版	印　　次	2022年6月第1次印刷
字　　数	224千字	定　　价	76.00元
ISBN 978-7-5130-8154-2			

出版权专有　侵权必究
如有印装质量问题，本社负责调换。

项目基金

本书得到了2019年度教育部人文社会科学研究青年基金项目"高校教育纠纷硬法与软法的综合治理研究"（19YJC880091）和2018年湖北省社科基金一般项目（后期资助项目）"高校教育纠纷司法审查研究"（2018119）的资助。

前　言

　　高校教育活动中产生的一些问题，往往纠结于自律与他律之间，例如高校教育纠纷是否都属于学校的内部管理问题？司法是否可以介入？应该如何介入？怎样才能避免对高校办学自主权的不当干涉？如何在自律与他律之间保持适度的平衡？这些一直都是值得我们思考的问题。

　　高校教育纠纷是指高校在教育管理活动中与学生、教师之间，以及他们相互之间发生的权利、义务之争。高校教育纠纷主要发生在高校与学生、教师之间，而高校教师与学生之间发生纠纷时，由于教师是学校的职员，其行为代表的是学校，最终的法律效果仍归属于学校。高校教育纠纷主要体现为相关主体间的权利、义务之争，因而明确各纠纷主体权利与义务的边界，是我们研究高校教育纠纷的前提。以高校教育纠纷所涉及的法律关系为基础，可以分为宪法法律关系纠纷、行政法律关系纠纷、民事法律关系纠纷以及刑事法律关系纠纷。

　　从大学的起源开始，大学在争取自主办学权，摆脱外界过分干涉的斗争中，就面临着各种矛盾与难题。大学的发展离不开自治，而缺少约束与制衡的自治，往往会演化为"僵死的信条"，进而危及大学的健康发展。"大学自治"是西方的学术用语，在我国一般称为"高校办学自主权"。我国的高校办学自主权是指高校作为具有独立法人资格的机构，在不受其他组织或个人非法干扰和阻碍的前提下，依据国家有关方针和政策，结合自身办学规律和特点，充分发挥自主决策、自主执行、自主监督的积极性和主动性，行使教育决策和教育活动的权利。对学术自由的追求是大学自律的基础，而大学自治是学术自由的制度保障。司法审查介入高校教育纠纷时，不可避免地会涉及学术自由事项，这也是高校教育纠纷司法审查的特殊性所在，从当前我国法院审理的案件来看，司法介入时遵循了学术节制的立场。

司法审查的精髓在于以司法权监督和制约行政权的滥用，进而保护公民的合法权益。我国的司法审查可以表述为：人民法院依法对具体行政行为的合法性进行审查的国家活动。通过对高校教育纠纷相关案例的分析，我们发现在司法的阳光照入大学殿堂的过程中，主要围绕三个核心议题展开，即司法审查能否介入？哪些事项可以纳入司法审查范畴？应该如何审查？目前，我国高校教育纠纷司法审查的范围仍然不清，高校教育纠纷司法审查的标准也有待进一步统一。本土理论依据的缺失、高校法律地位的模糊、高校办学自主权的抵制、司法的谦抑性及直接法源依据的缺位等问题的存在，是导致高校教育纠纷司法审查不顺畅的主要原因。

平衡论注重行政法律关系主体的能动性，有利于激励高校的学生、教师在与高校存在行政法律关系纠纷时，运用法律手段维护自己的合法权益。平衡论还需进一步发展并完善自身的理论体系，为纷繁复杂的现实生活提供更加确定、更具操作性的指引，而非仅仅停留于价值层面之上。本书对高校教育纠纷司法审查范围的列举和阐述，只能反映当前高校教育纠纷中较为突出问题的大致轮廓，高校教育纠纷司法审查的范围不能局限于此。对高校教育纠纷的司法审查，可以从形式审查和实质审查两方面进行。形式审查主要是从依据是否违法、程序是否合法两方面开展的；实质审查的标准包括高校的行为是否考虑了不相关因素、显失公正、保护了信赖利益。在判决的形式上，法院不宜直接运用变更判决的裁判方式，如果认为高校的行为存在显失公正、考虑了不相关因素、存在程序违法等情形，可撤销高校的处理决定，责令其重新作出决定。

目 录

绪 论 ·· 001
 一、立论依据 / 001
  （一）选题缘由 / 002
  （二）研究意义 / 006
 二、研究现状分析 / 007
  （一）文献综述 / 008
  （二）文献评价 / 022
 三、研究方案 / 023
  （一）研究对象 / 024
  （二）研究思路 / 024
  （三）研究方法 / 026

第一章　高校教育纠纷概述 ·· 028
 一、高校教育纠纷的概念 / 028
  （一）纠纷 / 028
  （二）教育纠纷 / 029
  （三）高校教育纠纷 / 030
 二、高校教育纠纷的主体 / 030
  （一）高校 / 030
  （二）学生 / 035
  （三）高校教师 / 039
 三、高校教育纠纷的性质与类型 / 044
  （一）高校教育纠纷的性质 / 044
  （二）高校教育纠纷的分类标准 / 044
  （三）高校教育纠纷的具体类型 / 045

i

（四）几种存在争议的纠纷 / 051

第二章　大学自治与司法审查 ·················· 055
　一、大学自治的历史考察：中世纪的大学自治 / 055
　　（一）中世纪大学的源起 / 056
　　（二）中世纪大学自治的确立 / 060
　　（三）中世纪大学自治的体现 / 062
　　（四）中世纪大学自治的局限 / 065
　二、大学自治的域外经验：近代德国、日本、美国大学的自治 / 067
　　（一）德国的大学自治 / 067
　　（二）日本的大学自治 / 069
　　（三）美国的大学自治 / 070
　三、大学自治的中国语境：高校办学自主权 / 071
　　（一）高校办学自主权的内涵 / 071
　　（二）高校办学自主权的发展历程 / 073
　　（三）高校办学自主权的性质分析：在理想与事实之间 / 077
　　（四）高校办学自主权与司法审查的关系 / 079
　四、大学自治的基础：学术自由 / 080
　　（一）学术自由的思想渊源 / 080
　　（二）学术自由的含义 / 082
　　（三）学术自由的主体 / 083
　　（四）学术自由的内容 / 085
　　（五）学术自由与司法审查的关系 / 086

第三章　高校教育纠纷司法审查的反思 ·················· 091
　一、司法审查 / 091
　　（一）英美法系中的司法审查 / 091
　　（二）大陆法系中的司法审查 / 093
　　（三）司法审查的中国语境 / 094
　二、司法审查介入高校教育纠纷的现实考量 / 095
　　（一）纠纷的类型 / 095
　　（二）争议的焦点 / 095

三、高校教育纠纷司法审查困境的原因分析 / 110
　　（一）本土理论依据的缺失 / 110
　　（二）高校法律地位的模糊 / 115
　　（三）程序审查标准的模糊 / 118
　　（四）司法审查的谦抑性 / 119
　　（五）直接法源依据的缺失 / 121

第四章　高校教育纠纷司法审查的展望 ………………………………… 123
一、司法审查的理论依据：平衡论 / 124
　　（一）何谓平衡论 / 124
　　（二）为何是平衡论 / 125
二、高校教育纠纷司法审查的原则 / 127
　　（一）一般原则 / 127
　　（二）特别原则 / 132
三、高校教育纠纷司法审查的范围 / 134
　　（一）高校与学生之间纠纷的审查范围 / 134
　　（二）高校与教师之间纠纷的审查范围 / 135
　　（三）高校教育纠纷司法审查范围的确定及可能 / 137
四、高校教育纠纷司法审查的标准 / 138
　　（一）形式性审查 / 138
　　（二）实质性审查 / 143

参考文献 ……………………………………………………………………… 150

附　录 ………………………………………………………………………… 165
　附录1　指导案例38号：田某诉北京科技大学拒绝颁发毕业证、
　　　　学位证案 / 165
　附录2　指导案例39号：何某某诉华中科技大学拒绝授予学位案 / 168
　附录3　甘某不服暨南大学开除学籍决定案 / 171
　附录4　北京大学与于某某撤销博士学位决定纠纷上诉案 / 176
　附录5　陈某诉中山大学撤销硕士学位决定案 / 183
　附录6　柴某某与上海大学教育一审行政判决书 / 185

绪 论

随着学生牵着法官的手叩开了高校的法治之门，高校出现在法院被告席上的情况逐渐增多，高校不再是远离是非的"象牙塔"，而是有可能被卷入各种纠纷中，高校教育纠纷也越来越受到人们的关注和重视。但是，高校教育纠纷问题并没有因为人们的日益重视而自动得到解决。例如：田某诉北京科技大学案暴露了高校内正当程序缺位的问题；林某某诉厦门大学案反映了高校办学自主权的边界问题；刘某某诉北京大学案表明了学位论文评审时外行审内行规则的问题；白某某等诉武汉理工大学及其他因大学英语四级未通过不能被授予学位的案件，揭示了《学士学位授予暂行办法》中条文的问题；董某诉郑州大学案揭示了对考试作弊者作出退学处分是否过当的问题；王某等六位学生诉湖南外语外贸进修学院名誉侵权案显示出校纪校规滞后于受教育权发展的问题；王某某诉教育部案反映了高校教师职称评审行为的可诉性问题，等等。这些案例所反映出的问题并没有因时间的流逝而自行得到解决，而是依然存在于各高校的教育活动中。

一、立论依据

之所以选择"高校教育纠纷司法审查"作为研究主题，是因为当前高校教育纠纷的司法审查存在诸多急需解决的问题。高校作为传播与创造知识的场所，早已不是远离是非的"象牙塔"，其中也会产生各种纠纷，司法审查作为一种社会干预手段，对高校教育纠纷的解决❶，学生、教师权益的维护有着

---

❶ 但我们并不认为司法是万能的，是解决高校教育纠纷的最主要手段，其他的非诉解决机制，如申诉、调解、和解等对教育纠纷的解决也发挥着重要的作用。正如刘星教授所言："有必要重新思考一下法治的精义。应该认为，其精义不在于凡事必诉，而在于在各种治理手段并存的情况下，法律具有最高的权威。"参见：刘星. 西窗法语［M］. 北京：法律出版社，2019：117.

重要的意义。

(一) 选题缘由

近年来，司法审查介入高校教育纠纷的案件时有发生，一些案件的审理引起了人们的关注与反思。高校内的哪些纠纷应纳入司法审查的范围？应该在什么时候介入？审查的标准应该如何确立？这些问题在理论界和司法实践中都存在争议。

1. 高校教育纠纷司法审查的范围不清

应将哪些高校教育纠纷纳入司法审查的范围，目前理论界还未形成定论。在司法实践中，各法院的做法也不一致，甚至同一法院在不同时期的做法也截然不同，表现出迟疑、反复。

◇**案例1**：2000年3月7日，被告襄樊学院❶以本校学生李某某在"马克思主义哲学原理"考试中请他人代考，严重违反考试纪律为由，作出院政发（2000）031号纪律处分决定，给予李某某勒令退学处分。原告李某某诉称，被告在未调查核实的情况下，依据自己制定的《襄樊学院学生学籍管理实施细则》的有关规定，对原告作出勒令退学纪律处分的主要证据不足，适用法律法规错误，违反法定程序，请求人民法院撤销被告对原告作出的勒令退学处分决定。被告辩称，襄樊学院不是行政机关，其对违纪学生所作的纪律处分系学院内部管理行为，不是具体行政行为，不属人民法院行政诉讼受案范围。其对原告作出的勒令退学处分决定，有充分事实根据和法律依据，且处分程序合法。请求人民法院驳回原告的起诉。一审法院认为，襄樊学院是国务院教育行政主管部门批准设立的高等院校。高等学校作为公共教育机构，虽然不是法律意义上的行政机关，但依据我国教育方面法律法规的有关规定，国家实行国家教育学业考试制度，对高等学校学生的学籍管理、奖励与处分，由国家批准的高等学校组织实施。因此，高等学校在行使这一国家行政职能时，属于法律、法规授权的组织，其应当具有行政诉讼的被告主体资格。被告襄樊学院对原告所作的勒令退学处分决定，使原告丧失学籍资格，直接影响、限制和否定了原告的受教育权和大学生身份权。受教育者在学校处于一种被管理者的地位，学校对受教育者的受教育

---

❶ 现已更名为湖北文理学院。

权和身份权的处理,系特殊的外部行政管理关系,不属于内部管理行为。被告襄樊学院在作出处分决定时,虽有程序瑕疵,但尚不足以影响其行政行为的合法性。原告不服,向湖北省高级人民法院提起了上诉,二审法院维持了一审法院的判决。❶

◇**案例2**:原告甄某原系被告三峡大学电气信息学院学生。在2002年5月31日进行的"软件技术基础"考试过程中,原告甄某因与他人传递试卷,被被告三峡大学于2002年6月6日根据《三峡大学考场违纪及舞弊处理办法(试行)》第五条,给予其留校察看一年的处分。2003年4月23日,原告甄某在"数字信号处理"重修考试中,被监考老师发现其夹带写有考试资料的纸条,即中断其考试。后被告三峡大学于2003年5月8日根据《三峡大学考场违纪及舞弊处理办法(试行)》第六条之规定,给予原告甄某勒令退学处分。原告甄某不服,于2003年8月7日向葛洲坝人民法院提起诉讼。请求判决撤销勒令退学处分。葛洲坝人民法院经开庭审理认为:学校与学生的关系,是一种特殊的内部行政管理关系,不属于人民法院直接受理的行政案件的范围,最后裁定驳回原告甄某的起诉。原告甄某不服一审判决,提起了上诉,二审法院维持了一审法院的判决。❷

以上两个案件都是因学生在考试中作弊而被学校勒令退学❸,并且都发生在湖北省,前后的时间相差约2年,主要案情也基本一致。但对案件是否应当受理、司法审查是否可以介入高校对学生的退学处理,两个法院的判决表现出截然相反的立场。案例2中,法院认为学校的退学处分属于内部行政管理关系,不属于法院的受案范围。案例1中,法院认为被告襄樊学院的勒令退学处分决定,使原告丧失学籍资格,直接影响、限制和否定了原告的受教育权和大学生身份权,是特殊的外部行政管理关系,不属于内部管理行为,属于法院的受案范围。这种"同案不同判"的情形,无疑不利于法制的统一与司法权威的树立。天津市高级人民法院行政庭针对教育纠纷反映的突出问

---

❶ 参见:湖北省襄樊市中级人民法院行政判决书(2000)襄中行初字第19号、湖北省高级人民法院行政判决书(2000)鄂行终字第41号。

❷ 甄某诉三峡大学撤销勒令退学处分案 [DB/OL]. 2015-01-12. [2016-06-20] http://www.china-lawedu.com/news/1900/24/2005/1/li7790293934124121150024524_155857.htm.

❸ 现行《普通高等学校学生管理规定》中已经取消了"勒令退学"的表述。

题，曾于 2004 年作了一个《关于审理教育行政案件的调查报告》，其中就高校教育纠纷的受案范围问题提出建议，指出因教育行政案件的审理还处于探索阶段，缺少成熟的经验可循，受案范围不宜界定得太广，高校对学生的纪律处分行为和退学行为、学位授予行为可以纳入行政诉讼受案范围；而对于招生行为，虽然对学生合法权益影响较大，但由于招生过程中受学生报考志愿、报考人数、录取分数等不确定因素的影响，司法审查的难度很大，所以不宜纳入行政诉讼受案范围。❶天津市高级人民法院《关于审理教育行政案件的调查报告》的建议实际上与现在的司法实践不符，因为招生行为的可诉性可以从很多案例中找到合理的解释，并且它也与 2000 年黄某某诉武汉大学案的立场相矛盾。以上都说明，高校教育纠纷司法审查的范围目前仍然是一个有待进一步厘清的问题。

2. 司法审查介入高校的教育纠纷时机不明

司法审查与申诉、复议如何衔接，如何把握司法审查介入高校教育纠纷时机的问题，法律上暂时没有明确规定，学者们也是见仁见智。其中争议的焦点在于是否应把校内申诉作为提起诉讼的前置程序。实践中也不乏将申诉作为向法院提起诉讼前置程序的案例，不可否认，将申诉作为提起诉讼的前置程序，是具有一定合理性的。这是因为不管是校内申诉还是校外的行政申诉，处理机关相对于法院对纠纷的内容更加熟悉，更懂得教育领域事务的规律，由学校或教育行政机关对教育纠纷先行处理，是非常有利于及时解决教育纠纷的，把纠纷解决在校内或行政环节，也可以在一定程度上减轻法院的压力，节约司法资源。将申诉作为诉讼前置程序体现的是"效率"价值，其倡导者一般是立足于这种"效率"观展开论述。但"效率"并不是人们的唯一或最主要的诉求，有时候应让位于其他位阶的价值，如"公正"。如果强行规定当学生、教师对高校的处理行为不服时，应先向校内申诉委员会申诉，对校内申诉委员会的处理决定不服时，再向教育行政机关申诉，只有对教育行政机关的处理决定不服后，才能向法院提起诉讼。两次烦琐的申诉前置，有时并不能发挥迅速解决纠纷的作用，其"效率"价值并不能得到体现，尤其是在学生或教师与学校的矛盾激化，彼此互不信任的情况下，"漫长"前置程序的设置对他们来讲反而是一种煎熬，也不利于学校维护正常的教学秩序。而直接赋予学生、教师向法院提起诉讼的权利，能更快捷地解决争议和化解

---

❶ 中华人民共和国最高人民法院行政审判庭. 行政执法与行政审判：总第 12 集 [M]. 北京：法律出版社，2005：138.

矛盾。并且也没有法律、法规明确规定高校内的教育纠纷发生后，必须先经过申诉救济后才能向法院提起诉讼。此外，教育行政主管部门与高校存在着利益关联，其处理结果的公正性有时会受到怀疑，而这恰恰是司法审查的价值所在。

3. 高校教育纠纷司法审查的标准不统一

法院受理高校教育纠纷案件后，应该用怎样的标准进行审理，目前的法律、法规中没有明确的规定，各法院的做法也存在差异。

◇**案例1**：原告林某某系漳州师范学院艺术系2004级音乐学专业师范本科（1）班学生。该生在2006年2月26日"邓小平理论"补考中，夹带与考试相关的材料，受到严重警告处分，又在2006年6月10日全省高校计算机应用等级考试中指使他人替考。2006年7月8日漳州师范学院作出会议纪要，同日对原告林某某作出开除学籍处理审批，2006年7月9日作出漳师院〔2006〕141号文，决定开除原告学籍。原告不服申请复查，漳州师范学院学生工作处于2006年9月19日作出维持原处分的复查决定。原告不服，于2006年10月11日向法院提起诉讼。一审法院认为学校在对学生作出处分决定之前，应当听取学生或者其代理人的陈述和申辩。被告未向原告履行告知程序，提供让原告或其代理人进行陈述和申辩的机会。进而认定漳州师范学院开除原告学籍决定程序违法，撤销了学校的开除处分的决定。二审法院维持了一审法院的处理决定。❶

◇**案例2**：唐某、李某均系沈阳师范大学学生。2006年12月24日下午，在"高等学校英语应用能力考试B级"考试中，唐某持假身份证代替李某考试，被监考老师发现，经校长办公会议研究决定，并于2007年1月10日作出对原告唐某（等24名学生）开除学籍处分。原告不服，向被告的学生申诉处理委员会提出申诉，该委员会维持了原处分决定。原告又向辽宁省教育厅提出申诉，辽宁省教育厅经审查认为申诉超过法定期限，于2007年4月17日作出"不予受理唐某的申诉请求"的决定。原告仍不服，认为学校的处理程序违法，向法院提起行政诉讼。一审、二审法院认为学校的处理程序

---

❶ 参见：福建省漳州市芗城区人民法院（2006）芗行初字第120号、福建省漳州市中级人民法院（2007）漳行终字第13号。

虽然存在瑕疵，但并未影响到唐某实体权利的救济，维持了学校的处理决定。❶

以上两个案例中，法院都运用了程序性审查标准，但对于处分前是否履行了告知义务，会对案件的审理结果产生实质性的影响，两个法院的立场并不一致。案例1中，法院认为学校在对学生作出处分决定之前，应当听取学生或者其代理人的陈述和申辩，否则学校的处理决定程序违法，因此一审、二审法院都以学校处理程序违法为理由，撤销了学校的开除处分的决定。案例2中，法院并没有单纯地遵循"程序正义"的理念去审查学校的处理行为，认为学校尚未履行告知的义务只是程序上的瑕疵，并没有因此而撤销学校的处分决定。法院更加注重"效率"以及对学生权益的实体救济。

4. 高校教育纠纷司法审查本土理论依据不足

现有研究有些以批判德国行政法领域的"特别权力关系理论"为起点，指出它在保护公民合法权益方面的局限，也与现代法治理念不符，如果以该理论为依据排斥司法审查介入高校教育纠纷，容易造成高校法治的盲区。紧接着在此基础上，介绍德国著名公法学家乌勒教授的"基础关系与管理关系理论"以及"重要性理论"，并以这些理论为立论依据去论证司法审查介入高校教育纠纷的必要性和具体范围。当然，运用德国行政法中的相关理论为我国高校教育纠纷的司法审查找到正当性的理由，有利于进一步研究我国高校教育纠纷中的司法审查问题，具有一定的借鉴意义。但也应该注意到，这些理论是扎根在他国的法制环境与学术传统之下的，与我国的具体法治实情和学术传统存在一定的差异。难道不能发掘本土资源，运用本土理论在高校教育纠纷司法审查的相关问题上开疆扩土吗？我们认为是可以的，可以借用一些已有的理论对高校教育纠纷司法审查的相关问题进行研究。

（二）研究意义

高校教育纠纷司法审查相关问题的研究，对于拓展司法审查介入高校教育纠纷的广度和深度，促进高校教育纠纷救济制度的完善，以及学生、教师合法权益的保护都有着重要的意义。

1. 理论意义

（1）拓展司法审查介入高校教育纠纷的广度和深度

当前对司法审查介入高校教育纠纷的研究，主要停留在高校与学生之间

---

❶ 参见：辽宁省沈阳市中级人民法院（2008）沈行终字第1号。

纠纷的层面，而对高校与教师之间的纠纷鲜有问津。对于高校与学生之间纠纷司法审查的研究，还囿于德国行政法中"重要性理论"学说的限制，如何突破域外理论的掣肘，发掘本土理论为司法审查介入高校教育纠纷提供指引，是开展本研究的重要动因，它有利于拓展司法审查介入高校教育纠纷的广度和深度。

(2) 促进高校教育纠纷救济制度的完善

权利的救济是促进权利得以实现的有效保障，如果一项权利受到侵害后不能得到有效救济，则这项权利很难称得上是真正的权利。故对于一国的法治建设而言，为公民提供一种无漏洞的权利救济机制是比确认公民的法律权利更为重要的任务，因为无救济则无权利。司法的终局性、权威性，是人们信仰司法救济的主要因素，研究司法救济对公民权利的保护，是法治社会的题中之义。

2. 现实意义

(1) 为司法审判提供借鉴

当前在实务中，因在法律层面没有明确的规定，针对具有类似情形的案例，只因审判法院、主审法官的不同，结果就会大相径庭。这无疑对司法权威和统一造成了一定的损害。通过对司法审查介入高校教育纠纷的研究，探明司法介入高校教育纠纷的合理范围，确定适当的审查标准，可为司法审判提供有益的借鉴。

(2) 促进学生与教师合法权益的保护

当学校的不当行为侵害到了学生、教师的合法权益之后，学生、教师可以通过申诉、仲裁、行政复议、信访等各种途径救济自己的权利，这些方式有自己独特的价值，但同时也存在一些不足。"在监督行政活动的各种方式中，司法审查是最主要的监督方式，它是一种经常性的、局外的、有严格程序保障的、具有传统权威性的监督。"[1] "人们一般还是视司法审查为能够抑制行政活动中过度行为的最重要的保障。"[2] 它无疑会促进对学生、教师合法权益的保护。

二、研究现状分析

本书的资料搜集途径以中国知网（CNKI，包括学术期刊网络出版总库、

---

[1] 王名扬. 美国行政法：下 [M]. 北京：中国法制出版社，2005：567.
[2] 金波. 对违法行政行为法律监督问题的探讨 [J]. 西南政法大学学报，2007，9 (5)：68-74.

优秀硕博论文全文数据库、重要报纸全文数据库)、北大法宝法律数据库(以下简称北大法宝)、中国裁判文书网为主,兼有互联网中的其他资源。文献资料的搜索方式以关键词为主,包括"高校""教育纠纷""司法审查""学生""教师""办学自主权""学术自由"等,按照与研究主题的关联度进行了甄别与筛选,相关度较高的文献主要来自教育学和法学。

(一) 文献综述

通过对相关文献的梳理,我们发现有关高校教育纠纷司法审查的研究主要集中在以下几个方面:其一,有关高校教育纠纷接受司法审查必要性的研究,即论证为什么司法审查要介入高校教育纠纷;其二,有关高校教育纠纷司法审查范围的研究,即高校内的哪些纠纷应纳入司法审查的范围,以及为什么要将这些纠纷纳入司法审查的范围之内;其三,有关高校教育纠纷司法审查原则的研究,即探讨司法审查介入高校教育纠纷的指导原则;其四,有关高校教育纠纷司法审查标准的研究,即应该运用怎样的标准去审查高校教育纠纷中的具体问题。

1. 有关高校教育纠纷接受司法审查必要性的研究

秦惠民以法治为视角论证了司法审查介入高校教育纠纷的必要性。他认为是否应在学校中实行法治化管理,在全球范围内仍是一个存在争议的问题,一些政治家和教育家因学校受到的法律约束过多而感到非常不满意。但是教育具有社会权利的属性,进而决定了教育事务具有社会公共性质。法治社会的正常运行离不开司法审查,社会公共事务接受司法审查既是有益的,也是理所当然的。教育和学校管理活动的特殊属性,不能成为将学校管理事务置于法治社会之外的理由。特别是我国正在进行法治化建设,评判高校教育管理工作的标准,不能只看管理效率的高低,还要看对校内学生、教师正当权益的尊重与保障,这样的价值导向才是科学的。现代法治精神的核心就是维护与保障个人的正当权益。[1] 程雁雷以保护公民受教育权为视角,分析了为什么司法审查要介入大学的纠纷。她认为,大学自治并不是针对司法而言的,从大学的起源来看,大学自治主要是为了抗衡教会与世俗政权的不当干预。司法具有重要的价值,它能维护社会的正义、平等以及文明,不能因为大学的独特性而不将其视为社会的一部分,没有司法的保障,大学追求和促进平等和正义的目标将无法达成。教育法律的实现也需要司法介入的保障,否则

---

[1] 秦惠民. 高等学校法律纠纷若干问题的思考 [J]. 法学家, 2001 (5): 105-114.

是不可能实现的。自从近代意义上的宪法产生后,司法开始介入大学自治。受教育权是公民受宪法保护的基本权利,同时教育事项关涉到公共利益以及公权力的行使,当宪法要对公共事务的管理以及公权力的运行情况进行监督的时候,司法也就顺其自然地要介入大学的管理活动。[1]

夏民、刘同君以大学内部管理秩序失范的现实状况为切入点,认为正是因为大学内部管理秩序存在不规范的问题,才导致学生、教师的权利诉求在校内不能得到很好的解决,进而引发了学生、教师维护自己权利的诉讼,这是司法审查介入大学自治领域的现实诉求。大学内各项规章制度存在瑕疵,是司法审查介入的首要原因。当前仍有一些大学在制定校内规章制度的过程中片面地强调对管理效率的追求,不重视广大师生的民主参与渠道以及正当诉求的表达。例如,扩大学校规章制度的适用范围,限制或剥夺学生和教师的正当合法权利,不合理地增加学校规章制度的调整手段,校纪、校规的有些条文之间存在冲突、相互抵触的情形,校内规章制度在形式方面也存在不严谨的问题。同时,他们还认为司法审查介入大学自治还有另外一个重要的原因,那就是大学内部管理行为存在不规范的问题,而司法审查的介入有利于促进大学内部管理行为更加规范。[2]王噶利认为,大学自治的性质决定了国家干预的必要,教书育人是大学的重要功能,对国家来说发挥着非常重要的作用,因此国家的行政权力要对大学的办学行为进行干预,对其进行适当的引导与调整,保障其正常功能的发挥。由于传统型权威与现代权威之间存在一定的冲突,根据现代社会法治的精神,传统型权威自身也要遵循合法与正当的逻辑,当逻辑存在僭越的可能性,而内部成员的正当、合法权益不能得到有效的保障时,司法审查的介入便是理所当然的选择。[3]

唐宇明认为,大学的发展需要保持适度的独立性,这不仅对大学自身的长远发展有益,而且对整个社会的进步都有着深远的意义。但是如果放任高校内的纠纷不管,例如高校与学生的纠纷,无视学生与教师正当权益的维护,这种无人问津的状态实际上就是大学自治的"暴政"。从这个角度来看,那些不作为的行政主体极有可能成为大学自治"暴政"的帮凶。赋予当事人更多的权利救济渠道,促进权利的保护,扩大行政诉讼的受案范围,是当今各国

---

[1] 程雁雷. 高校学生管理纠纷与司法介入之范围[J]. 法学, 2004(12): 34-39.
[2] 夏民, 刘同君. 大学自治与司法审查:由学子告母校引发的思考[J]. 高等工程教育研究, 2003(3): 24-28.
[3] 王嘎利. 大学自治与司法审查关系之分析[J]. 江苏高教, 2006(5): 7-9.

法治建设的共同努力方向。在很多发达国家，随着民主政治向纵深方向发展，法治主义的阳光逐步照耀在国家和社会的每个角落。我国也处于这样一个历史进程之中，不管大学自治的事项如何具有其特殊性，也不能游离于法治之外，成为法治的盲区，大学内部制定的各项规章制度也要具有合法性和合理性，契合现代法治之精神，不得违背法律的相关规定。❶ 苗琰认为，司法审查介入高校教育纠纷，是现代教育行政发展的必然趋势。大学自治与国家监督之间不是绝对对立的关系，大学自治并没否认国家对其行政性权力监督的必要；相反，国家权力的监督是确保大学自治得以有效运行的必不可少的条件。同时，高等教育的法治建设也需要司法审查介入高校的行政行为。高等教育的法治建设是行政法治发展的必然要求，也是依法治国理念发展的题中之意。高等教育的法治建设要求高校转变传统的管理模式，注重对学生与教师的权利保护，而"有权利必有救济"是现代法治社会的基本要求，在高校中也应如此。在高等教育法治化进程逐步深入的背景下，高教领域诉讼案件的频繁发生，说明高校早已不是法治的盲区，以大学自治为借口试图排斥司法介入高校领域的纠纷，已经背离时代法的精神，也与现实情况不符。❷ 卢威、邱法宗认为，法治社会下的大学不可能也不应当游离于国家管理之外，因而也就无法避免司法审查问题。❸

司法审查介入高校管理行为是有前提条件的，并非任何行为都有司法审查的必要。高校行政行为的存在是司法介入的必要前提，如果认为高校内不存在行政行为，则没有司法审查的必要。黄艳以高校与学生之间的关系为视角，认为高校与学生之间的关系应该是民事法律关系，因此司法审查不应该介入高校在行使处分权时所引发的纠纷。高校处分权的存在有着正当合理的基础，它是现代大学健康发展所不可或缺的。高校作为独立的法人实体，有权利进行内部事务的管理，这对于保护大学的学术自由、促进社会的进步都有着积极的意义。因此，司法审查介入高校处分权是缺乏明确法律依据的，当前司法审查介入高校处分权行为的存在更多的是出于一种社会的需要和现实政策的考量，这种境遇督促我们继续完善高校内部的各项规章制度，规范

---

❶ 唐宇明. 试论高等学校与行政诉讼 [J]. 国际关系学院学报，2004（2）：59-64.

❷ 苗琰. 司法审查介入高校行政行为的强度 [J]. 重庆工学院学报（社会科学），2008，22（5）：94-95.

❸ 卢威，邱法宗. 论对公立高校行政行为的适度司法审查 [J]. 中国高教研究，2010（2）：45-47.

权力的行使，特别是对学生的处分行为应做到规范化。❶

2. 有关高校教育纠纷司法审查理论依据的研究

1972年德国宪法法院提出了"重要性理论"，彻底废弃了特别权力关系理论，规定对涉及学生及其父母基本权利的重要事项，立法机关应对教育领域进行调整……教育领域需要法律调整的重要问题包括教育内容、学习目标、专业目录、学校的基本组织结构（学校类型、教育层次、专业设置、父母和学生的参与等）、学生的法律地位（入学、毕业、考试、升级）以及纪律措施等。❷ 这一理论突破了基础性理论的束缚，认为不仅基础法律关系事项需要司法介入，涉及公民权利重要事项的管理关系也需要司法介入，接受司法审查，维护法治原则。

3. 有关高校教育纠纷司法审查标准及范围的研究

程雁雷以学生管理行为为视角，认为不是所有的高校学生管理行为都应纳入行政诉讼的受案范围，只有具有公法意义的管理行为才可以纳入行政诉讼的受案范围，而不包括高校基于私法规则对学生的管理行为，高校基于私法规则发生的纠纷，可以通过私法的渠道进行救济。司法审查介入高校中的学生管理行为，是现代法治社会发展的必然要求。但是行政诉讼的受案范围并不是一成不变的，而是随着社会的发展，处于不断的变化发展过程之中，受案范围在这种动态的发展过程之中有逐步扩大的趋势。因此，我们在具体界定司法审查介入高校学生管理行为的范围时，既要考虑大学自治的需要，为其保留必要的空间，同时也要考量现实的需求，让其保持一定的前瞻性。她进而提出了三个标准，用于判定某一高校的学生管理行为是否应纳入司法审查的范围。其一，看被诉的高校管理行为是否改变了学生的基本身份，如取消了学籍。如果高校的管理行为改变了学生的在学身份，则应当纳入司法审查的范围；如果没有改变学生的在学身份，就没有必要纳入司法审查的范围。其二，看被诉的高校管理行为有没有外部性。例如，高校的管理行为影响到了学生受教育机会的实现，或者虽然没影响到学生受教育机会的实现，但影响到了学生受教育权的完整实现，进而影响到学生未来的发展。只要高校的管理行为具有外部性，就应纳入司法审查的范围。其三，看被诉的高校管理行为有没有影响到学生的重大基本权益。例如，有些高校的管理行为虽然既没有改变学生的基本在学身份，也不具有外部性，但是影响到了学生的

---

❶ 黄艳. 司法审查视角下的高校处分权探析 [J]. 教育探索, 2013 (7): 33-35.
❷ 毛雷尔. 行政法学总论 [M]. 高家伟, 译. 北京: 法律出版社, 2000: 117.

人身权和财产权等其他基本权利,在这种情况下司法也应介入。❶

祁占勇、陈鹏认为,应以高校的处理行为是否影响到学生的基本身份为标准去判断其可诉性,只要高校的行政处理行为影响到了学生在学身份的获得与丧失,就应该纳入行政诉讼的受案范围之内。❷王柱国以重要性理论为视角,认为司法介入公立学校的管理行为不是全面的,而是有一定限度的,这具体表现在三个方面:其一,高校的管理行为影响到学生的基本权利时,司法方可介入;其二,复议程序是司法介入的前置程序;其三,在进行具体的审查时,只应进行程序性审查。只有这样才能让学校管理、学生权利的保护以及司法审查之间保持一种适度的均衡,进而保持良性的互动。❸宋红丽、谭秀森认为,司法介入高校学生教育管理的纠纷主要包括学籍处理类行为、学历学位管理行为、招生考录类行为等。❹

吴文灵在论证大学自治权是行政裁量权的基础上,认为为了维护大学的正常教学秩序,试图将大学所有的行政行为都纳入司法审查的范围是不可能的,因此应有所区别,确立高校教育纠纷的司法审查范围应坚持以下两个标准:其一,该行为是否具有外部性。只有具有外部性的行为才能纳入司法审查的范围,例如高校的招生录取行为、学位授予行为。其二,"重要性"标准。司法只介入涉及学生重要权益的事项,例如开除学籍、退学行为,使学生失去了在学身份;对于没有涉及学生重要权益的事项,可以通过其他方式获得救济,司法不宜介入。❺湛中乐在就高校招生行为是否具有可诉性的问题上,认为公立高校的招生行为是法律赋予高校的权利,具有公共行政的性质。为了维持高校正常的办学秩序,在法定范围之内尊重高校的办学自主权是必须的,但当高校办学自主权的行使影响到公民的受教育权或其他重大权益时,应当将其纳入司法审查的范围。❻

吴卫军、张倩倩在学校行政行为司法审查广度的问题上,认为对学校行

---

❶ 程雁雷. 论司法审查对大学自治的有限介入[J]. 行政法学研究, 2000 (2): 33-36.

❷ 祁占勇,陈鹏. 高校招生权的法律性质与司法审查: 对"罗彩霞事件"的行政法透视[J]. 高等教育研究, 2009, 30 (9): 29-35.

❸ 王柱国. 学校管理司法介入的限度[J]. 行政法学研究, 2006 (2): 7-12.

❹ 宋红丽,谭秀森. 高校学生教育管理行政行为司法审查介入研究[J]. 当代教育科学, 2014 (23): 40-42.

❺ 吴文灵. 自治与法治的博弈: 论大学自治与司法介入的关系[J]. 首都师范大学学报(社会科学版), 2010 (3): 78-81.

❻ 湛中乐. 论对公立大学招生争议的司法审查[C]//劳凯声. 中国教育法制评论: 第8辑. 北京: 教育科学出版社, 2010: 1-28.

政行为的审查不能侵犯学校的学术自由权和自主管理权，只有当学校的行政行为影响到了学生的基本权利时，才有审查的必要，而这些行为主要表现在以下几个方面：一是开除学籍处分与退学处理行为，二是招生录取行为，三是颁发学历、学位证书的行为。❶ 王振清认为，司法审查不是万能的，从行政诉讼受案范围的发展历程来看，虽然其范围呈现逐步扩大的趋势，但这并不能说明应将所有行政纠纷都纳入行政诉讼的受案范围中。当高校教育纠纷涉及高校的自主管理权时，司法审查不应盲目地全面介入，而应保持适度的克制。他认为可以纳入司法审查范围的行为主要有学校的招生录取行为、学籍管理行为、奖惩行为以及颁发毕业证书与学位证书的行为。❷ 马焕灵、李春玲在分析了高校纪律处分性质的基础上，厘清了学校的哪些纪律处分纠纷应纳入司法审查范围。他们认为勒令退学和开除学籍具有公行政的性质，因为这两种行为改变了学生的在学身份，变更了教育行政法律关系，所以应将这两种行为纳入行政诉讼的受案范围。但对于诸如警告、记过、留校察看等具有私行政性质的处分行为，只能通过申诉的形式进行救济，而不能直接向法院提起行政诉讼。❸

李胜利、陈晨认为，学校对学生的管理行为可以划为两类：一类是与教育、教学、研究的专业知识没有直接关系的行为，另一类是与教育、教学、研究的专业知识有关的行为。对于与教育、教学、研究的专业知识没有直接关系的行为，法院可以进行严格的审查；而对于与教育、教学、研究的专业知识有关的行为，法院应尊重学校的专业判断权，因为这些事项具有极强的专业性，司法并不擅长，冒昧地介入会破坏高校的学术自由和大学自治。当然，当学校学术自由权的行使影响到相对人的权利时，也应为其提供救济的通道。司法的干预与尊重之间到底该如何平衡，仅仅看是否关系到专业知识是不够的，同时还应当考虑高校行为的程序是否正当、处理决定的依据是否充足、是否与法律及学校的规章制度相符合、是否有滥用权力的情形等，这些问题是法官可以运用自己的知识与经验进行判定的。❹

---

❶ 吴卫军，张倩倩. 论学校行政行为司法审查的广度与深度 [J]. 当代教育科学，2014（17）：32-34.

❷ 王振清. 刍议高校学生管理行为司法审查的范围与限度 [C] //湛中乐. 教育行政诉讼理论与实务研究. 北京：中国法制出版社，2013：127.

❸ 马焕灵，李春玲. 权利解读：走入大学生纪律处分纠纷的司法困惑深处 [J]. 江西教育科研，2007（1）：47-50.

❹ 李胜利，陈晨. 高校对学生管理行为的可诉性分析 [J]. 现代大学教育，2007（2）：60-63.

范履冰、阮李全认为，高校教育纠纷具有复杂性与特殊性，盲目地将所有教育纠纷纳入司法审查的范围是不现实的，必须综合考虑各种因素，例如纠纷的性质、救济耗费的成本、时间的花费等，并对纠纷的处理作出分流。首先，对于严重侵犯学生、教师基本权益和重大利益的行为，当事人可以提起行政诉讼，司法审查可以介入。其次，对于只关涉学生、教师一般事项的行为，没有危及他们的基本权益和重大利益，仅仅是日常的管理关系，例如一般的纪律处分、工作考核和成绩的评定等，则没有必要成为司法审查的事项，可以通过校内申诉或教育行政申诉的途径去救济。最后，为了维护大学的学术自由，对涉及学生、教师学术事项的行为也不应纳入司法审查的范围。❶

陈鹏认为，虽然我国的高校不是国家行政机关，但是有国家法律法规的授权，其行为有国家权力或公共权力的性质，可以成为行政法意义上的主体。学校作为法律、法规授权的行政主体，理应接受司法审查，这是学校不可回避的法律义务。司法对高校行政行为的审查不是全面审查，而是有限度的审查，它不会阻碍高校的学术自由及自主管理，反而可以推动高校管理行为的规范化，帮助促进相对人合法权益的保护。在具体应当纳入行政诉讼范围的事项上，他认为只有那些影响学生、教师重大权益的事项才有司法审查的必要，例如学生的入学、退学、学位授予以及教师的职称评定、开除等事项。而其他没有影响学生、教师重大权益的日常管理行为，完全属于高校自我管理决定的范围，司法审查不可介入。❷ 秦惠民认为，司法是救济公民权利的最后防线，依据现代法治社会的精神应当赋予公民广泛的救济权。高校教育纠纷司法审查的范围应是关系到学生重大权益的事项，例如勒令退学、开除学籍等关系学生受教育权的重大事项。❸

顾海波、齐宁认为，在界定高校管理纠纷诉讼解决范围时，既要立足于当前的现实情况，也需要有一定的前瞻性，不能认为只有传统的外部行政行为才能接受司法审查，而内部行政行为没有司法审查的必要。他们进而认为，只要高校的管理行为对学生的基本权益产生了重大影响，法院就应当将其纳入司法审查的范围之内，而不能因为该行为是内部行政行为就将其排除在司

---

❶ 范履冰，阮李全. 高校教育纠纷性质探析：兼论解决高校教育纠纷的对策 [J]. 高等教育研究，2005（5）：12-16.

❷ 陈鹏. 论高校自主权的司法审查 [J]. 陕西师范大学学报（哲学社会科学版），2004，33（1）：106-110.

❸ 秦惠民. 论教育纠纷案件的法律适用及其法治推进作用 [J]. 法律适用，2005（10）：73-76.

法审查的范围之外。❶ 周光礼也借鉴了德国的"重要性理论"去判定高校教育纠纷司法审查的范围，他认为对于高校一般的日常管理行为，属于大学自治的事项，司法应予以必要的尊重而不予干涉，这些事项包括学校对教师日常的教学管理、科研管理、课堂管理以及对学生的日常行为管理。但对于涉及学生与教师重大权益的事项，例如解聘教师、剥夺学生学籍，属于法律保护的事项，司法应予以介入。由于教育具有社会公益的性质，私立高校的契约自由也要受到一定的限制，也有接受司法审查的必要。❷

蔡震荣认为，只要有关学生学习自由的重大事项，例如教育的内容、学习的目的、修课的目录、学生的地位等，必须有法律的明文规定和明确的授权，特别是对于剥夺大学生学习自由的退学和开除学籍处分行为，更是必须有法律的明确规定，而不能仅仅以行政命令或大学内的校规予以剥夺，否则就是对法律保留原则的违背，应接受司法审查。❸ 王俊也认为如果学校的行为侵害了学生重要的权利，例如拒绝颁发毕业证和学位证的行为、开除学籍处分的行为，学生就可以向法院提起诉讼，法院进行审查时可以从实体法和程序法两个方面进行。❹ 彭俊认为，司法介入大学自治的程度要注意以下几个方面的问题。第一，学校的处理行为是否剥夺了相对人的身份资格。如果剥夺了相对人的身份资格，则司法可以介入，不服学校处理行为的相对人可以向法院提起行政诉讼，例如学校对学生作出的开除学籍处分、对教师的解聘或者职务与职称的剥夺等。第二，学校的处分行为是否影响到相对人的生存权、名誉权等，这些对相对人以后的生存发展将产生重大影响，例如对于学校不予颁发学位证书与毕业证书的行为，学生可以提起行政诉讼。第三，学校的处分行为是否侵犯了相对人在宪法中享有的基本权利，例如学生的受教育权，如果学校不当剥夺了学生应当享有的受教育权，则学生可以提起行政诉讼。第四，司法在介入学校的管理行为时要保持必要的克制，仅仅介入高校行使行政权力的行为，对于纯学术性的行为则不应介入。❺ 张冉、申素平认为，可以借鉴我国台湾地区"大法官释字第684号解释"的内容，重新审视基础关系与经营管理理论，突破对特别权力关系理论的限制，不能仅仅以改变学生

---

❶ 顾海波，齐宁. 高校管理纠纷诉讼解决机制探析 [J]. 国家教育行政学院学报，2009（6）：15-18.
❷ 周光礼. 高校内部规则的法理学审视 [J]. 现代大学教育，2005（4）：8-11.
❸ 蔡震荣. 行政法理论与基本人权之保障 [M]. 台北：五南图书出版股份有限公司，1999：98.
❹ 王俊. 高校特别权力关系与受教育权的法律保护 [J]. 高教探索，2005（6）：40-42.
❺ 彭俊. 大学自治与司法介入 [J]. 社会科学家，2010（5）：113-116.

身份作为学生向法院提起诉讼的限制性条件，可以考虑将影响到学生受教育权以及其他基本权利的情形，作为向法院提起行政诉讼的条件。❶

洪建娣、陈峰在分析了高校教师职称评审行为性质的基础上，认为高校教师的职称评审结果直接影响着教师的重大权益，应允许高校教师通过行政诉讼的方式来维护自己的合法权益。他们认为高校主持职称评定的行为，属于授权行政主体行使其行政管理权的行为，发生的纠纷是行政争议，不属于平等主体之间的民事争议，应该纳入行政诉讼的受案范围。高校教师职称评审纠纷的主要内容体现在人身权和财产权，但是学校或教育行政主管部门在进行具体评定时，也涉及对教师学术水平的判断，此时司法审查应主要关注评审程序，而不介入对学术问题的实质性判断，尊重高校的学术自主权。❷ 郭庆菊认为，高校的职称评审权具有行政权的性质，它是高校依据法律、法规的授权获得的权力并加以行使的表现，属于具体行政行为，具有可诉性，而不仅仅是高校内部管理行为，因此必须接受司法审查。她认为司法介入高校的职称评审行为时，应坚持有限审查和低密度审查的原则，法院只能对高校教师职称评审决定是否符合法律原则，以及评审过程是否符合法定程序进行审查，只有当专业判断明显违法或者显失公正时，才审查专业判断的行为。此外在法律适用上，还需对证据规则、法律适用等问题进行审查。她还认为，高校职称评审行为属于一种依申请的具体行政行为，当教师认为自己的合法权益受到侵犯后，可以寻求行政复议和行政诉讼进行救济。❸ 陈鹏、祁占勇通过对林某诉某大学案的分析，认为高校是法律、法规授权组织，具有行政主体的资格，高校的行政行为应纳入司法审查的范围。但是，司法审查的介入不是全方位的，应当是有限介入，不得干预学术自由。他们还认为应当区分高校教师职称"评"与"聘"的行为，对高校教师进行职称评定的主体是学校，该行为是行政行为，纠纷产生后可以提起行政诉讼；而高校教师职务聘任的行为是一种民事行为，没有司法审查的必要。❹ 章志远也认为司法机关应介入高校教师职称评审行为引发的纠纷，他从三个方面对此进行了论证。其

---

❶ 张冉，申素平. 我国台湾地区大学生救济权利的最新发展及其对我国大陆地区教育行政诉讼制度的启示［C］//湛中乐. 教育行政诉讼理论与实务研究. 北京：中国法制出版社，2013：159.

❷ 洪建娣，陈峰. 论高校教师职称评审纠纷的司法介入［J］. 苏州大学学报（哲学社会科学版），2010（5）：88-93.

❸ 郭庆菊. 高校教师职称评审行为之司法审查［J］. 学术交流，2011（3）：78-80.

❹ 陈鹏，祁占勇. 高校教师职务评聘中的法律问题探析：对一起诉讼案件的法理学思考［J］. 高等教育研究，2004（3）：46-50.

一，高校教师职称评审行为在法律属性上属于具体行政行为，具有可诉性。其二，在救济实效上，通过教育行政申诉和行政复议方式寻求救济存在很多缺陷，应当落实司法最终的救济原则。其三，就实际的审判经验而言，法院在审理高校与学生纠纷的案件中，已经积累了丰富的经验，为高校与教师纠纷的司法审查提供了有益的指导。❶

4. 有关高校教育纠纷司法审查强度的研究

吴文灵认为，司法介入大学纠纷时要注意平衡司法监督与大学自治之间的关系，法院不能简单地以自己的判断代替大学的判断，不能侵犯大学的办学自主权。一方面要从法律的角度保护受教育者的权利，另一方面也要对大学的办学行为进行监督。具体操作时要把握好以下几个方面的问题：其一，要区分事实问题和法律问题，并适用不同的审查强度。审查事实问题时，要尊重大学自己的认定，不能简单地以法官的判定来代替大学的认定，采用低强度的审查标准。其二，学术评价同时涉及事实问题和法律问题，大学应该享有判断余地。当涉及学术评价的问题时，法院应当尊重大学的判断余地，原则上承认大学评价的学术自由，使它们能基于自己的学术素养和专业知识作出最后的评价决定，例如学位论文的答辩、招生考试中的面试环节等。其三，当大学对不确定法律概念进行相应的细化规定时，如果大学的解释是合理的，法院就应予尊重，不能以自己的理解来代替大学的解释。❷吴卫军、张倩倩以司法权与行政权的关系为视角，认为司法介入学校行政行为的深度，实际上体现的是现代国家司法权对行政权制衡的力度，法院应当主要从程序方面进行审查，即要看学校作出行政行为的程序是否符合法律规定，是否契合法律程序的要求。❸

唐杰英认为，不能以"大学自治"与"学术自由"为借口，从而排斥司法审查介入高校内的教育纠纷，这是不符合现代法治精神的。法院在审查高校内的教育纠纷时，可以对学校内的校纪校规进行附带审查。审查学校对学生作出的处理行为时，要区分事实问题和法律问题，并适用不同的审查标准。当学校对法律后果的裁量出现违法情形时，司法审查才能介入。学校对事实

---

❶ 章志远. 略论高校教师职称评审行为的司法审查［C］//湛中乐. 教育行政诉讼理论与实务研究. 北京：中国法制出版社，2013：104-105.

❷ 吴文灵. 自治与法治的博弈：论大学自治与司法介入的关系［J］. 首都师范大学学报（社会科学版），2010（3）：78-81.

❸ 吴卫军，张倩倩. 论学校行政行为司法审查的广度与深度［J］. 当代教育科学，2014（17）：32-34.

问题的判定,尤其是专业判断,法院不能以自己的判断代替学校的判断,例如涉及个人品格或者高度人身性的专业判断。对于法律程序方面的问题,法院可以进行全面的审查,例如学校的行为是否遵守了法定程序、有无超越职权的情形、是否考虑了不相关的因素等。❶ 王敬波也认为法院在审查高校的学术评价行为时,要遵循学术节制的原则,因为法院不是处理学术问题的专家,只是法律方面的专家,当审查事项关涉学术评价问题时,要注意区分其中的学术问题和法律问题。只对法律问题进行审查,对于学术问题要充分尊重专家学者的意见,司法不宜介入。❷

5. 有关高校教育纠纷司法审查原则的研究

胡肖华认为,借鉴国外司法审查标准,结合我国行政诉讼的实践经验,我国学校纪律处分司法审查应遵循如下原则:比例原则、平等原则、正当程序原则、案卷排他原则、处分决定有实质性证据支持原则、决定附理由原则、行政复议前置原则、执行停止原则、司法审查有限原则。❸ 王柱国认为,司法的自由裁量权过大,在介入高校教育纠纷的案件时应给予必要的限制,因此高校教育纠纷的司法审查必须遵循一定的原则。至少包括以下两个原则:其一,比例原则。当司法介入高校的管理行为时,法官应当考虑高校的管理行为是否是保护学生基本权利所必不可少的、学校与受教育者之间彼此利益的得失情况。其二,道德上的普遍认同。这实际上是一项民主原则,尽管没必要进行投票表决,但是必须进行充分的调查和研究,尽量让受教育者、学校及社会公众在道德上得到普遍认同。❹

李华认为,司法监督的广度与深度要和大学自治相平衡,司法审查介入高校学生管理行为必须坚持三项原则。其一,要区分行政权力与学术权力,只有学校涉及学生身份的设立、变更以及消灭的行政管理行为,才可以成为司法监督的对象。其二,要区分民事权利与学术权力,只监督涉及学生民事权利的设定、变更和消灭的学校管理行为。其三,在特定国家行政管理职权转移的问题上,影响到学生重大利益的事项可以成为司法监督的对象。❺ 王振清认为,高校教育管理活动有着自己独特的规律,司法介入时必须慎重,如

---

❶ 唐杰英. 大学自治、学术自由与法治理想:高校学历学位纠纷司法救济及审查标准问题探析[J]. 山西师大学报(社会科学版),2012,39(2):134-137.
❷ 王敬波. 论高校学术评价行为的司法审查范围与强度[J]. 法律适用,2007(6):82-84.
❸ 胡肖华. 论学校纪律处分的司法审查[J]. 法商研究,2001(6):47-52.
❹ 王柱国. 学校管理司法介入的限度[J]. 行政法学研究,2006(2):7-12.
❺ 李华. 从司法监督审视高校学生管理行为[J]. 现代教育管理,2010(9):58-61.

绪 论

果完全不介入，会导致高校的教育管理活动游离于法治之外，不利于对受教育者受教育权的保护；但如果介入的范围过大，则容易对高校的办学自主权造成侵犯，不利于高校的健康发展。因此，对高校教育纠纷的司法审查必须保持一定的限度。他认为要处理好两个方面的问题：其一，要尊重高校的办学自主权。为了保障高等教育领域的专业性以及灵活性，司法审查的范围与程度应该是有限的，合理界定并尊重高校的办学自主权，是维护法治秩序及保障高等教育健康发展的关键。其二，要尊重国家的教育行政管理权。司法审查主要是进行合法性方面的审查，即便司法具有能动主义，也要遵循宪法与法律的基本精神和原则，对公共权力与公正政策作出合法性与合理性的判断。司法审查必须尊重高等教育事业具有高等自治性的特点，对高校的办学自主权和教育行政部门的决策给予一定的尊重。❶

胡大伟、晋国群认为，高校由于具有自己的特殊性，司法介入高校教育纠纷的时候，必须要比对一般行政机关的行政行为进行审查时表现得更加谨慎。一方面，要承认司法介入高校教育纠纷的合法性与正当性，司法有权介入高校与学生之间的纠纷；另一方面，司法介入高校教育纠纷时要有合理的限度，进行有限的审查。他认为司法审查高校教育纠纷要遵循三项基本原则：其一，用尽内部救济原则。其二，区别对待原则，即区分高校教育行政法律关系中的重要事项与非重要事项。高校在行使招生权、学籍管理权、奖惩权、教学管理权以及毕业证书发放权与学位授予权的过程中，会影响到学生重要的基本权利，高校必须严格地遵循法律的规定去处理，当学生认为自己的合法权益受到侵犯时，应当允许学生提起行政诉讼去救济自己的权益，高校不得阻碍学生的救济行为。但是对于一些非重要性事务，如高校制定的作息时间、成绩评定及寝室管理规则等，当高校在这些事务中与学生发生纠纷时，司法不应介入。其三，正当程序原则。❷ 邓世豹认为，司法介入大学管理事务是有限的，应当遵循申诉前置、程序性审查和基本权利保障三项原则。❸ 卢威、邱法宗认为，司法介入公立高校的行政行为是必需的，但介入时要把握好适度原则，既要将高校的行政管理行为纳入法治化轨道，监督并制裁高校

---

❶ 王振清. 刍议高校学生管理行为司法审查的范围与限度 [C] //湛中乐. 教育行政诉讼理论与实务研究. 中国法制出版社, 2013: 127.

❷ 胡大伟, 晋国群. 论司法审查介入高校学生管理纠纷的合理限度 [J]. 现代大学教育, 2005 (4): 39-43.

❸ 邓世豹. 论司法介入大学管理三原则: 以大学对学生管理权为例 [J]. 高教探索, 2004 (1): 26-28.

的违法办学行为,同时也要尊重高校的办学自主权。❶

顾海波、齐宁认为,法院在对高校管理纠纷进行司法审查时应有一定的合理限度,应受以下原则的限制:其一,用尽内部救济。现行教育法律、法规并没有将申诉作为提起诉讼的前置程序,学生可以自己选择申诉,或者直接向法院提起诉讼去维护自己的合法权益。但是,设置申诉作为提起诉讼的前置程序,可以最大限度地发挥高校与教育行政部门在专业知识上的判断力,减少对司法资源的占用。因此,他们认为只有在申诉无效或者对处理结果不满意的情况下,才能允许学生向法院提起行政诉讼。其二,要区别对待。根据高校管理纠纷涉及的内容不同,可将其分为行使行政权力时与学生发生的纠纷,以及行使学术权力时与学生发生的纠纷。因为纠纷的性质不同,运用司法审查的强度也应有所差别。对于因高校行使行政权力与学生发生的纠纷,法院进行审查时可以进行合法性审查和合理性审查;对于因高校行使学术权力与学生发生的纠纷,因学术评价是高校自治的权限,同时也属于学术自由的范畴,而学术自由是高校的灵魂和生命力所在,故司法的评判不能代替学术的评判,司法只能从程序的角度进行合法性审查,不能进行实质性审查,否则就是对高校自治与学术自由的侵犯。其三,遵循正当程序。❷ 彭华、盛泽宇、韩春晖认为,司法审查介入高校自治时要遵循四个原则:一是法律保留原则;二是学术节制原则;三是以程序审查为主、以有限实体审查为辅原则;四是复议前置原则。❸

李晓燕通过对美国高校治理学术不端经验的介绍,认为法院对大学管理权力行使的介入,实际上是一种司法监督。美国法院通过对相关案件的判决,确立了对学术权力尊重的原则,确定了司法可以介入的范围和程度。美国法院的做法,既尊重了大学和教师的学术判断权,同时也保障了学生的合法权益,使得在学生、教师权益与大学的管理权之间取得了一定的平衡,在一定程度上避免了大学管理人员处理学术不端行为的恣意性,有利于保护学生和教师的权益,值得借鉴。❶ 申素平通过对美国司法上学术节制原则的介绍,认

---

❶ 卢威,邱法宗.论对公立高校行政行为的适度司法审查[J].中国高教研究,2010(2):45-47.
❷ 顾海波,齐宁.高校管理纠纷诉讼解决机制探析[J].国家教育行政学院学报,2009(6):15-18.
❸ 彭华,盛泽宇,韩春晖.高校自治与司法审查:理论检讨与制度重构[C]//湛中乐.教育行政诉讼理论与实务研究.北京:中国法制出版社,2013:322-326.
❶ 李晓燕.美国高校治理学术不端行为制度研究[J].陕西师范大学学报(哲学社会科学版),2014(4):119-127.

为司法介入高校教育纠纷有关学术事项时，应当仅从形式方面进行审查，例如审查学校提交的证据是否合法，不能以法院自己的判断代替学校的判断，否则可能对学校的学术自由造成侵害。这样也可以平衡学校权力与师生权利之间的关系。❶ 袁方通过翻译美国历史上的两个典型案例，即戈斯诉洛伯兹案（GOSS v.LOPEZ）和密苏里大学管理委员会诉霍洛维茨案（Board of Curators of the University of Missouri v.Horowitz），说明了司法审查介入大学自治领域应有一定的限制，司法审查在为公民个人权利提供充分救济途径的同时，也应保证大学学术领域的自由、自治，这样才能促进高等教育的健康发展。❷ 韩兵通过对美国判例的分析，探讨了美国高校基于学术原因对学生惩戒时，司法是否应当介入以及如何介入的问题。他认为对于高校基于学术原因对学生实施惩戒的纠纷，司法应当遵循克制的立场，仅从程序的角度进行审查，不予审查实体问题。当然，司法克制的立场并不是说放纵高校对学术权力的行使，不进行任何形式的监督。如果学生能证明学校的学术判断存在明显不当的情形，或者以行使学术权力为借口，行使与学术无关的事项，则法院在进行程序审查的同时，可以根据个案的需要，适当参照适用对滥用行政自由裁量权的审查标准，有限度地进行实体方面的审查，司法介入时应尽可能地保持对学术判断权的尊重。❸

6. 有关高校教育纠纷司法审查时机的研究

沈岿认为，在教育纠纷中将申诉作为提起诉讼的前置程序，具有明显的优势，是未来立法应当考虑的可取之策。以穷尽行政救济为先决条件，可以充分发挥学校和教育行政部门在学术判断权上的专业优势，减少对司法资源的占用，并且司法审查的有限性可能对学生造成许多不利的影响。但是，现行法律、法规中并没有规定教育行政纠纷必须先通过申诉程序解决，然后才能提起行政诉讼，否则是有违行政诉讼法相关规定的。❹ 耿宝建认为，教育纠纷有着自己的特殊属性，处理学生与学校之间的纠纷时，申诉制度具有很大的优势，相比法院而言，学校和教育行政部门更了解教育领域的事务，由学

---

❶ 申素平. 谈美国司法上的学术节制原则 [C] //劳凯声. 中国教育法制评论：第3辑. 北京：教育科学出版社，2004：301-316.
❷ 袁方. 大学自治与司法审查 [J]. 山东大学学报（哲学社会科学版），2001（6）：116-120.
❸ 韩兵. 高校基于学术原因惩戒学生行为的司法审查：以美国判例为中心的分析 [J]. 环球法律评论，2007（3）：106-113.
❹ 沈岿. 析论高校惩戒学生行为的司法审查 [C] //湛中乐. 教育行政诉讼理论与实务研究. 北京：中国法制出版社，2013：92.

校或教育行政部门先行处理教育纠纷，有利于教育纠纷得到及时、有效的解决，将矛盾在校园或行政环节予以解决。因此，他认为应将申诉程序作为提起诉讼的前置程序。❶

郭修江认为，如果规定学生对学校的处理决定不服时，必须先向学校的学生申诉委员会申诉，对申诉委员会的处理决定不服须向教育行政机关申诉，只有对教育行政机关的申诉处理决定不服以后，才能向人民法院提起诉讼，这样的做法是不科学的。将申诉作为向法院提起诉讼的前置程序，会导致救济的程序太烦琐，不能对学生的合法权益进行及时的保护。当学生被学校开除，其受教育权被剥夺时，如果法院不能尽快辨明是非曲直并作出最终裁判，则十分不利于学生合法权利的保护，并且长时间暂停处分的决定也不利于对学校正常教学秩序的维护。因此，便捷的救济程序对学生与学校来说更有利。❷

李华认为，应当设置提起诉讼的前置程序，因为以穷尽内部救济为前提条件，一方面，对学生来讲，这样的机制能够以较低的成本去解决问题；另一方面，从社会的角度来看，这样能够节约司法资源，可以有效避免一些能够由内部救济机制解决的问题进入司法程序中，在一定程度上节约国家的司法资源，也能避免内部救济机制的架空。此外，对学校来讲，高校与学生之间的教育纠纷先由内部救济机制予以处理，有利于保护高校的办学自主权，尊重高校的学术判断权。❸

(二) 文献评价

当前，关于高校教育纠纷司法审查的研究已经较为丰富，并取得了一定的成就，对后续研究很有启发意义。通过对相关文献的系统梳理，笔者认为目前的研究还有以下几个方面需要继续完善。

1. 关于高校教育纠纷司法审查范围的研究有待深入

现有关于高校教育纠纷司法审查范围的研究，通常从维护高校办学自主权与学术自由和司法监督之间关系的平衡出发，在批驳传统"特别权力关系理论"的基础上，援引"基础关系与管理关系理论"及"重要性理论"去论

---

❶ 耿宝建. 高校教育行政案件中的司法谦抑与自制 [C] // 湛中乐. 教育行政诉讼理论与实务研究. 北京：中国法制出版社，2013：120.
❷ 郭修江. 审理教育行政案件若干问题思考 [C] // 湛中乐. 教育行政诉讼理论与实务研究. 北京：中国法制出版社，2013：77-78.
❸ 李华. 从司法监督审视高校学生管理行为 [J]. 现代教育管理，2010 (9)：58-61.

证司法审查应介入高校教育纠纷的范围，一般认为只有在高校的行政行为对相对人的权益产生重大影响时，才有司法审查的必要，这些事项包括招生录取行为、开除学籍的行为、授予毕业证书与学位证书的行为。我们认为，这些纠纷虽然反映了当前高校纠纷存在的主要矛盾，但却不能涵盖所有类型的高校教育纠纷。例如，高校与学生之间的奖学金纠纷，高校与教师之间的职称评审纠纷、聘任合同纠纷都是具有司法介入的必要与可能的。

2. 关于高校教育纠纷司法审查标准的研究有待拓宽

现有关于高校教育纠纷司法审查标准的研究，大多数学者认为应适用形式性审查标准。在具体操作时要区分事实问题和法律问题，进而适用不同的审查强度。审查事实问题时，要尊重大学自己的认定，采用低强度的审查标准。当涉及学术评价判断时，法院应当尊重大学的认定，不能以自己的判断代替大学的判断。在司法实践中，法院遵循的是形式性审查的裁判立场，主要审查高校的处理依据和处理程序是否存在不合法的情形。但形式性审查标准在依据合法与程序违法的判断方面尚未形成一致的判决立场，降低了公众的可预期性。至此，需要进一步明确并细化依据合法与程序违法的判定标准。我们也赞同司法介入高校教育纠纷时要遵循学术节制的原则，尊重高校的办学自主权及学术判断权，但是任何权利都有被滥用的可能，没有不受约束的权利，高校的学术判断权也是如此，当其行使存在明显不当，严重侵害了相对人的权益时，司法可以对其进行实质性的审查。

3. 关于高校教育纠纷司法审查理论依据的研究过于单一

现有研究有些是以德国行政法领域的"重要性理论"为依据，去论证高校教育纠纷接受司法审查的必要性及合理性，而"重要性理论"也有自己致命的弱点，其区分标准缺少清楚性和可预期性，使其最终只是空白公式，在实践中只具有启发性概念的作用。我国对行政法的研究虽然起步较晚，但也经过了一段时间的探索、发展，并且有学者构建了本土理论——行政法的"平衡论"。以往我们通常借用国外的理论来解释我国发生的各种事件，而现在，尤其是在学界提出本土理论之后，能否用我们自己的理论去阐释司法审查介入高校教育纠纷的相关问题呢？这还有待我们去进一步探索。本研究试图在本土理论中找到阐释司法审查介入高校教育纠纷的合理依据。

三、研究方案

根据已有研究，结合本研究的主题，拟从研究对象、研究思路和研究方法三个方面介绍本研究的初步设想。

(一) 研究对象

1. 司法审查介入高校教育纠纷的司法案例

自1999年田某诉北京科技大学案后,全国各地陆续发生了一些高校学生诉母校的案件,从案由来看,主要是高校在实施处分学生的行为,对学生毕业成绩的评定以及毕业证书、学位证书的颁发行为,招生行为过程中所引发的纠纷。高校教师作为高等教育活动的重要主体之一,在学校教育活动中,也会与高校或学生发生各种纠纷,例如关系到高校教师重要利益的职称评审纠纷、聘任合同纠纷等,目前还没有司法审查的先例,但是这并不表明没有司法审查的必要与可能,因此仍然需要在理论方面对该问题进行探讨。

2. 影响司法审查介入高校教育纠纷的因素

受传统行政法中"特别权力关系理论"的影响,特别是在20世纪90年代初期,很多法院的法官认为高校教育纠纷属于高校内部管理行为,因此司法不应介入。尽管现在司法介入高校教育纠纷已成为理论界与实务界的共识,但理论上对高校、高校教师的法律地位的认识还存在争议。此外,在高校教育纠纷中涉及高校自主办学权的问题,这些因素都影响着司法审查介入高校教育纠纷的广度和深度。

3. 司法审查介入高校教育纠纷需要解决的问题

高校内的哪些纠纷需要司法审查的介入,除了囿于传统理论的限制外,如何在司法干预与大学自治之间保持平衡,使其既能有效监督高校的办学行为,维护师生的合法权益,又不侵犯高校的自主办学权,保护高校科学研究应有的活力,是我们应解决的主要问题。在英美法系及大陆法系中,存在丰富的司法审查介入高校教育纠纷的案例以及一些理论成果。例如,"特别权力关系理论""重要性理论""自由裁量理论"等,这些理论为我们研究司法审查介入我国高校教育纠纷的问题提供了有力的支持,但也要结合我国的实际情况,探寻适合我国国情的本土理论。

(二) 研究思路

1. 概述高校教育纠纷的类型

我国高校教育纠纷的种类繁多,不同种类的教育纠纷涉及不同的法律关系,而并非所有类型的教育纠纷都有司法审查的必要,只有当高校教育纠纷涉及行政法律关系时才有司法审查的必要,因为在我国,司法审查是指法院审查行政行为是否合法的活动。

2. 介绍司法审查的内涵及中国语境

司法审查作为解决高校教育纠纷的一种机制,明确其内涵是开展本研究的前提。司法审查不是我国学术界固有的术语,它源于英美法系国家。广义上的司法审查包括法院对议会制定的法律是否有违宪法的审查,以及法院对行政机关行政行为是否合法的审查,其原有的含义与我国学术界通常的理解是有差异的,因此必须阐释司法审查的中国语境。

3. 介绍大学自治与司法审查的关系

从大学的起源开始,大学在争取自治,摆脱外界过分干涉的斗争中,面临着各种矛盾与难题。大学的自治从来就不是绝对的,大学的发展离不开自治,而缺少约束与制衡的自治往往会演化为"僵死的信条",进而危及大学的健康发展。自律的失落需要他律去矫正,但他律又不可涉入太深,以免危及大学自律的根本。高校教育活动中产生的一些问题,往往纠结于自律与他律之间,例如,高校教育纠纷是否都属于学校的内部管理问题?司法是否可以介入?应该如何介入?怎样才能避免对学术自由的不当干涉?如何在自律与他律之间取得平衡?这些都是值得思考的问题。

4. 分析当前司法审查介入高校教育纠纷的困境

深入认识高校教育纠纷司法审查面临的各种问题,进而分析产生这些问题的原因。只有明确了产生这些问题的原因,才能针对这些问题提出有效的解决方案。在理论上对高校、高校教师的法律地位的认识还存在争议;在高校教育纠纷中涉及高校自主办学权的问题,如学术自由问题,司法审查能否介入高校的学术自由事项,这些因素都影响着司法审查介入高校教育纠纷的广度和深度。

5. 构建司法审查介入高校教育纠纷的路径

直接法源依据的缺失,为法院运用法律原则介入司法审查留下了空间。高校教育纠纷司法审查的原则包括一般原则与特别原则。高校教育纠纷司法审查的一般原则,是指该原则不仅适用于高校教育纠纷案件的审理,也适用于其他行政诉讼案件。我们认为这些原则包括法律保留原则、比例原则、程序正当原则以及保护信赖利益原则。高校教育纠纷司法审查的特别原则,是指该原则仅适用于高校教育纠纷类案件的审理,而不适用于其他行政纠纷类案件,它体现了该类案件的特殊性。我们认为高校教育纠纷司法审查的特别原则主要有尊重学术自治原则与人文关怀原则。高校教育纠纷司法审查标准的构建可以从两个方面进行,包括形式性审查和实质性审查。

(三) 研究方法

高校教育纠纷的存在是不可回避的事实，高校不是远离尘世的"象牙塔"，在依法治国的建设进程中，高校也不可能成为法治的"真空地带"，高校教育纠纷应纳入司法审查，已经获得了理论上的支持和司法实践的确认。但是，仅仅将高校教育纠纷纳入司法审查，并不能解决所有现存的问题，因为法律是永远滞后于社会现实的，高校教育纠纷司法审查的范围还可以进一步扩张，其标准也有待进一步完善。高校教育纠纷司法审查的相关案例较多，丰富案例资料的存在，是本研究得以进行的重要基础，本研究主要运用了案例研究法，同时综合运用了比较研究法和文献研究法。

1. 案例研究法

案例研究法是法学研究中最重要的方法之一。通过对高校教育纠纷司法审查相关案例的具体分析，可以了解具体高校教育纠纷的整个案情、争议的焦点、处理的规则、处理的过程。本研究通过北大法宝、中国裁判文书网、网络检索及查阅文献，选取了85个案例，其中法院的判决案例67个、媒体报道及通过文献检索到的案例18个。在判决案例中，因为一个案件可能会经过几级法院的多次审理，例如，甘某不服暨南大学开除学籍决定案经过了四级法院的审理，该案为高校教育纠纷中被最高人民法院提审的第一案；刘某某与北京大学纠纷案经过了两级法院的8次审理。这67个判决案例中，有41个案例的当事人提出了上诉，共有119份判决文书。在这些纠纷中，绝大多数为退学与开除学籍纠纷和颁发学历、学位证书纠纷，其中退学与开除学籍纠纷案例有37起，占所有案例的43.5%；颁发学历、学位证书纠纷案例有30起，占所有案例的35.3%。这两种类型的纠纷占所有案例的78.7%。

2. 比较研究法

司法审查制度源于英美法系，大陆法系中虽然没有"司法审查"的专业术语，但却有与之相对应的制度。在英美法系和大陆法系中，对于司法该如何介入高校教育纠纷、介入后该如何审查等问题，已经积累了大量的理论成果和实务经验，并且从法学、教育学的角度，对高校教育纠纷司法审查已经有了比较深入的研究。本研究通过考察大陆法系和英美法系主要国家的高校教育司法审查制度和处理程序，并结合我国高校教育纠纷的现实情形进行研究，以期对我国高校教育纠纷司法审查制度的具体构建有所贡献。当然，比较之后的目的是为我所用，西方国家在司法审查制度以及高校教育纠纷司法审查方面的成功经验不一定就能直接照搬到我国的制度中去，因为其成功经验是植根于他国的具体法治背景,与我国的具体法治情况必然存在一定的差异,比较的目的也在于找出这种差异,从而在有所甄别的基础上对他国经验加以利用,避免出现"橘生淮北则为枳"的情形。

3. 文献研究法

高校教育纠纷纷繁复杂,要对其有宏观上的把握,借鉴前人的研究成果是不可或缺的。高校教育纠纷既是一个教育问题,也是一个法律问题,对其进行研究之前,既需要了解高等教育的基本规律,也需要熟悉有关高等教育的法律、法规。例如司法介入高校教育纠纷的范围,实际上涉及大学自治与司法审查的关系问题,或者说是高校办学自主权的边界问题,这涉及《中华人民共和国教育法》《中华人民共和国高等教育法》《中华人民共和国教师法》《中华人民共和国学位条例》《普通高等教育学生管理规定》等相关法律、法规。构建高校教育纠纷司法审查制度,需要了解高校教育活动的基本规律,例如教育的目的、学术活动的特殊性等,本研究收集了从教育学和法学的视角,对高校教育纠纷相关问题进行研究的文献。

第一章 / Chapter 1
高校教育纠纷概述

高校教育纠纷的发生，实际上是各主体间的权利、义务之争。因此，应明确各方主体的权利、义务边界。从纠纷涉及的法律关系来看，主要有民事法律关系纠纷、行政法律关系纠纷和刑事法律关系纠纷。

一、高校教育纠纷的概念

以高校教育纠纷为研究主题，清楚界定高校教育纠纷的内涵和外延，是研究得以开展的基本前提，可以有效避免因不在同一语境下而引发的争论。"明确的定义是科学研究成功的前提。只有语言表达方式统一，才能使科学交流成为可能。定义的工作十分辛苦，但是不能放弃。没有确定的定义就不能清晰地思考、科学地认识。"[1] 从字面上看，"高校教育纠纷"是一个复合概念，由"高校""教育""纠纷"三个概念组合而成。"高校教育纠纷"只是"纠纷"的一种表现形式，"高校"和"教育"对"纠纷"进行了限定，进而使纠纷的外延减少、内涵特定。"高校"是从空间的角度对"纠纷"进行限定，表明这种纠纷发生在高校领域；"教育"则是从范围的角度对"纠纷"进行限定，表明是在教育活动中发生的"纠纷"。

（一）纠纷

在不同的学科语境下，研究者会赋予纠纷不同的意境，现有研究多是从法学和社会学两个维度展开探讨。

---

[1] 魏德士. 法理学［M］. 丁晓春，吴越，译. 北京：法律出版社，2013：9.

1. 法学维度下的纠纷

人们在对纠纷相关主题进行研究时，经常援引一些学者对纠纷的界定。[1] 范愉认为，"纠纷（dispute），或争议、争端、冲突，是特定的主体基于利益冲突而产生的一种双边（或多边）的对抗行为。纠纷不仅是个人之间的行为，也是一种社会现象。纠纷是与秩序相对应的范畴，纠纷的发生意味着一定范围内的协调均衡状态或秩序被打破"。[2] 何兵认为，"纠纷是指社会主体间的一种利益对抗状态"。[3] 顾培东认为，冲突的法学本质在于"主体的行为与社会既定秩序和制度以及主流道德意识的不协调或对之的反叛"。[4] 徐昕认为，"纠纷是特定主体基于利益冲突而产生的一种双边或多边的对抗行为"。[5]

2. 社会学维度下的纠纷

科塞把冲突看成"是有关价值、对稀有地位的要求、权力和资源的斗争，在这种斗争中，对立双方的目的是要破坏以致伤害对方"。[6] 特纳认为，"冲突是对立双方之间的沟通中止，断绝沟通是冲突的实质"。[7]

法学维度下的纠纷强调的是相关主体基于利益的冲突而对现有秩序的破坏，侧重于在价值上进行分析。社会学维度下的纠纷强调的是相关主体之间沟通的中止而导致了对抗的产生，侧重于对行为现象的描述。两者只是从不同的角度对纠纷进行阐述。

（二）教育纠纷

教育纠纷作为一种具体形态的社会纠纷，是指教育活动的主体之间，因权利与义务分配的争议，从而引起的一种不平衡的社会关系。从内容上看，教育纠纷有广义上的教育纠纷与狭义上的教育纠纷之分。所谓广义上的教育纠纷，是指在教育活动中，各主体之间发生的与教育相关的权利、义务之争；而狭义上的教育纠纷，仅是指在教育教学活动中，学校、教师及学生之间权利与义务的冲突，它关系到人身权及财产权等。[8] 本研究所指的教育纠纷是从

---

[1] 以博士论文为例：陈久奎. 我国教育纠纷仲裁制度建构研究 [D]. 重庆：西南大学，2006；彭俊. 中国公立高校校生纠纷研究 [D]. 武汉：华中师范大学，2011；陈佩. 社会自治中的纠纷解决机制研究 [D]. 北京：中共中央党校，2016.

[2] 范愉. 纠纷解决的理论与实践 [M]. 北京：清华大学出版社，2007：71.

[3] 何兵. 现代社会的纠纷解决 [M]. 北京：法律出版社，2003：1.

[4] 顾培东. 社会冲突与诉讼机制 [M]. 北京：法律出版社，2004：4.

[5] 徐昕. 迈向社会和谐的纠纷解决 [M]. 北京：中国检察出版社，2008：18.

[6] 科塞. 社会冲突的功能 [M]. 孙立平，等译. 北京：华夏出版社，1989：前言.

[7] 特纳. 现代西方社会学理论 [M]. 范伟达，译. 天津：天津人民出版社，1988：245.

[8] 陈久奎. 我国教育纠纷仲裁制度建构研究 [D]. 重庆：西南大学，2006：12.

狭义的角度去理解的。

（三）高校教育纠纷

高校教育纠纷的内涵十分丰富，试图对其进行界定又恐挂一漏万，而"权利和义务作为现代法哲学的中心范畴"❶，本研究暂且将其定义为：高校在教育管理活动中与学生、教师之间，以及他们相互之间发生的权利、义务之争。因此，本研究所指的高校教育纠纷的主体，仅包括高校、学生及教师，而不包括政府及其他社会主体。

二、高校教育纠纷的主体

高校教育纠纷主要发生在高校与学生、教师之间，高校教师与学生之间发生纠纷时，由于教师是学校的职员，其行为代表的是学校，最终的法律效果仍归属于学校。而高校教育纠纷主要体现为相关主体间的权利、义务之争，因而明确各纠纷主体权利与义务的边界，是研究高校教育纠纷的前提。

（一）高校

依据《高等教育法》❷第68条的规定，高校是指"大学、独立设置的学院和高等专科学校，其中包括高等职业学校和成人高等学校"。本研究所指的高校包括公立高校和民办高校。高校的权利在我国当前的语境下可以理解为高校的办学自主权，在西方语境下则是指大学自治，我国高校的办学自主权主要来源于法律、法规的授权，高校的义务则是指高校在办学过程中应当承担的一些责任。

1. 高校的权利

我国的《高等教育法》对高校的权利有明确的规定，总体来看，我国高校的权利主要体现在以下七个方面。

（1）招生权。招录学生是高校维系正常的教育教学活动的重要前提条件，高校招生权的落实，实际上也是学生受教育权实现的体现。每个高校都希望能招到符合自己要求的学生，尤其是品学兼优、有创新意识的学生，这是高校提升办学水平、促进科研创新的重要保障。因此，高校在招生过程中往往会根据自身学科发展的情况设定一些限制性条件，特别是在博士研究生的招生过程中表现得最为明显，例如有的学校要求英语过六级、发表一定数量的

---

❶ 张文显.权利与人权[M].北京：法律出版社，2011：43.

❷ 2018年12月29日第十三届全国人民代表大会常务委员会第七次会议通过《关于修改〈中华人民共和国电力法〉等四部法律的决定》，其中包括《中华人民共和国高等教育法》。

学术论文等。根据《高等教育法》第32条的规定，高校可以根据自己的办学条件及社会的需求，在国家核定的办学规模下，自主制定招生方案或招生比例。

（2）专业设置权。根据《高等教育法》第33条的规定，高校可以依法自主设置和调整学科与专业。专业设置权是高校办学自主权的重要体现，但专业的设置不是随意决定的，专业的设置及调整必须有科学的依据，符合社会经济发展的需要，例如，随着近年来城市地铁的兴建，就有学校开设了与地铁相关的专业或课程。国家教育主管部门为了监督高校的办学行为，也会定期对高校的专业学科运行情况进行评估，对办学不规范、生源严重不足及严重脱离社会需求的学科专业进行撤销。例如，近些年就有一些知名大学的硕士点因未通过教育部的检查评估而被停止招生。

（3）教学权。根据《高等教育法》第34条的规定，高校可以根据教学需要，自主制定教学计划、选编教材以及组织实施教学活动。当前各高校在教学权方面有较大的自主性，可以根据本校的特色与实际情况编制校本教材。在具体实施教育教学活动过程中，教育主管部门也没有进行过多的干预，各高校有权自主制定教学计划，并在此基础上组织相关的教学活动。但是在有些课程方面，高校自主决定的权限相对较小，必须选用教育主管部门指定的教材，如思想政治类课程等。

（4）科学研究与社会服务权。随着高校日益成为社会的"动力站"，其智力创新对高等教育与社会经济的发展发挥着越来越重要的作用。为了促进高校进行科学研究，为人类社会创造形式多样的智力成果，国家为高校进行科学研究与社会服务提供了各种形式的保障。《高等教育法》第10条规定：国家必须依法保障高校进行科学研究、文学艺术创作以及其他文化活动的自由。当然，在高校中从事科学研究、文学艺术创作以及其他文化活动，必须遵循相关法律、法规的规定，不得从事违法活动。第31条规定：高校应当以培养人才为中心，同时也要开展教学、科学研究以及社会服务，并要保证教育质量符合国家规定的标准。同时第35条规定：高校应该根据自身的办学条件，自主进行科学研究、技术开发以及社会服务。同时国家也鼓励高校与企业事业组织、社会团体以及其他社会组织在科学研究、技术开发和推广等方面开展各种形式的合作。此外，国家十分支持具备条件的高校成为国家科学研究基地。

（5）对外交流与合作权。学习国外高校先进的办学经验，也是促进我国高等教育事业发展的重要方式。开展与国内外高校的合作与交流，一方面，可以为世界上各学科之间的交流搭建平台，促进学术的繁荣，有利于我们学习最先进的技术、最前沿的理论，促进国内高校学科的发展；另一方面，也可以把我国的传统文化及优势学科传播到国外的高校中，让世界更加了解中国，提高我国的软实力。此外，开展各种形式的中外合作办学模式，有利于国内的学生更便捷地享受到国外的优质教育，也可以利用国外的资源发展我国的高等教育事业。《高等教育法》第12条规定：国家鼓励高校之间、高校与科学研究机构以及企业事业组织之间开展协作，实行优势互补，进而提高教育资源的使用效益。国家也鼓励和支持高等教育事业的国际交流与合作。第36条规定：高校应当按照国家有关规定，自主开展与境外高校在科学技术文化方面的交流与合作。

（6）人事权。在计划经济体制时期，高校教师的聘用完全由政府决定，高校没有教师聘用的自主权，随着高等教育体制改革的进行，高校在人员聘用方面享有了越来越多的自主权。《高等教育法》第37条规定：高校可以根据实际需要，在遵循精简与效能的原则下，自主确定教学、科研、行政职能部门等内部组织机构的设置和人员配备，按照国家相关规定评聘教师及其他专业技术人员，并对他们的津贴与工资进行分配。该条赋予了高校聘用教师以及对其职称进行评审的权利。当前高校与教师之间的纠纷最主要表现为聘用纠纷与职称评审纠纷，如华中科技大学的一名教师因不服学校的职称评审结果诉教育部案等，这类纠纷在社会上产生了一定的不良影响。但目前该类纠纷没有司法审查的先例，纠纷发生后一般是通过调解、仲裁及民事诉讼的途径予以解决。事实上，高校在行使人事权的过程中，如教师的聘用与职称的评审，所产生的法律关系并不能简单地视为民事法律关系。在这些法律关系中，高校往往属于强势的一方，拥有更多的话语权，而教师缺少与高校进行讨价还价的资本，在这种事实上不对称的关系中，高校的行为通常具有单方面性和强制性，使其具有明显的行政法律关系的色彩。从这个角度来看，当高校在行使人事权的过程中与教师发生纠纷时，司法有介入的可能。

（7）财产权。尽管高校的财产权一直是一个不太明晰的问题，特别是公立高校作为法人对其财产并没有完全的所有权。但为了保障正常教育教学活动的开展，高校可以对其财产进行自主管理与使用。《高等教育法》第38条规定：高校可以依法对举办者提供的财产、国家财政性资助和受捐赠财产进行自主管理和使用。为了保证高校办学经费的稳定，《高等教育法》第61条规定：高校的举办者应当保证稳定的办学经费来源，不得抽回投入高校的办学资金。

2. 高校权利的性质

根据 2021 年《中华人民共和国教育法》（以下简称《教育法》）第 29 条❶及《高等教育法》中对高校权利的规定，高校的权利主要表现为其在办学过程中享有的权利，即高校办学自主权。从高校办学自主权的实际运行情况来看，其中的招生权、学籍管理权、处分权、颁发毕业证书与学位证书权、聘任教师及奖励和处分权等具有明显的单方面性和强制性，具有行政权力的色彩。但从大学的起源、保障高校办学自主权的落实、促进学术自由的发展来看，将高校办学自主权定位为"自治权"更符合其精神本质。详细论述参见本书第二章的"高校办学自主权的性质分析"部分。

3. 高校的责任

"正式教育是国家的一项重要职能。法国大革命和美国革命将教育作为启蒙国民并追求民主理想的手段而确立为国家的一项核心任务。"❷ 高等教育事业的发展程度，与一国社会经济的发展，以及民主化水平的提高有着密切的关系，其良好发展有助于提升综合国力。因此，现代各国政府都很重视高等教育的发展，也要求高校承担越来越多的社会责任。

（1）服务人民、社会与国家。高校在享有权利的同时也承担着一定的责任，《高等教育法》第 4 条规定：高校必须贯彻国家的教育方针，为社会主义现代化建设、为人民服务，高等教育要与生产劳动和社会实践相结合，使受教育者在德、智、体、美等方面得到全面发展。第 5 条对高等教育的任务作了规定，指出高等教育要培养具有社会责任感、创新精神以及实践能力的高级专门人才，发展科学技术文化，促进社会主义现代化建设。

（2）促进教育公平。教育公平是随着社会经济的发展以及社会民主化水平的提高，逐渐深入与扩大的发展过程，在不同的历史时期，其问题与重心有所差异。当前我国在教育公平方面面临的最主要的问题是如何实现"教育

---

❶ 2021 年《教育法》第 29 条　学校及其他教育机构行使下列权利：（一）按照章程自主管理；（二）组织实施教育教学活动；（三）招收学生或者其他受教育者；（四）对受教育者进行学籍管理，实施奖励或者处分；（五）对受教育者颁发相应的学业证书；（六）聘任教师及其他职工，实施奖励或者处分；（七）管理、使用本单位的设施和经费；（八）拒绝任何组织和个人对教育教学活动的非法干涉；（九）法律、法规规定的其他权利。国家保护学校及其他教育机构的合法权益不受侵犯。

根据案例年份不同，有时引用 2015 年《教育法》的内容。

❷ 霍奇森. 受教育人权 [M]. 申素平，译. 北京：教育科学出版社，2012：2.

机会均等",即如何保证城市与农村、不同地区、不同民族、不同阶层之间的教育机会大体相当。为了保障弱势群体的受教育权,《高等教育法》第9条规定:高校必须招收符合国家规定的录取标准的残疾学生入学,不得因其残疾而拒绝招收。为了发展少数民族教育,第8条规定:国家根据少数民族的特点和需要,帮助和支持少数民族地区发展高等教育事业,并为少数民族培养高级专门人才。

(3)依法办学,民主管理。《高等教育法》第11条规定:高校应当面向社会,依法自主办学,实行民主管理。高校也是依法治国的重要场域,其各项办学活动不能游离于法治之外,其办学行为必须符合法律、法规的相关要求,违法的办学活动是要受到法律制裁的。此外,在现代民主社会,高校应当实行民主管理,不能搞"一言堂",要积极倾听广大教职员工与学生的诉求。高校应注重对教职员工与学生诉求的合理采纳,为校内各方主体合理参与高校的办学活动创造条件,做到群策群力,调动各方主体参与学校事务的积极性。民主化的管理模式有利于高校进行科技创新与智力开发,创造一个良好的外部环境。因此,当前各高校应进一步完善并落实教职工代表大会制度、学生代表大会制度,以及其他各项促进广大教师与学生参与学校民主管理的制度。

4. 高校的法律地位

在德国,法人分为公法人和私法人,公立大学作为公营造物,具有行政主体地位,公立高校与联邦、州一样皆是行政主体,从事公共行政。而私立高校可以接受国家委托从事一定的公共服务,具有一定的公法地位。在法国,法律承认的行政主体有三种,即国家、地方团体和公务法人。国家和地方团体是以地域为基础的行政主体,具有广泛的行政职权。法国的高等学校原属行政公务法人,1968年11月12日和1984年1月26日在法律中创设科学文化和职业公务法人,适用于管理高等教育公务的机关,包括大学、高级工科学校、高级师范学校及上述机构的附属机构。❶

我国现行法律、法规将高校界定为"事业单位"。《民法典》在第三章中将法人分为营利法人、非营利法人和特别法人。非营利法人包括事业单位、社会团体、基金会、社会服务机构等。学校属于不以营利为目的的事业单位,高校的法律地位由此而确立。但高校"事业单位"的法律地位无法为司法实践中教育法律纠纷的化解给予有效的确定性指引。"它无法体现高等学校作为

---

❶ 王名扬. 法国行政法[M]. 北京:北京大学出版社,2016:391.

行政主体的法律性质，无法解释高等学校享有的对于学生的管理权力的法律来源。"❶ 讨论法律地位的目的在于确定特定法律关系中的权利或权力配置，作为一个关系范畴，法律地位依赖于具体的法律关系，大学的法律地位不能一概而论，要放在具体的法律关系中才有意义。❷

（二）学生

这里的学生是指接受高等教育的学生，根据《普通高等学校学生管理规定》（以下简称《规定》）第2条的规定，这里的学生包括接受普通高等学历教育的研究生（包括硕士研究生和博士研究生）、本科学生、专科（高职）学生。修订后的《规定》❸特别重视对学生合法权益的保护，在总则中新增了"保护学生合法权利"❹的表述。

1. 学生的权利

高校里的学生大多是已满18周岁的成年人，具有完全的民事权利能力和行为能力。他们具有公民与学生的双重身份，其权利在类型上有直接权利和间接权利之分，也有第一性权利与第二性权利之别。❺

（1）学习的权利。在学校学习的权利，对学生来讲是最重要的一项权利。学生专业知识的习得，以及"哲学般的深邃"和"艺术般的高雅"气质的养成，都是以学习为前提。学习权是一个权利束，它包括三大方面的权利，即学习自由权、学习条件保障权以及个性发展权。❻根据《教育法》第43条的规定，受教育者享有下列权利：其一，参加教育教学计划安排的各项活动，使用教育教学设施、设备、图书资料；其二，按照国家有关规定获得奖学金、贷学金、助学金；其三，在学业成绩和品行上获得公正评价，完成规定的学业后获得相应的学业证书、学位证书；其四，对学校给予的处分不服向有关部门提出申诉，对学校、教师侵犯其人身权、财产权等合法权益，提出申诉或者依法提起诉讼；其五，法律、法规规定的其他权利。

---

❶ 王敬波. 高等教育领域里的行政法问题研究［M］. 北京：中国法制出版社，2007：17.
❷ 安宗林，李学永. 大学治理的法治框架构建研究［M］. 北京：北京大学出版社，2011：247.
❸ 《普通高等学校学生管理规定》已于2016年12月16日经教育部2016年第49次部长办公会议修订通过，自2017年9月1日起施行。
❹ 修订后的《普通高等学校学生管理规定》第5条规定：实施学生管理，应当尊重和保护学生的合法权利，教育和引导学生承担应尽的义务与责任，鼓励和支持学生实行自我管理、自我服务、自我教育、自我监督。
❺ 李晓燕. 学生的权利和义务论纲［J］. 河北师范大学学报（教育科学版），2009（10）：94-99.
❻ 陈恩论. 论学习权［D］. 重庆：西南大学，2003.

(2) 参与学校民主管理权。学生是参与学校教育活动的主体之一，而不仅仅是管理的客体。现代学校制度的建设，更应强调学生的主体地位，让学生参与到学校的管理活动中去。《规定》在学生享有的权利中，新增了"以适当方式参与学校管理，对学校与学生权益相关事务享有知情权、参与权、表达权和监督权"的内容，强调了对学生参与学校民主管理权利的保护。

(3) 救济权。"没有权利就不存在救济，合法权利是救济得以存续的依据；同样，没有救济就没有权利。一种无法诉诸法律保护的权利，实际上根本就不是什么法律权利。两面关系合成一个整体，构成了法治社会权利价值的基本要素。"❶ 根据《教育法》第43条的规定，学生对学校给予的处分不服可以向有关部门提起申诉，对学校、教师侵犯其人身权、财产权等合法权益的，有权提出申诉或者依法提起诉讼。《规定》中增加了"学生申诉"一章，其中对学生申诉委员会的组成人员、处理程序作了原则性的规定，希望促进学校对学生处理和处分行为的公正与公平，保障学生依法获得救济的权利。

2. 学生权利的性质

一方面，学生的权利是一种自由。大学生相对于中小学生，在课程的选择、学术观点的表达及学校管理活动的参与等方面享有更多的自由。他们所享有的权利表现为一种自由。曾经就有一些哲学家和法学家用自由来表达权利，在他们看来自由即权利，权利即自由。例如，霍布斯认为权利存在于做或不做什么的自由之中；康德认为权利就是意志的自由行使；黑格尔认为每个真正的权利就是一种自由，权利实际上是自由的法律表达。❷ 另一方面，学生的权利是一种社会权。社会权是相对于自由权而提出的人权概念，其特质在于为了实现社会经济生活中的实质自由、平等，可以要求国家积极介入保障的权利。❸ 学生权利的实现，需要国家提供一定的物质保障作为基础，否则将难以实现。"如果权利是法律权利的话，它就必然是对某个别人行为、对别人在法律上负有义务的那种行为的权利"❹，学生在参加教育教学计划安排的各种活动时，需要使用教育教学设施、设备、图书资料等，而这些必须以国家的投入为前提。综上可见，学生的权利具有社会权的特征。

那么，是否可以用学习权或受教育权去涵盖学生的权利呢？当前世界各

---

❶ 程燎原，王人博. 权利论 [M]. 桂林：广西师范大学出版社，2014：362.
❷ 张文显. 权利与人权 [M]. 北京：法律出版社，2011：23.
❸ 许庆雄. 宪法入门 [M]. 台北：月旦出版社股份有限公司，1996：135.
❹ 凯尔森. 法与国家的一般理论 [M]. 沈宗灵，译. 北京：中国大百科全书出版社，1996：84.

国宪法中所保障的受教育权,是为了让每个公民都有机会接受教育,能在现代经济社会中享有最基本的生存能力,为追求幸福的生活奠定基础。因此,起初的受教育权主要表现为接受教育机会的均等以及免费实行义务教育。受教育权的基本内涵可以说是人民要求国家提供教育上积极给付义务的请求权。❶ 国家有义务创造各种条件为人民实现这种权利。而学习权是指全人类与生俱来的能够学习各种知识,从而得到自身成长与发展的权利。从学习权的主体来看,它包括未成年人与成年人。从学习权的实现途径来看,它不仅强调国家在教育提供上的给付义务,更强调学习者本人积极主动地创造各种条件去予以实现。因此,"学习权说之内涵足以涵盖经济的生存权与主权者教育权说,最能够指出受教育之权利本质和意涵,并且也揭示出整个国民教育权的宗旨及理论基础,主要即在于保障人类的学习权"。❷

3. 学生的义务

学生的权利和义务的重要特点之一是具有标的同一性,❸ 例如,学习对学生来讲既是一项权利,也是一项必须履行的义务。

(1) 参与学校组织的各项教学活动。学生的一些权利和义务具有同一性,尤其是上课及参加课外活动等是学生获得实际教育利益的最主要途径,对学生来说,它既是一项权利,也是一项义务。❹《普通高等学校学生管理规定》第 4 条规定:高校学生应当拥护中国共产党领导,努力学习马克思列宁主义、毛泽东思想、中国特色社会主义理论体系,深入学习习近平总书记系列重要讲话精神和治国理政新理念新思路新战略,坚定中国特色社会主义道路自信、理论自信、制度自信、文化自信,树立中国特色社会主义共同理想;应当树立爱国主义思想,具有团结统一、爱好和平、勤劳勇敢、自强不息的精神;应当增强法制观念,遵守宪法、法律、法规,遵守公民道德规范,遵守学校管理制度,具有良好的道德品质和行为习惯;应当刻苦学习,勇于探索,积极实践,努力掌握现代科学文化知识和专业技能;应当积极锻炼身体,增进身心健康,提高个人修养,培养审美情趣。

(2) 缴纳学费。《高等教育法》第 54 条第 1 款规定:高等学校的学生应当按照国家规定缴纳学费。为了保障家庭经济困难的学生能够正常入学,第

---

❶ 薛化元,周志宏,等. 国民教育权的理论与实践 [M]. 台北:稻乡出版社,1994:27.
❷ 薛化元,周志宏,等. 国民教育权的理论与实践 [M]. 台北:稻乡出版社,1994:29.
❸ 李晓燕. 学生的权利和义务论纲 [J]. 河北师范大学学报(教育科学版),2009 (10):94-99.
❹ 李晓燕. 学生权利和义务问题研究 [M]. 武汉:华中师范大学出版社,2008:12.

54条第2款规定：家庭经济困难的学生，可以申请补助或者减免学费。第55条规定：国家设立奖学金，并鼓励高等学校、企业事业组织、社会团体以及其他社会组织和个人按照国家有关规定设立各种形式的奖学金，对品学兼优的学生、国家规定的专业的学生以及到国家规定的地区工作的学生给予奖励。国家设立高等学校学生勤工助学基金和贷学金，并鼓励高等学校、企业事业组织、社会团体以及其他社会组织和个人设立各种形式的助学金，对家庭经济困难的学生提供帮助。

（3）遵守校纪校规。根据《普通高等学校学生管理规定》第4条的规定，学生应当遵守学校管理制度，具有良好的道德品质和行为习惯。遵守学校制定的各项校纪、校规是学生的基本职责，是维护正常校园秩序的基本要求。根据教育部发布的《高等学校预防与处理学术不端行为办法》（中华人民共和国教育部令第40号），学术不端行为包括：剽窃、抄袭、侵占他人学术成果；篡改他人研究成果；伪造科研数据、资料、文献、注释，或者捏造事实、编造虚假研究成果；未参加研究或创作而在研究成果、学术论文上署名，未经他人许可而不当使用他人署名，虚构合作者共同署名，或者多人共同完成研究而在成果中未注明他人工作、贡献；在申报课题、成果、奖励和职务评审评定、申请学位等过程中提供虚假学术信息；买卖论文、由他人代写或者为他人代写论文；其他根据高等学校或者有关学术组织、相关科研管理机构制定的规则，属于学术不端的行为。

（4）遵守法律、法规。学生作为高校的一分子同时也是国家的公民，遵守国家的法律、法规是每个公民应尽的义务。

4. 学生的法律地位

学生的法律地位是指学生以其权利能力和行为能力在具体法律关系中取得的一种法律主体资格。[1] 学生的法律地位兼具基础稳定性与灵活多样性的二元特征，其在宪法层面的法律地位为"公民"，在教育法层面的法律地位为"受教育者"。[2] 学生法律地位的确定，也需要放在具体的法律关系中予以考察，笼统的界定并不能促进教育纠纷的化解。在高校中，基于学生与学校法律关系的不同，学生可能是与学校处于同一平等关系的民事主体，例如，学生在接受学校提供的后勤服务活动中自己支付对价，当学校提供的服务未达到约定的标准，或在提供服务的过程中给学生人生权益、财产权益造成了损

---

[1] 余雅风. 学生权利与义务 [M]. 南京：江苏教育出版社，2012：30.
[2] 任海涛. 论学生的法律地位 [J]. 东方法学，2020（1）：123-133.

害时，双方争议如无法协商解决，诉诸法律时适用民事诉讼程序。除此之外，学生与学校也可能处于不平等的管理关系中，如高校在行使学籍管理、学位授予等职权时，该职权源于教育行政管理部门的委托与授权，在这类事务管理活动中，学生与学校的关系具有明显的不平等性，如果发生争端诉诸法律，适用行政诉讼程序。

(三) 高校教师

《教师法》第3条规定，教师是履行教育教学职责的专业人员，承担着教书育人、培养社会主义事业建设者和接班人以及提高民族素质的重要使命。高校教师则是指在高校中履行教育教学职责的专业人员。从内容上看，我国高校教师的权利和义务有基本权利和义务以及特殊权利和义务之分。高校教师权利和义务的实现，是通过与其他教育主体或社会主体，在有关教育的权利和义务之间的相互关系中得到体现的。❶

1. 高校教师的权利

高校教师的权利是指高校教师依法应当享有的各种权益，主要包括教育教学权、学术自由权、经济保障权、参与学校民主管理权以及救济权。

(1) 教育教学权。教育教学权是指教师在教育教学活动中，进行教育教学改革和实验的权利，它是教师享有的最基本的职业权利，可以说，教育教学权是教师完成其使命与履行其职责的最基本的方式。❷ 教育过程是一个以提高个人自身价值为本质特征的价值追求与价值创造的活动。❸《教师法》第7条第1项规定，教师有权"进行教育教学活动，开展教育教学改革和实验"。为了保障教师教育教学权的行使，第9条规定，"为保障教师完成教育教学任务，各级人民政府、教育行政部门、有关部门、学校和其他教育机构应当履行下列职责：(一) 提供符合国家安全标准的教育教学设施和设备；(二) 提供必需的图书、资料及其他教育教学用品；(三) 对教师在教育教学、科学研究中的创造性工作给以鼓励和帮助；(四) 支持教师制止有害于学生的行为或者其他侵犯学生合法权益的行为"。

(2) 学术自由权。《教师法》第7条第2项规定，教师有权"从事科学研究、学术交流，参加专业的学术团体，在学术活动中充分发表意见"。

---

❶ 李晓燕. 我国教师的权利和义务论纲 [J]. 华中师范大学学报（人文社会科学版），1998，37 (1)：29-34.

❷ 李晓燕. 义务教育法律制度的理论与实践 [M]. 武汉：华中师范大学出版社，2010：116.

❸ 王坤庆，岳伟. 教育哲学简明教程 [M]. 武汉：华中师范大学出版社，2011：94.

（3）经济保障权。《教师法》第 7 条第 4 项规定，教师有权"按时获取工资报酬，享受国家规定的福利待遇以及寒暑假期的带薪休假"。《教育法》第 34 条规定，"国家保护教师的合法权益，改善教师的工作条件和生活条件，提高教师的社会地位。教师的工资报酬、福利待遇，依照法律、法规的规定办理。"《教育法》还在第七章中专门对教师的待遇进行了规定。

（4）参与学校民主管理权。《教师法》第 7 条第 5 项规定，教师有权"对学校教育教学、管理工作和教育行政部门的工作提出意见和建议，通过教职工代表大会或者其他形式，参与学校的民主管理"。

（5）救济权。正所谓"无救济则无权利"，如果没有救济权，教师的合法权益将很难得以落实。《教师法》第 39 条规定，"教师对学校或者其他教育机构侵犯其合法权益的，或者对学校或者其他教育机构作出的处理不服的，可以向教育行政部门提出申诉，教育行政部门应当在接到申诉的三十日内，作出处理。教师认为当地人民政府有关行政部门侵犯其根据本法规定享有的权利的，可以向同级人民政府或者上一级人民政府有关部门提出申诉，同级人民政府或者上一级人民政府有关部门应当作出处理"。近年来，高校教师与高校之间的纠纷时有发生，如兰州某高校女教师被开除事件、湖南大学教师解聘案、教师离职被学校索要"天价赔偿金"案等，教师申诉制度对教师权利的维护并没有发挥应有的作用，其存在的必要性备受质疑。有学者认为"教师申诉的功能定位和教师法律身份的多元化趋势，使得教师申诉完善面临双重困境。行政复议、行政诉讼、劳动人事争议处理制度、事业单位工作人员申诉和公务员申诉等其他救济途径已为教师权益保障提供了充分的制度资源。在现行救济途径充足的背景下，无须进行重复建设"❶，因而建议废止教师申诉制度。也有学者认为"教师申诉制度作为教师权利救济的专门性、基础性制度，不仅因应了涉教纠纷与日剧增的社会现实，而且体现了《教师法》关于教师权益保障的立法原旨"，"为了更好地发挥它的综合优势，应当从法律规则体系化、受理机构专门化、申诉程序规范化、处理决定类型化、决定效力明确化等几个方面予以完善，并加强教师申诉与其他救济渠道的衔接，更加高效地回应教师权益保障的紧迫需求"❷。如何更好地保障教师的救济性

---

❶ 管华，余若凡.教师申诉制度可以废止吗［J］.湖南师范大学教育科学学报，2020，19（4）：14-19.

❷ 湛中乐，靳澜涛.教师申诉制度运行的法治困境及其出路［J］.湖南师范大学教育科学学报，2020（4）：7-13.

权利,是未来《教师法》在修订的过程中亟须回应的议题。

2. 高校教师权利的性质

其一,高校教师的权利具有公共性。知识是人类智慧的结晶,具有公共性。高校是智力资源最为集中的场所,发展人的智力创造知识,是高校的基本任务之一。高校教师作为传授知识、创造知识的专业人员,其教学活动不仅以知识公共性为基础,同时又进一步扩展了知识的公共性价值。教师作为知识的拥有者,通过对教学内容的自主选择、重构,采用适当的教学方法,实现知识的有效传递,使知识为学生乃至更多的人所共享。教师不仅传递知识,而且生产知识或创造知识。教学、科研是高校教师的重要任务。在从事教学工作的同时,教师还需要进行学术研究,发表自己的学术研究成果。教师的创造性活动生产出人类所需的知识,从而使知识为众人所共享。正是知识为众人享有而价值不损的公共性,才使得知识突破少数人的垄断而成为众享资源,并产生巨大的生产力。教育是一项公共性事业,大学作为实施高等教育的专门教育机构,以实现公共利益为目标,既使社会受益,又使个人受益,具有公共性特征。[1]

其二,高校教师的权利具有专业性。教师职业的发展,是一个逐步趋向专业化的过程。一种职业要被认可为专业,大致应该具备如下三个方面的基本特征:具有特定的、不可替代的社会功能;具有系统的、完善的专业理论和成熟的专业技能;具有保证该专业活动顺利进行所必需的专业自主权和专业组织。[2] 高校作为研究并创造高深知识的场所,高校教师的权利具有明显的专业性。例如,在教学知识方面,高校教师不仅需要具有较高的学历,而且需要具有广博的理论知识和宽阔的学术视野。从事教学工作的教师,在具体教学实践中所表现出来的观念、态度、知识和行为上的一些典型特征,是教学专业性的独特体现。[3]

其三,高校教师权利的实现是以履行一定的义务为前提。马克思指出,"没有无义务的权利,也没有无权利的义务"[4]。教师教育权的实质意义是以教育学生、促进学生发展为终极目的,是对教师职业职责的规定,作为教师必须遵守,既不得超越,也不得放弃,体现了极强的义务性。教师讲学的自

---

[1] 刘冬梅. 高校教师教学权利性质之辨析 [J]. 高教探索, 2011 (1): 90-93.
[2] 劳凯声. 教师职业的专业性和教师的专业权力 [J]. 教育研究, 2008 (2): 7-14.
[3] 刘冬梅. 高校教师教学权利性质之辨析 [J]. 高教探索, 2011 (1): 90-93.
[4] 马克思. 马克思恩格斯全集: 第16卷 [M]. 中共中央马克思恩格斯列宁斯大林著作编译局. 北京: 人民出版社, 1964: 16.

由也是一种极其有限的自由，不但不可以不讲授，而且也不能滥用。❶ 一个社会的权利总量和义务总量是相等的，权利和义务是相互关联和互为依存的。❷ 高校教师的权利与义务是统一的，享有权利的同时也承担着一定的义务。

3. 高校教师的义务

高校教师权利的实现，离不开其义务的履行。高校教师的义务从具体内容上看包括教书育人、提高专业水平、遵守法律和职业道德以及遵守学校的管理规定。

（1）教书育人。教书育人是教师最主要的职责，既是教师的权利，也是教师的义务。《教师法》第8条第3～第5项规定，教师应对学生进行宪法所确定的基本原则的教育和爱国主义、民族团结的教育，法制教育以及思想品德、文化、科学技术教育，组织、带领学生开展有益的社会活动；关心、爱护全体学生，尊重学生人格，促进学生在品德、智力、体质等方面全面发展；制止有害于学生的行为或者其他侵犯学生合法权益的行为，批评和抵制有害于学生健康成长的现象。对很多新入职的青年教师而言，在各种考核及职称晋升的压力下，尤其是在实行"非升即走"制度的学校，面临"不发表就出局"的"生存困境"。他们通常会把更多的时间和精力放在科研上，投入到教学上的精力相对较少，这在一定程度上削弱了教书这一义务的履行。"在我的心目中，在大学当教授，讲好课不仅是生存方式，更是快乐的泉源"❸，这应当是每位大学教师的"理想教学"状态，但很多教师的实际状态与这一状态还有一定距离，扮演着更多的"学者角色"而忽略了"教师角色"。

（2）提高专业水平。《教师法》第8条第6项规定，教师应当"不断提高思想政治觉悟和教育教学业务水平"。教师所从事的教育事业具有很强的专业性，达到一定的教育教学水平是教师任职的基本要求。随着现代科学技术的高速发展，知识的更新速度也在加快，为了更好地履行教书育人的职责，进行科学创新，教师必须不断学习，以提高自己的专业水平，只有这样才能与时代的发展同步，肩负起提高民族素质的使命。"大学的公司化已经破坏了学术生活，拨快了校园的时钟。行政主导的大学，现在将效率摆在了第一位，因此导致了时间紧迫，让我们所有人都感到时间不够用，发现了自己的无能

---

❶ 余雅风. 论教师的教育权 [C] //湛中乐. 教师权利及其法律保护. 北京：中国法制出版社，2015：6.

❷ 张文显. 权利与人权 [M]. 北京：法律出版社，2011：150.

❸ 诸大建. 从青椒到思想者：教授的台阶和乐趣 [M]. 上海：上海三联书店，2021：127.

为力"❶，教师专业水平的提高，应少些仓促，多些从容。要像《慢教授》宣言中所宣称的那样：要找到反思和对话的时间，以此为手段，找回大学的智识生活。❷

（3）遵守法律和职业道德。《教师法》第8条第1项规定，教师应"遵守宪法、法律和职业道德，为人师表"。任何组织和公民都应当遵法守纪，教师作为一名公民，也必须遵守法律的相关规定。同时，教师作为从事教育事业的专业人员，担负着教书育人的重要使命，在给学生传授科学文化知识的同时，对学生的道德品质、文化修养的养成有着重要的影响，遵守职业道德，对教师来讲不仅是规范自身行为的要求，也是法律要求教师应尽的义务。

（4）遵守学校的管理规定。作为学校的一分子，教师应遵守学校的各项管理规定，如教学、科研方面的相关规定。

4. 高校教师的法律地位

《教师法》第3条是从专业的角度对教师职业属性的描述，并未涉及教师的法律地位。"在法律属性上教师群体已日趋多元化，公立学校与民办学校教师处于截然不同的法律关系之中。教师群体权益保障的法律适用横跨民事法、劳动法、行政法与教育法等领域，教师权益纠纷呈现出多元化趋势。"❸ 在传统计划经济时代，高校教师属于国家干部，在法律地位上与公务员类似，当高校教师与高校发生纠纷时，适用内部救济程序解决。随着社会经济的转型，高校的办学自主权不断完善，高校不再是政府的"附庸"，其"主人"地位日渐明显。尤其是在国务院分类推进事业单位改革的背景下，很多高校的教师不再享受事业编制待遇，而是通过签订聘任合同与高校建立劳动关系。在聘任制语境下，高校教师的法律地位无法在现行的法规框架内找到明确的答案，学界也存在争议。

争议源于对聘任合同法律性质的不同认识，目前主要存在三种观点。第一种观点认为，高校教师与高校之间的聘任合同，是在平等、自愿的基础上签订的，聘任合同属于民事合同。第二种观点认为，因为高校是依据《劳动合同法》与教师签订合同的，合同的订立、履行、解除、变更、终止等方面也根据劳动合同的相关规定处理，聘任合同属于劳动合同。但有学者认为，

---

❶ 伯格，西伯. 慢教授[M]. 田雷，译. 桂林：广西师范大学出版社，2021：6.
❷ 伯格，西伯. 慢教授[M]. 田雷，译. 桂林：广西师范大学出版社，2021：7.
❸ 管华，余若凡. 教师申诉制度可以废止吗[J]. 湖南师范大学教育科学学报，2020，19(4)：14-19.

把教师聘任合同视为劳动合同，是学校企业化的表现，是"教育产业化"对教育公益性的冲击。❶ 第三种观点认为，高校在与教师签订合同的过程中存在事实上的不平等，教师一方往往处于弱势地位，聘任合同属于行政合同。当然，学界的探讨除了在法教义学视角下厘清教师的法律地位之外，还应充分利用法律解释，最大限度地促进教师权益的保障。"既然信仰法律，就不要随意批判法律，不要随意主张修改法律，而应当对法律进行合理的解释，将不合理的法律条文解释为理想的法律规定。"❷ 周光权教授认为，"刑法学研究应当以法律适用为核心，关注个案裁判结论的妥当与否，用好、用活教义学知识与教义学方法。"❸ 教育立法不如刑事立法成熟，还有一些领域存在立法空白，如《学前教育法》还未出台，但这种用好、用活、用足教义学知识的立场，在教育法学领域是值得提倡的。

三、高校教育纠纷的性质与类型

在不同的法律关系中，高校有着不同的法律地位，如果以行政法和民法为分析视角，则高校有可能是行政主体，有可能是行政相对人，也有可能是民事主体。因此，对高校教育纠纷的性质判断，需要结合具体的场景去分析。

（一）高校教育纠纷的性质

高校教育纠纷中存在大量的行政法律关系，但不能因此断定所有的高校教育纠纷都是行政法律关系的纠纷。在高校的教育纠纷中，有的是基于平等的法律地位发生，有的是基于不平等的法律地位发生。基于平等的法律地位发生的纠纷是民事纠纷，而基于不平等的法律地位发生的纠纷则是行政纠纷。它们适用的救济通道也存在差异，前者可通过运用民事诉讼去寻求救济，后者则可运用行政诉讼寻求救济。因此，高校教育纠纷性质的判定，要根据具体的现实场景去考量。

（二）高校教育纠纷的分类标准

高校教育纠纷种类繁多，对其遵循一定的标准进行分类后，便于进行深入的研究并选择恰当的解决方案。以高校教育纠纷涉及的不同法律关系为标准进行划分，可以分为宪法法律关系纠纷、行政法律关系纠纷、民事法律关

---

❶ 魏建新. 解聘教师行为的性质及其法律规制 [C] //湛中乐. 教师权利及其法律保护. 北京：中国法制出版社，2015：431.
❷ 张明楷. 刑法格言的展开 [M]. 北京：法律出版社，2003：3.
❸ 周光权. 刑法学习定律 [M]. 北京：北京大学出版社，2019：144.

系纠纷以及刑事法律关系纠纷；以高校教育纠纷解决方式的不同为标准进行划分，可以分为可诉性教育纠纷和不可诉性教育纠纷。可诉性教育纠纷是指纠纷主体之间的争议属于人民法院的受案范围，可以通过司法途径予以解决；不可诉性教育纠纷则是指纠纷主体之间的争议内容不属于人民法院的受案范围，不能通过司法途径解决纠纷。❶

（三）高校教育纠纷的具体类型

本研究的主体为高校教育纠纷的司法审查，因此应以高校教育纠纷所涉及的法律关系为标准，去分析不同类型的高校教育纠纷，进而探寻适合纳入司法审查范围的高校教育纠纷。

1. 宪法法律关系纠纷

高校教育纠纷中的宪法法律关系纠纷，是指在教育管理活动中，高校与学生、教师之间的纠纷涉及宪法性权利。从内容上，它应当包括两种情形：一种是国家机关制定或通过的规范性文件，违反了宪法及其他法律、法规的规定，限制或剥夺了公民应当享有的宪法性权利，并因此而引发的纠纷；另一种是国家机关或其他组织（如高校）所实施的行为侵犯了公民在宪法上享有的受教育权及其他基本权利所引起的纠纷❷，学界有人认为2001年的"齐某某案"❸和"青岛三考生诉教育部案"是教育纠纷中宪法法律关系纠纷的典型案例。

当然，"齐某某案"并不是发生在高校内的纠纷，但其涉及公民宪法性权利受到侵害后的救济问题，因此对本研究也具有参考价值。在该案审理过程中，一审法院以原告主张侵犯受教育权的证据不足为由，没有支持其诉讼请

---

❶ 陈久奎. 我国教育纠纷仲裁制度建构研究 [D]. 重庆：西南大学，2006：20.
❷ 陈久奎. 我国教育纠纷仲裁制度建构研究 [D]. 重庆：西南大学，2006：20.
❸ 基本案情：原告齐某某与被告陈某某均是被告山东省滕州市第八中学（以下简称滕州八中）的1990届应届初中毕业生，齐某某在1990届统考中成绩为441分，虽然没有达到当年统一招生的录取分数线，但超过了委培生的录取分数线。当年录取工作结束后，被告山东省济宁商业学校（以下简称济宁商校）发出了录取齐某某为该校1990级财会专业委培生的通知书，该通知书由滕州八中转交。被告陈某某在1990年中专预选考试中，因成绩不合格，失去了继续参加统考的资格。为了能继续升学，陈某某从被告滕州八中将原告齐某某的录取通知书领走。陈某某之父、被告陈某政为此联系了滕州市鲍沟镇政府作陈某某的委培单位。陈某某持齐某某的录取通知书到被告济宁商校报到时，没有携带准考证；报到后，陈某某以齐某某的名义在济宁商校就读。陈某某在济宁商校就读期间的学生档案，仍然是齐某某初中阶段及中考期间形成的考生资料，其中包括贴有齐某某照片的体格检查表、学期评语表以及齐某某参加统考的试卷等相关材料。陈某某读书期间，陈某政将原为陈某某联系的委培单位变更为中国银行滕州支行。1993年，陈某某从济宁商校毕业，到委培单位中国银行滕州支行参加工作。

求。在二审中，山东省高级人民法院以适用法律存在疑难问题为由报请最高人民法院进行解释。最高人民法院经研究后，专门出台了《关于以侵犯姓名权的手段侵犯宪法保护的公民受教育的基本权利是否应承担民事责任的批复》的司法解释，其中指出：陈某某等以侵犯姓名权的手段，侵犯了齐某某依据宪法规定所享有的受教育的基本权利，造成了具体的损害后果，应承担相应的民事责任。依照惯例，人民法院审判案件"以事实为依据、以法律为准绳"，其中的"法律"是不包括宪法的。该案判决后在理论界和实务界引起了强烈的反响，在当时被认为突破了我国法院不能直接援引宪法条文作为判决的司法惯例，并被誉为"开创了我国宪法司法化的先例"，具有里程碑的意义。最高人民法院曾在1955年作出了《关于在刑事审判中不宜援引宪法作为论罪科刑的依据的批复》（以下简称《批复》），其中明确指出："宪法不宜作为定罪科刑的依据"。[1]但在2008年12月，最高人民法院发布公告废止了2007年底以前发布的27项司法解释，其中包括《最高人民法院关于以侵犯姓名权的手段侵犯宪法保护的公民受教育的基本权利是否应承担民事责任的批复》，并且没有给出废止的理由。因此，"齐某某案"在司法实践中的指导性价值并不大。在"青岛三考生诉教育部案"[2]中，三名当事人认为教育部作出的关于2001年全国普通高校招生计划的行为违反了《宪法》和《教育法》的相关规定，并请求最高人民法院向教育部提出司法建议书，督促教育部避免再作出类似的违法行政行为。最高人民法院以管辖法院不当为由，告知三名当事人应向教育部所在地的中级人民法院起诉。三名当事人的初衷只是希望国家机关反思现行教育体制存在的问题，保障公民享有平等的受教育权，最后他们放弃了起诉，该案也并未进入实体审理阶段。

由此可见，目前在我国教育领域还未出现典型的涉及宪法法律纠纷的案例，教育领域的宪法法律关系纠纷主要停留在理论层面的讨论。加上宪法不

---

[1] 《批复》的具体内容如下：中华人民共和国宪法是我们国家的根本法，也是一切法律的"母法"。刘少奇委员长在关于中华人民共和国宪法草案的报告中指出："它在我们国家生活的最重要的问题上，规定了什么样的事是合法的，或者是法定必须执行的，又规定了什么样的事是非法的，必须禁止的。"对刑事方面，它并不规定如何论罪科刑的问题，在刑事判决中，宪法不宜引为论罪科刑的依据。

[2] 基本案情：2001年全国统一试题，北京文科重点本科录取分数线为454分，一般本科429分，专科360分；理科重点本科488分，一般本科443分，专科360分。山东省文科重点本科录取分数线为580分，一般本科539分，专科为509分；理科重点本科607分。青岛三位女生分别是：姜某522分（理科）、栾某457分（文科）、张某某506分（文科），三人分数都超过北京重点本科线，低于山东一般专科线。三人向最高人民法院提起诉讼，状告教育部侵犯了自己的平等受教育权。

直接作为审判依据的司法惯例，以及违宪审查制度的缺失，在一定时期内，是很难看到司法审查介入宪法法律关系纠纷的。因为司法审查制度的建立及运行是植根于一定的宪政结构之中的，而"在我国政治中，代议制机关的多数暴政，从来就不是历史问题，也不是现实问题"❶。全国人民代表大会是我国的最高权力机关，其立法是不受审查的，违宪审查制度的建立可能会损害其作为最高国家权力机关的尊严，破坏人民代表大会制度。❷

2. 行政法律关系纠纷

教育纠纷中的行政法律关系纠纷是指国家行政机关以及其他公权力组织在行使教育管理权的过程中，行政相对人认为的合法权益受到了侵害，对教育行政管理行为不服，从而引起的教育纠纷。❸ 高校内的教育行政法律关系纠纷则是指高校作为行政主体时，与学生、教师之间发生的教育纠纷，其主要包括高校在招生录取、毕业证书和学位证书颁发、开除学籍等方面与学生之间发生的纠纷。

（1）退学与开除学籍纠纷。田某诉北京科技大学案❹是退学与开除学籍类纠纷中的典型案件，被认为是我国高校学生诉母校的第一案，是学生牵着法官的手叩开了高校的法治之门。在本案审理的过程中，双方曾围绕被告主体是否适合展开讨论。因为行政主体是指依法享有并行使国家权力、履行行政职责，并能独立承担由此产生的法律责任的行政机关或法律、法规授权的组织。而高校作为事业单位，显然不是行政机关。北京市海淀区人民法院认为：在我国目前情况下，某些事业单位、社会团体虽然不具有行政机关的资格，但是法律赋予它们行使一定的行政管理职权。这些单位、团体与管理相

---

❶ 翟小波. 代议制机关至上，还是司法化？[J]. 中外法学，2006（4）：426-477.

❷ 也有学者认为，在我国是有建立违宪审查制度的可能的。但司法机关进行违宪审查的前提有两个：第一，司法机关有权进行宪法解释，因为适用宪法规范的前提是对其进行解释；第二，司法机关进行违宪审查不影响代议机关的最高地位。参见：陈征. 中国法院进行违宪审查的可能性与必要性[J]. 学习与探索，2011（5）：103-107.

❸ 陈久奎. 我国教育纠纷仲裁制度建构研究[D]. 重庆：西南大学，2006：21.

❹ 基本案情：1994年9月，田某考入被告北京科技大学下属的应用科学学院物理化学系，取得本科生学籍。1996年2月29日，田某在参加电磁学课程补考过程中，随身携带写有电磁学公式的纸条，中途去厕所时，纸条掉出，被监考教师发现。监考教师虽未发现田某有偷看纸条的行为，但还是按照考场纪律，当即停止了田某的考试。北京科技大学于同年3月5日按照"068号通知"第3条第5项关于"夹带者，包括写在手上等作弊行为者"的规定，认定田某的行为是考试作弊，根据第1条"凡考试作弊者，一律按退学处理"的规定，决定对田某按退学处理，4月10日填发了学籍变动通知。但是，北京科技大学没有直接向田某宣布处分决定和送达变更学籍通知，也未给田某办理退学手续。田某继续在该校以在校大学生的身份参加正常学习及学校组织的活动。

对人之间不存在平等的民事关系，而是特殊的行政管理关系。他们之间因管理行为而发生的争议，不是民事诉讼，而是行政诉讼。被学者称为"通过判例发展了法律"❶。

（2）招生录取纠纷。在"林某某案"❷中，原告林某某认为自己复试成绩为70.8分，最终成绩在报考廖某某教授的学生中排名第三，但2005年5月24日厦门大学法学院网站公布的录取名单中却无原告的名字，前两位是总成绩排名第一、第二的学生，第三位是报考曾某某教授的丁某。原告认为，根据《厦门大学2005年博士研究生复试录取工作意见》规定的精神，每位博导招生数不超过三名，原告的初试和复试成绩均符合规定的要求，原告应当被录取为廖某某名下的位列第三的博士研究生，而非被曾某某名下成绩排名第五的丁某替代。被告厦门大学的行为实际上剥夺了原告被录取为博士研究生的资格，侵犯了原告的合法权益。本案争议的焦点是厦门大学法学院不予录取林某某的行为是否合法。法院经审理认为，厦门大学对林某某不予录取的行为并未违反其公布的公平、公正、公开和择优录取的原则，符合择优录取和公平、公正原则。林某某的诉讼请求最终没有得到法院的支持。

（3）颁发毕业证书和学位证书纠纷。2001年9月，白某某等五人考入武汉理工大学学习，取得全日制本科学生学籍。2005年6月，武汉理工大学分别向白某某等五人颁发了普通高等学校毕业证书。武汉理工大学将国家大学英语四级考试成绩达到或超过50分（总分为100分）作为2005届本科毕业生可获得学士学位的条件之一，并经公布对2005届本科毕业生普遍适用。白某某等五人在武汉理工大学学习期间，曾先后五次参加国家大学英语四级考试，但成绩均未达到或超过50分。武汉理工大学各学院对2005届毕业生的学习成绩及毕业鉴定等材料审核汇总后报校教务处，校教务处经审查，将符

---

❶ 然而我国并非判例法国家，判例不具有天然的拘束力，仅具有指导性意义。田某案发生后，尽管在全国各地发生了许多类似的案件，但各地的审理存在很大的差异，同一类型的案件只因受理法院的不同，而出现了截然相反的审理结果。

❷ 基本案情：2005年3月，原告林某某报名参加被告厦门大学2005年国际法学专业博士生入学考试，报考导师为厦门大学法学院廖某某教授。经初试，林某某的英语、国际公法和国际经济法的初试成绩分别为78分、73分和69分，总分为220分。初试单科成绩和总成绩均超过厦门大学划定的复试分数线。同年5月，林某某参加了厦门大学法学院组织的复试，复试成绩为70.8分。在报考廖某某教授的学生中，林某某的总成绩排名第三，在报考国际法专业国际经济法研究方向的19位参加复试的考生中最终成绩排名为最后一名，在进入复试的25位国际法专业考生中的最终成绩排名也是最后一名。2005年5月24日，厦门大学法学院网站公布了拟录取名单，廖某某教授名下录取的人分别为黄某、付某和丁某，林某某未在录取名单之内。林某某认为学校在招生过程中存在违法行为，于是向法院提起行政诉讼。

合授予学士学位条件的学生列入学士学位获得者名单并向校学位评定委员会提名。2005年6月30日，武汉理工大学学位评定委员会作出校学位字（2005）1号《关于授予陈由红等9223人学士学位的决定》，白某某等五人不在授予学士学位的名单之列。2005年7月，武汉理工大学分别向白某某等五人出具"因未达到学校规定的国家英语四级考试标准，未能取得学士学位"的证明。2005年10月8日，原告白某某等五人提起行政诉讼，请求撤销被告武汉理工大学不授予原告学士学位的决定；要求被告在判决生效后30日内重新决定是否授予原告学士学位。本案争议的焦点在于武汉理工大学制定授予学位限制性条件的行为是否合法。这实际上涉及高校办学自主权与司法监督之间的关系，法院最后尊重了武汉理工大学在办学自主权细节上的判定，没有支持白某某等人的诉讼请求。

3. 民事法律关系纠纷

高校教育纠纷中的民事法律关系纠纷，是指高校基于与学生或教师平等地位之间的民事纠纷。《高等教育法》第30条规定，"高等学校自批准设立之日起取得法人资格。高等学校的校长为高等学校的法定代表人。高等学校在民事活动中依法享有民事权利，承担民事责任"。高校自成立之日起取得法人地位，享有完全民事行为能力，可以依法从事相关的民事活动，并对自己所实施的活动承担相应的民事责任。高校依据《高等教育法》享有七大方面的权利，同时也有保障学生在教育活动中的人身安全、财产安全的义务。而高校在教育管理活动过程中有可能出现疏忽与懈怠，导致侵害了学生的人身权或财产权，此时学校应承担相应的法律责任。这些民事法律关系的纠纷主要包括高校因教育教学设备不符合安全规定而导致的人身伤害侵权纠纷、高校因疏于管理导致学生人身伤害的赔偿纠纷、高校教师在教育教学活动中的职务行为导致学生人身伤害的赔偿纠纷。例如，齐某某与北京科技大学因人身伤害赔偿引发的纠纷[1]是基于平等主体之间的关系而发生的纠纷，法院是将北京科技大学视为一个民事主体来看待的，适用

---

[1] 基本案情：1993年1月齐某某在北京科技大学参加训练，当扛起一百公斤的杠铃时，她被脚下的垫子绊了一下，失去了重心而摔倒，造成高位截瘫，生活不能自理。摔倒时，因其教练在与别人聊天，没能及时给予其保护，导致了悲剧的发生。齐某某要求北京科技大学赔偿残疾用具费、护理费、未来的治疗费等费用合计人民币约107万元，赔偿精神损失费15万元，于1998年5月向法院提起诉讼。北京科技大学认为，该案已过诉讼时效，并且齐某某在训练中受伤，自己在主观上存在过失，擅自将保护架内的杠铃扛到保护架外进行训练。因此，只愿意按照国家教委的相关规定进行经济补偿，而不同意赔偿。一审法院经审理认为，齐某某在训练中受伤后，一直在向北京科技大学主张权利，只是双方均未能协商一致，诉讼时效期间一直处于中断状态，应重新计算，齐某某于1998年5月向法院

的是民事诉讼审判程序。

4. 刑事法律关系纠纷

高校教育纠纷中的刑事法律关系纠纷，是指在高校教育活动中的一方或双方主体的行为违反了刑事法律的规定，需要对其追究刑事责任而产生的纠纷。这些纠纷包括有关违法使用教育经费的行为、严重破坏教育教学秩序的行为、严重侵犯受教育者人身权利与财产权利的行为、严重侵犯教师人身权益的行为、导致教育设施安全事故方面的行为、有关招生与考试方面的违法行为以及严重违反国家学业证书制度和学位制度的行为。

2015年8月29日第十二届全国人民代表大会常务委员会第十六次会议通过《中华人民共和国刑法修正案（九）》，其中新增了对考试作弊的处罚规定，丰富了刑法第284条的内容，新增内容为："为他人实施前款犯罪提供作弊器材或者其他帮助的，依照前款的规定处罚。为实施考试作弊行为，向他人非法出售或者提供第一款规定的考试的试题、答案的，依照第一款的规定处罚。代替他人或者让他人代替自己参加第一款规定的考试的，处拘役或者管制，并处或者单处罚金。"后有学校老师参与组织考试作弊，被处以刑罚。❶该案的行为主体并非高校教师，但高校教师完全符合该罪的主体要件。当然，

（接上注）
提起诉讼时并未超过诉讼时效。1993年1月齐某某在训练时，北京科技大学的教练本应给予充分的保护和指导，但齐某某的教练在与他人说话，未在其身边及时保护，教练对齐某某的受伤有不可推卸的过失责任。由于事故是在履行职务过程中发生的，所以应由北京科技大学承担民事责任。但是，齐某某作为长期从事体育运动的国家二级运动员，应熟知杠铃训练的基本常识，在没有教练保护的情况下，独自使用杠铃在保护架外训练是存在风险的，因此齐某某对自己的受伤也存在一定的过错，应承担部分责任。参见：北京市海淀区人民法院民事审判书（1998）海民初字第5164号。

❶ 基本案情：王某甲系榆林市卫生学校体育老师。2016年4月16日，在榆林市实验小学考点举行的全国高等教育西安交通大学医学护理专业"精神障碍护理学"科目自学考试中，王某甲组织参考人员张某丙、王某乙、高某、吴某等人携带手机进入考场，通过微信传送试题并接收试题答案进行抄袭作弊，被监考老师当场发现。2016年4月17日，王某甲因涉嫌组织考试作弊罪被榆林市公安局榆阳分局刑事拘留，同年5月11日被该局取保候审，2016年10月8日经法院决定后重新取保候审。榆林市榆阳区人民检察院指控榆阳区人民法院认为，被告人王某甲在法律规定的国家考试中组织作弊，其行为侵犯了国家对考试组织的管理秩序和他人公平参加考试的权利，触犯了《中华人民共和国刑法》第284条之一第1款的规定，构成组织考试作弊罪，依法应予惩处。鉴于被告人王某甲犯罪情节较轻，且在侦查、审查起诉以及庭审中均能如实供述自己的罪行，具有悔罪表现，没有再犯罪的危险，宣告缓刑对所居住社区没有重大不良影响，榆阳人民法院对其从轻处罚并适用缓刑。榆阳区人民法院为了维护国家对考试组织的管理秩序和他人公平参加考试的权利，打击刑事犯罪，依照《中华人民共和国刑法》第284条之一第1款、第67条第3款、第72条第1、3款、第73条第2、3款、第52条、第53条之规定，判决被告人王某甲犯组织考试作弊罪，判处有期徒刑六个月，宣告缓刑一年，并处罚金人民币2万元。将考试作弊入刑，对维护考试纪律、威慑作弊者有着积极的意义。参见：陕西省榆林市榆阳区人民法院刑事判决书（2016）陕0802刑初680号。

考试诚信的建立，不是将考试作弊入刑就能解决的，这只是外部的强制因素，关键是要让每个参加考试的人员（包括学生与教师）提高自身道德修养与法律意识。

2020年6月11日，山东省冠县人民政府针对"农家女被冒名顶替上大学"一事的调查进展进行通报，称"顶替者陈某某，系我县某街道办事处工作人员，目前已被停职，事件涉及详细信息正在进一步调查中。县委、县政府将依据调查结果依法依纪依规严肃处理，最终结果会及时向社会公布。"❶该案引起了全社会的广泛关注，也重新引发了学者们对以侵犯姓名权方式损害他人受教育权行为法律规制与法律救济的思考。"对于严肃的高考来说，冒名顶替的危害是很大的。这是对高考秩序的破坏，也是对生活在社会底层的农家子女的高等受教育权的恶意侵占。"❷ 在对被冒名顶替者的法律救济上，因为直接援引宪法条款救济的制度缺失，民事途径救济的乏力❸，学者们开始思考对冒名顶替行为进行刑法规制，人们越发意识到，对侵权行为人行为的规制，需让其同时承担民事、行政和刑事责任才完整❹，也有人大委员建议将"冒名顶替上学"入刑。有学者认为，对冒名顶替上学问题的刑法回应方式要具备回溯性和前瞻性，回应兼具问题解决和价值引领双重导向。可对使用虚假身份证件、盗用身份证件罪进行改进，完善罪名保护法益，扩大行为外延、修改立法罪名，提高罪名的法定刑配置。❺

(四) 几种存在争议的纠纷

1. 聘任合同纠纷

高校与教师之间的纠纷，从所涉及的法律关系来看，可能会有宪法法律关系纠纷、民事法律关系纠纷、行政法律关系纠纷和刑事法律关系纠纷。

---

❶ 山东冠县通报农家女被冒名顶替上大学：顶替者已被停职 [EB/OL]. 澎湃新闻，2020-06-10. [2020-10-13]. https://www.thepaper.cn/newsDetail_forward_7798103.

❷ 熊丙奇. 全面清查"冒名顶替"，维护教育公平与正义 [J]. 上海教育评估研究，2020 (4)：48-51.

❸ 我国《民法典》已由第十三届全国人民代表大会第三次会议于2020年5月28日通过，于2021年1月1日起实施。其中"人格权编"中有对姓名权的专门规定，被冒名顶替者可在"人格权编"和"侵权责任编"中找到救济依据。但民事救济存在明显的短板，仅能让顶替者承担民事赔偿责任，冒名顶替行为的社会危害性与其承担的责任严重失衡，违法成本较低，有诱发其他类似行为的可能性。相关论述可参见：杨帆. 冒名顶替他人高考学籍行为的法律规制：兼论对顶替者刑事制裁的可能性 [J]. 中国高教研究，2020 (9)：56-60.

❹ 李英锋. 追究顶替上大学者民事责任也不可少 [N]. 检察日报，2020-06-24.

❺ 侯艳芳. 冒名顶替上学问题的刑法回应 [J]. 新疆师范大学学报（哲学社会科学版），2020 (05)：62-70.

从目前我国法院实践来看，涉及的纠纷类型主要是民事法律关系和刑事法律关系纠纷，其中民事法律关系类纠纷最多，尚未有宪法法律关系纠纷和行政法律关系纠纷的案例，当然，现在没有并不代表以后就不会发生。而民事法律关系纠纷中的聘任合同纠纷占据着很大的比重，并且对聘任合同性质的认识在理论上也存在分歧。例如，郭某与首都医科大学聘任合同纠纷案[1]反映了当前司法对高校与教师之间聘任合同纠纷案的一贯立场，即认为教师聘任合同属于平等主体之间签订的私法合同，当纠纷发生时，应通过民事诉讼程序予以救济。但事实上，高校与教师之间的聘任合同，其性质不能简单地认为是平等主体之间签订的私法合同。特别是近年来博士研究生招生人数逐年增加，1999年我国博士研究生招生人数约5000人，到2013年招生人数已经超过7万人，比1999年翻了约15倍，远远超过了高校对教师需求的增长速度，而博士毕业生是高校教师的最主要来源，这就加剧了高校教师供给与需求之间的矛盾。拥有高校教师任职资格的人选不再是一种稀缺资源而被各高校纷纷争夺；相反，高校成为刚毕业的博士生竞争的资源。在高校与拟聘教师签订合同时，高校掌握着更多的主动权，有时候还会表现出一种盛

---

[1] 基本案情：郭某于1989年8月在首都医科大学毕业留校，分配到基础医学院生理教研室连续担任教师工作，并于1996年取得讲师职务资格。1999年底，首都医科大学开始实行（职务）岗位聘（任）用合同制，双方签订了为期5年的《首都医科大学教职工服务期协议书》，到期后又于2004年12月10日签订了《北京市教职工聘用合同书》，聘用期限为2004年12月10日至2014年12月31日。2010年底，首都医科大学以未达到相应条件为由拒绝与郭某续订讲师岗位聘任合同，并要求其转岗。郭某不服，于2010年12月30日首次向北京市丰台区劳动争议仲裁委员会提起仲裁，要求签订无固定期限完整合法教师岗位《聘（任）用合同书》，后因不属于劳动争议受案范围被驳回。郭某随即向北京市人事争议仲裁委员会（以下简称北京市仲裁委）申请仲裁。在诉讼期间，首都医科大学于一审判决后的2012年12月签发以"旷工"为由解除郭某聘用合同的告知书。郭某认为首都医科大学非法单方解除了他的聘用合同人事关系，导致他离岗待退档案工资和内退退休金降为失业金和养老金，社会保险缴费断档等合规合法的劳动权利被严重损害，因此要求赔偿。北京市第二中级人民法院认为：首都医科大学与郭某签订有《北京市教职工聘用合同书》，确立了双方之间的人事聘用合同关系。聘用合同履行期间，首都医科大学就本单位岗位设置、岗位职责、岗位聘任条件等事项依法制定相关管理办法、实施细则，并据此与教职工签订《岗位聘任合同书》确定岗位，均系用人单位行使自主管理权的范畴。经双方之间前次进行的人事争议诉讼确认，首都医科大学制定实施的有关岗位聘任的管理制度属自主管理行为，不违反法律、法规的禁止性及强行性规定，首都医科大学因郭某未达到相关岗位的聘任条件自2011年对郭某进行换岗并无不当。而郭某所述首都医科大学制定实施的职务岗位评定聘任文件政策违法，于2011年对其拒绝教师职务岗位及安排转岗违规、违约、违法，致使双方签订的《岗位聘任合同书》《北京市教职工聘用合同书》的内容部分违法、无效的主张，均缺乏事实及法律依据，故对郭某要求判定《岗位聘任合同书》《北京市教职工聘用合同书》无效或违法部分无效，以及《首都医科大学教职工服务期协议书》非法无效或部分无效，并要求赔偿未被聘教授岗位和工资待遇损失的诉讼请求，均不予支持。参见：北京市第二中级人民法院民事判决书（2015）二中民终字第12902号。

气凌人的姿态。对于合同中的条款，高校教师没有讨价还价的余地，只能接受。

当然，将高校教师聘任合同视为私法合同，有利于消除高校行政特权的流弊，实现缔约双方地位的平等，弘扬市场经济的契约精神。但《教育法》第 29 条及《高等教育法》第 41 条的规定，使得高校聘任教师的权利具有更多行政权力的色彩，再加上在缔结合同过程中实际上的不平等，更加体现了聘任合同的公法色彩。因而有学者认为，"教师聘任合同产生的关系既不同于受《合同法》等民法所调整的民事关系，也不同于受《劳动法》所调整的劳动关系，而是一种行政管理关系，受行政法以及专门的《教师法》等特别法调整。"❶

2. 职称评审纠纷

2003 年，华中科技大学讲师王某某（女，49 岁）因其在学校举行的高级专业技术职务资格评审中未通过副教授的资格评审，认为学校在资格评审工作中存在弄虚作假的问题，而教育部又对其提出的行政复议作出了不予受理的决定，因而向北京市第一中级人民法院起诉，状告教育部行政不作为。法院最后判决：维持被告教育部作出的行政复议不予受理决定，驳回原告王某某的其他诉讼请求。"华中科技大学教师王某某诉教育部案"被称为"高校教师职称评审第一案"。❷ 北京市第一中级人民法院的判决结果表明了当前法院的立场，即认为教师的职称评审行为并非具体行政行为，不属于法院的受案范围。高校教师的职称评审结果与其切身利益密切相关。当前不乏高校教师因不服学校的职称评审结果而采取网络爆料、著文解嘲甚至暴力的方式去解决的情况，职称评审关系到教师的重大利益，如果争议不能通过法律途径得到公正解决，不仅教师的正当权益不能得到维护，而且可能危及高等教育质量的提升和现代大学制度的建设。当前，我国公立高校教师职称评审权的规范与保障存在两种误区。这两种误区的产生，根植于对公立高校教师职称评审权法律性质的不同研判，有的将其视为"内部管理行为"。❸ 我们认为，将高校的职称评审纠纷纳入司法审查范围是具有合理性与可行性的。

3. 奖学金纠纷

2012 年，中国政法大学 78 名在校法学硕士研究生把学校告上法庭。原因

---

❶ 魏建新. 解聘教师行为的性质及其法律规制［C］//湛中乐. 教师权利及其法律保护. 北京：中国法制出版社，2015：433.
❷ 郭京霞. 职称评审未通过，走上公堂讨说法［N］. 法制日报，2003-06-18.
❸ 姚荣. 论我国公立高校教师职称评审权的公法规制［J］. 高校教育管理，2017（7）：47-57.

是政法大学2010级硕士研究生的新生奖学金是9000元，而2011级的硕士研究生却只有2000元。对此，中国政法大学78位2011级法律硕士研究生集体向北京市昌平区人民法院提起行政诉讼，要求学校公开关于奖学金分发政策的文件。为什么9000元变成了2000元？这少去的7000元钱，学校是否能给出合理的解释？然而，北京市昌平区人民法院相关工作人员当场拒绝了学生的立案申请，理由是中国政法大学是事业单位，不具备行政主体资格。最终，法官让学生们留下一份诉状，但未明确是否能够立案。❶本案最后经调解结束，并未进入实体审理阶段。本案带给我们的思考是：高校里的奖学金纠纷是否可以通过司法程序予以救济？如果可以，应该适用哪种程序？其实，如果将高校给学生发放奖、助学金的行为视为一种授益行政行为，则奖学金纠纷也是具有可诉性的。

---

❶ 中国政法大学78名硕士因奖学金减少状告校方 [DB/OL]. 2012-12-30 [2016-06-20]. http://www.tesoon.com/a_new/htm/15/72246.htm.

第二章 / Chapter 2

大学自治与司法审查

"有效的自治是一个充满活力和富有责任感的大学必不可少的，失去了自治，高等教育就失去了精华。"❶ 从大学的起源开始，大学在争取自治，摆脱外界过分干涉的斗争中，面临着各种矛盾与难题。大学的自治从来就不是绝对的，大学的发展离不开自治，而缺少约束与制衡的自治往往会演化为"僵死的信条"，进而危及大学的健康发展。自律的失落需要他律去矫正，但他律又不可涉入太深，以免危及大学自律的根本。高校教育活动中产生的一些问题，往往纠结于自律与他律之间，例如高校教育纠纷是否都属于学校的内部管理问题、司法是否可以介入、该如何介入、怎样才能避免对学术自由的不当干涉，如何在自律与他律之间取得平衡，一直是值得我们思考的问题。"历史并非无意义的记述"❷，以史为鉴，可知得失。从13世纪至今，一些困扰着大学立法者思想和智慧的久而未决的核心问题依然存在。诸如组织结构和民主程序、校舍和学生纪律、课程、教学和学位授予、学生参与大学事务的程度、大学与社区的关系以及大学保持其独立性和校外当局的抗争等问题，恰好揭示了中世纪的公共讲习所与现代的大学之间千丝万缕的联系。❸

一、大学自治的历史考察：中世纪的大学自治

现代大学是中世纪留下来的制度性遗产。❹ 早在1975年，英国著名历史

---

❶ 博克. 美国高等教育 [M]. 北京：北京师范大学出版社，1991：120.
❷ 佩里. 西方文明史：上 [M]. 胡万里，等译. 北京：商务印书馆，1993：3.
❸ 科班. 中世纪大学：发展与组织 [M]. 周常明，王晓宇，译. 济南：山东教育出版社，2013：42.
❹ 张磊. 欧洲中世纪大学 [M]. 北京：商务印书馆，2010：18.

学家艾伦·B. 科班就指出：在其发展初期，大学是一些非固定的建筑或外部标志以及财产留置权的行会组织等，而这些对于 20 世纪的大学后继者们而言是必备的。但如果剥去数百年积累的所有附属物，例如臃肿的管理机构、财政事务、校舍以及其他转移了主要学术宗旨的影响因素，现代大学在本质上是中世纪大学的直系后裔。❶

（一） 中世纪大学的源起

1. 中世纪大学产生的背景

中世纪大学的源起深深植根于当时的社会历史背景与社会经济发展状况之中，"大学是欧洲城市和经济复兴、社会活动激增以及因商业繁荣和十字军东征而使交通更为便利时期的产物"。❷

美国学者 Charles Homer Haskins 认为世界上最早的大学是萨莱诺大学，其以医学教育闻名于世，博洛尼亚大学则是罗马法复兴的核心。至于博洛尼亚大学之所以形成进而发展起来，是因为 11 世纪末期商业和都市生活以及法律研究活动的复兴，所有这些预示着 12 世纪文艺复兴的到来。博洛尼亚在地理位置上具有优越性，其位于意大利北部的交通要塞，很快发展成了意大利北部地区的中心城市；一批著名学者和"伟大的教师"使博洛尼亚成为"学问之都"。❸ Olaf Pedersen 以大学制度化为视角认为：大学师生与城市居民之间的矛盾和斗争推动了大学这一组织的不断成熟与制度化；教会中负责教育事务的主教及其代理 chancellor 与大学之间围绕教师资格证书发放问题的斗争进一步促成了大学组织的制度化，特别是强化了教师团体在教学和考试等内部事务方面的自律性；教皇对教师资格证书发放问题的干预导致了教师就业市场竞争的加剧，这反过来又进一步推动了教师行会组织的成熟与制度化。❹ 法国学者 Jacques Verger 认为，中世纪大学的形成与以下历史条件密切相关：10~12 世纪西欧各地产生的各类学校，如大教堂附设学校、大修道院附设学校、教会附设学校、私立学校；以翻译希腊古典著作文献为标志的"12 世纪文艺复兴"带来的影响；以意大利北部为中心的都市群的发展使得社会生活

---

❶ 科班. 中世纪大学：发展与组织 [M]. 周常明，王晓宇，译. 济南：山东教育出版社，2013：42.

❷ 科班. 中世纪大学：发展与组织 [M]. 周常明，王晓宇，译. 济南：山东教育出版社，2013：22-23.

❸ HASKINS C H. The Rise of University [M]. New York：Cornell University Press，1965：9-12.

❹ PEDERSEN O. The First Universities [M]. 1997：146-154. 转引自：张磊. 欧洲中世纪大学 [M]. 北京：商务印书馆，2010：30-31.

发生了质的变化,新的社会生活提高了对教育的需求,同时,社会的发展为学校提供了更多的支持;大学所在城市交通便利,并聚集了一定数量的"名师"。❶

2. 最早的大学——萨莱诺大学

萨莱诺大学被认为是欧洲最早的大学,但其具体形成于何时,目前尚未发现可靠的史料予以证明。萨莱诺大学地处意大利南部的萨莱诺(Salerno),早在9世纪,萨莱诺以疗养胜地闻名于世,并且有许多高水平的医生,有些名医还开设医馆教授医术。到了10世纪,萨莱诺的医学学校逐步形成规模,其声名远播享誉欧洲各地,是当时欧洲的医学教育中心。当时,萨莱诺大学在医学学科享有的地位类似于博洛尼亚大学在法律学科享有的地位以及巴黎大学在神学学科享有的地位。

萨莱诺大学能在医学学科取得卓越的成就,可归结于以下几个方面的原因。首先,萨莱诺汇集了优质而丰富的医学教育资源,名医聚集为医学教育的开展提供了良好的条件;其次,是强大的市场需求,当时社会对医学专业的知识有着迫切的需求;再次,萨莱诺在医学教育方面有着悠久的历史传统和极高的声誉;最后,萨莱诺具有得天独厚的地理条件,这里交通便利,不仅是众多文化的交汇之地,而且是著名的疗养胜地,为医学知识的实践提供了场所。❷

萨莱诺虽然是中世纪欧洲的医学教育中心,但它并不是一所完整意义上的大学。除了医学科目以外,它并没有开设诸如法学、神学等高级学科,也没有独立的学位授予权,直到1359年才获得授予学位和颁发行医许可证的权力。由于过于保守、固执,不肯学习、借鉴从阿拉伯世界传入的新医学理论、方法,12世纪之后萨莱诺大学逐渐走向衰落。萨莱诺大学走向没落的致命弱点在于,它没有建立起一个维持其医学教育发展的组织机构,即使在其发展的巅峰时期,也没有建立稳定的组织机构去保护自己的医学教育和相关的学术成果。而完善的组织机构是保障大学稳健发展的重要前提。

萨莱诺大学作为一个教育机构的起源和发展历史是模糊的,人们对它的详细历史知之甚少,其中夹杂着不少传说性质、难以考证的故事。在中世纪

---

❶ VERGER J. 中世纪的大学 [M]. 大高顺雄,译. 1979:34-37. 转引自:张磊. 欧洲中世纪大学 [M]. 北京:商务印书馆,2010:34.

❷ PEDERSEN O. The First Universities [M]. 1997:146-154. 转引自:张磊. 欧洲中世纪大学 [M]. 北京:商务印书馆,2010:39.

辉煌一时的萨莱诺大学的模式对大学组织的发展,没有像博洛尼亚大学和巴黎大学那样成为后来大学发展效仿的对象。❶ 中世纪大学的发展历史进一步证实了这样一个事实:在某项智力发展活动取得学术成就后,相应的设施机构必须迅速跟上。起初,缺乏正规的组织可能对自由地探究活动具有推动作用,但是,大学要想获得持久而有目的的发展,只有通过设立组织机构才能实现。❷

3. 学生型大学——博洛尼亚大学

博洛尼亚位于意大利北部的交通要塞,早在罗马时期就出现了不少讲授文法、修辞及法律的学校,10世纪之后,意大利北部地区的许多城市先后获得了自治权与市民权,这促进了城市在商业上的繁荣。早在9世纪,就已有法学教师在该地区传授法学知识,因博洛尼亚交通便利,并且汇集了一些法学大师,便成为讲授法学知识的首选之地。

博洛尼亚大学从法律角度论证了皇帝在国家和教会关系中的地位,拥护皇帝的权威,深得帝国皇帝的赞赏,神圣罗马帝国皇帝腓特烈一世颁布了《居住法》(Constitutio Habita),其中规定各学校必须成立学生协会,学生协会由硕士主持,学生付给老师报酬,地方政府不得干预学校内部事务。该法令深受学者们尊崇,被认为是大学自治和学术自由的根源。❸ 在博洛尼亚学习法律的学生大多数是成年的外国人,并有独立的经济来源。教师主要是当地市民,享有许多特权。作为"异乡人"的学生不仅没有教师们所享有的特权,还可能遭受各种歧视对待。在中世纪,外国人(异乡人)在异国他乡生活是非常不容易的,他们往往会被市政当局课以沉重的赋税。学生们为了保护自身的权益,避免遭受当地市民和市政当局的欺负,按照出身地域建立起自己的组织——同乡会。"起初,在博洛尼亚大学学习法律的学生并没有共同的组织,仅与个别的教学博士(teaching doctors)有协约。后来才组建了行会(societates),即通过集体负责其成员相关的债务而成立的合法的、松散的团体组织。学生行会建立的目的,在于行使更为有效的保护措施以抵御潜在的危险。"❹

---

❶ 宋文红. 欧洲中世纪大学的演进 [M]. 北京:商务印书馆,2010:61.
❷ 科班. 中世纪大学:发展与组织 [M]. 周常明,王晓宇,译. 济南:山东教育出版社,2013:44.
❸ 宋文红. 欧洲中世纪大学的演进 [M]. 北京:商务印书馆,2010:62-63.
❹ 科班. 中世纪大学:发展与组织 [M]. 周常明,王晓宇,译. 济南:山东教育出版社,2013:65.

博洛尼亚大学是典型的学生型大学,因为学生掌管着学校的主要事务。学生行会负责雇佣教师,并向其支付薪酬。"学生行会针对教师的管理和控制曾经非常严厉。教师如果没有得到学生行会的允许,则一天也不能休假。旅行时为了保证及时返回学校,还必须提供相应的担保。如果(因为教学水平差而导致,或者因为课程的临时调整变动没有及时告知学生而导致)听课学生少于5人,则被视为缺课,将受到严厉的处罚。章程还要求他们严守时间,严守事先确定的课程进度,等等。"❶ "可以有些夸张地说,13世纪博洛尼亚大学的教学活动是由学生依据定量和定性的标准持续不断地进行评估的。一位教师如果忽视难点或没能对大纲所有的部分给予同等的关注,他也会因缺乏讲课的专业技能而被处以罚款。而且,如果教师省略了某些讲课内容而对一些重要的和深层次的内容闭口不讲,那么,学生有权要求他返还部分或全部的学费,至于返还多少取决于教师忽略内容的多少。"❷

4. 教师型大学——巴黎大学

巴黎大学于1215年获得了王室的认可,于1231年得到了教皇的认可。除地理上的优势外,它还有政治上的优势,因为巴黎是新法兰西王国的都城,是政治中心。这里会集了一大批名师,特别是一些伟大的哲学家和神学家。这些便利的条件促进了巴黎作为学术中心的崛起。"13世纪的巴黎因对文化教育的重视以及知识氛围的浓厚,拥有'中世纪雅典'的美誉,成为欧洲中世纪的'精神圣地'"。❸

巴黎大学是典型的教师型大学。巴黎大学学生的年龄与意大利相比要年轻很多,学生的自主性与独立性更是不及博洛尼亚大学,在教师与学生的关系上,教师处于主导地位。"在巴黎大学,教师社团完全掌握了管理权,发展成为教师主导大学的典范,成为现代大学管理模式的滥觞。"❹ 巴黎大学的主要特征是文学院的规模,以及它在讲习所里逐步占据的主导地位。文学院是师生人数最多的单一组织,约占13世纪巴黎大学总人数的三分之二。文学院院长是整个大学最合适的代表,其负责召集和主持全校大会,并与同乡会和高级学院一起管理大学的财政。在同乡会首领的协助下,文学院院长还受理大学里的很多诉讼,行使大学成员的民事审判权,执行大学法令。文学院院

---

❶ 张磊. 欧洲中世纪大学 [M]. 北京:商务印书馆,2010:57-58.
❷ 科班. 中世纪大学:发展与组织 [M]. 周常明,王晓宇,译. 济南:山东教育出版社,2013:74-75.
❸ 宋文红. 欧洲中世纪大学的演进 [M]. 北京:商务印书馆,2010:74.
❹ 宋文红. 欧洲中世纪大学的演进 [M]. 北京:商务印书馆,2010:77.

长既是大学统一体的象征，又是大学统一体的体现。❶

(二) 中世纪大学自治的确立

中世纪大学的自治，是在与各种势力的斗争中慢慢争取到一些特权进而确立的。起初因为势单力薄，在与一方势力作斗争时，需要借助另一方的力量与之抗衡。但利益上的分歧必然导致合作无法持久，从而需要寻求新的势力再与之斗争。早期的大学像"居住僧侣的村庄"，之后又被视为"知识分子垄断的工业城镇"，但大学终究不是"孤岛"式的"社区"。它冲破了其所在城市的地域范围，不仅在法律和政治领域与王权和神权斡旋，还在经济领域与市民斗争。❷

1. 与教会势力斗争

在中世纪，教育方面的事务由教会管理，在欧洲北部，因为没有由中央管理的权威机构，各教区的主教管理各教区的教育事务。主教本人有时就是教会学校的教师，他通常会聘请一名教师做自己的秘书，帮助自己管理学校事务，如印章的保管与勤杂事务的处理。他的地位是稳固的，官方头衔可称为 Chancellor 或 Scholasticus。随着学生人数的增加，Chancellor 把更多的教学事务委派给其他教师，自己似乎是监管者。最后，在法国，Chancellor 企图将自己的管辖权延伸到教堂外收徒讲学的教师。主教及其代理人试图借机取得更多对学校的控制权。

学校为了赢得更多的权利，开始对教会展开反击。教师要求主教承认教师行会的存在，教师资格证书只能授予那些被教师行会认可的申请者。但主教并没有许可这些请求，并认为这是无理取闹的行为，还视教师行会是非法的组织。1209 年，巴黎的教师行会向罗马教廷申请教师资格的授予权，并起诉主教代理人滥用权力惩罚学生。1212 年，罗马教廷向巴黎主教发布了比较严厉的禁令：禁止巴黎主教利用发放教师资格证的权力强迫教师发誓服从自己；禁止巴黎主教拒绝向教师推荐的候选人发放教师资格证书；禁止主教对学者们施以关押或处以罚款。1213 年在巴黎，大学总监实际上失去了颁发执照即授课准许证的特权，这一权力转移到大学教师手中。"1219 年，在托钵修会的教士进入大学之际，大学总监试图反对这一权力上的更换。结果他失去了他最后一点权力。从 1301 年起，他甚至不再是学校行政上的领导。在

---

❶ 科班. 中世纪大学：发展与组织 [M]. 周常明，王晓宇，译. 济南：山东教育出版社，2013：95-97.

❷ 宋文红. 欧洲中世纪大学的演进 [M]. 北京：商务印书馆，2010：168-169.

1229—1231年的大罢课期间，主教被剥夺了对大学的管辖权。在牛津，居住在120英里外的林肯大主教越过他的大学总监，主管学校行政，而奥瑟尼修道院院长和圣弗里茨瓦德修道院副院长只是担任名誉职位。但不久这位总监被大学所接受，他由大学选举，成为大学的而不是主教的中间人。"❶ 这场围绕教师资格证书发放权的斗争以巴黎大学的胜利而告终，巴黎主教及其代理人对于教师资格证书发放权的垄断现象得到有效控制，其权力最终演变为一种形式上的认可程序——为那些经考试合格并得到教师认可的申请者发放教师资格证书。❷

2. 与世俗势力斗争

在中世纪，大学师生经常与当地居民及市政当局发生各种矛盾、冲突，其中不乏流血事件。那时的大学没有固定的校舍，鲜有固定资产的投入，教学场所问题通常是以租赁房屋或借用教堂的形式解决的，机动性极强，便于以迁校为筹码与市政当局谈判，从而谋求更多的权益。

在巴黎，大学的自主权是在1229年学生与国王的卫队发生流血冲突以后才获得的。在这场争斗中，许多学生被国王的卫队杀死，巴黎大学大部分人员参加了罢课，并撤往奥尔良。有两年之久的时间，巴黎几乎没有再开设任何课程。直到1231年，"圣者"路易九世和卡斯蒂林的比安卡郑重承认大学的独立，恢复与扩大"奥古斯都"腓力二世1200年就给予大学的特权。在牛津，在1214年被革出教门的"无地王"约翰短期退位的情况下，大学获得了其最早的自由。1232年、1238年和1240年，在大学和国王之间发生了一系列冲突，这些冲突以对一部分大学支持蒙特福而感到惊恐的亨利三世的退位而告终。❸ 其他大学也发生了类似的冲突，通过以迁校为抗争，市政当局不得不做出让步，大学逐步摆脱了地方当局的干涉，获得了更多的自主权。在一起牛津大学学生与当地居民的冲突事件中，近三千名师生罢课，并离开牛津。

在1229年狂欢节期间，巴黎发生了一次严重的学生骚乱事件，并导致几人受伤，市政当局报复性地处死了两名学生。巴黎大学进而宣布罢课，学生、教师纷纷离开巴黎，巴黎大学关闭了两年。这些离开的师生为其他大学的发展注入了新生力量，例如，那些迁移到剑桥大学的师生在经过15年的安定期

---

❶ 勒戈夫. 中世纪的知识分子 [M]. 张弘, 译. 北京：商务印书馆, 1996: 60-61.

❷ LEFF G. The Faculty of Arts (Chapter 10): Hilde de Ridder Symoens, A History of the Universities in the Middle Ages, Cambridge University Press, 1992: 334. 转引自: 张磊. 欧洲中世纪大学 [M]. 北京：商务印书馆, 2010: 68.

❸ 勒戈夫. 中世纪的知识分子 [M]. 张弘, 译. 北京：商务印书馆, 1996: 61-62.

后，有力地促进了剑桥大学的发展。❶ 其他地方的市政当局和大学也非常欢迎巴黎大学的师生，有些地方还制定了优厚的政策吸引他们前往。

(三) 中世纪大学自治的体现

中世纪大学的自治主要体现在大学行会制、授予许可证、独立的司法管辖权以及市民特权四个方面。

1. 大学行会制

大学行会制是中世纪大学的重要制度性遗产，是大学在争取自治过程中的阶段性成果。"世界一流大学不是建立在数量而是建立在质量基础之上的，要确保大学的学术质量，就需要形成一整套合理而有效的组织结构和运行机制。而大学的组织结构与运行机制离不开一个比较基本的传统：大学（universitas、university）属于学术性行会组织。在某种意义上，学术性行会组织就是大学的核心传统。"❷ 基于学术性行会组织所享有的自治权早期主要体现为"迁徙权"和"罢课权"。迁徙权是指当大学的利益受到国家或地方当局的威胁时，全体师生可以自由迁移到他处办学的权利。大学不是一片土地、一群建筑或一个章程，而是教师与学生的结合。大学因开办时没有固定的场所，故极具流动性，并能以此作为与市政当局谈判的筹码。❸ 罢课权是指大学以停止或终止日常课程的形式，来抵制市政当局或教会势力不当干预的权利。

2. 授予许可证

"学位授予是从颁发执照——授课许可证演变而来的。获得这种许可证后就可以在特定城市或主教辖区进行教学。"❹ 学位起初由教师行会进行认可，获得学位后可以从事教书活动。对于那些拥有这种资格，而实际上并没有从事教书活动的人来讲，学位是一种学术能力的证明，能为其带来一些有利的地位及保障。1292年，罗马教皇颁布的《教皇尼古拉斯四世的训令》中赋予了巴黎大学授予许可证的权利，其中规定：

我们希望鼓励巴黎城内知识界的学生为获得硕士学位而努力，不论他们来自什么地方，都可以在他们获得学位的系科担任教师。……根据这一文件精神，

---

❶ 克伯雷. 外国教育史料 [M]. 华中师范大学、西南师范大学、西北师范大学、福建师范大学教育学系，译. 武汉：华中师范大学出版社，1990：180.
❷ 张磊. 欧洲中世纪大学 [M]. 北京：商务印书馆，2010：5.
❸ 林德伯格. 西方科学的起源 [M]. 王珺，等译. 北京：中国对外翻译出版公司，2001：215.
❹ 宋文红. 欧洲中世纪大学的演进 [M]. 北京：商务印书馆，2010：167.

我们命令在上述城内的任何学生,在教皇的指引下,通过具有授予各该系科讲授权的人们,按照一向奉行的惯例进行考试并得到批准,可获得从事神学、民法、医学和文学等系科教学的许可证。……并且今后在上述城市以外的其他地方,享有教学权利而无须考试和检查,不论是公立和私立或关于教学和讲学的任何其他新规定,他们将不受任何人阻拦,尽管有与此相反的惯例或规定;不论他们是否愿意在有关系科讲学,总是把他们作为博士看待。❶

1255 年,罗马教皇亚历山大四世正式承认萨拉曼卡学馆的成立,并且给予它大学馆的特权,包括认可其颁发通用执教许可证的权利。1289 年,教皇尼古拉斯四世授予蒙彼利埃大学颁发通用执教许可证的官方许可,又在 1291年、1292 年对博洛尼亚大学和巴黎大学授予了这项许可。1318 年,教皇约翰二十二世发布敕令,宣布剑桥大学为"大学馆",剑桥大学获得了颁发执教许可证的权利。❷

当然,执教许可证不是随便授予的,而是有一定的要求和标准,正如当今大学授予学生学位一样。1231 年,教皇格雷戈里九世在《教皇格雷戈里九世的训令》中,对巴黎大学校长授予许可证时作出指示:

未来的大学校长必须宣誓,除了能够给许可证带来荣誉的道德高尚的人士以外,不得接受任何人做神学或宗教法的教授。要拒绝一切不称职的人,不管是谁或是哪个民族的人。在接受许可证以前,校长可以从申请颁发许可证的日子起三个月内,询问神学教授或其他重要教学人员,以充分了解申请者的生活和仪表、知识、能力、是否热爱学习、发展前途以及渴望教学者所需要的其他品质。在这些调查完结之后,他必须凭自己的道德心决定授予或拒发许可证。❸

3. 独立的司法管辖权

1158 年 11 月,腓特烈一世在龙卡利亚颁布了敕令《真正的惯例》(Authentic Habita)。后来《真正的惯例》经过法学家们的诠释,远远超越了其本初的含义,逐步展现出非常重要的学术意义,使学者特权得以形成,并与教会的特权并驾齐驱,《真正的惯例》逐步被视为"学术自由"的起源和源泉。

---

❶ 克伯雷. 外国教育史料 [M]. 华中师范大学、西南师范大学、西北师范大学、福建师范大学教育学系,译. 武汉:华中师范大学出版社,1990:181-182.
❷ 里德-西蒙斯. 欧洲大学史 第一卷:中世纪大学 [M]. 张斌贤,等译. 保定:河北大学出版社,2008:102-104.
❸ 克伯雷. 外国教育史料 [M]. 华中师范大学、西南师范大学、西北师范大学、福建师范大学教育学系,译. 武汉:华中师范大学出版社,1990:181.

腓特烈一世试图通过《真正的惯例》，给予那些长途跋涉来到一个学术中心学习罗马法的外来学者以更大程度上的安全保护，使其在大学所在城市里免受羞辱、债务、拘留等遭遇。《真正的惯例》规定：那些对学者实施犯罪行为的人和那些没能使赔偿生效的官员都会被处以重罚。后来，《真正的惯例》可适用于所有平民学者。《真正的惯例》赋予学者最宝贵的特权之一是学者对司法的选择，当其受到起诉时，包括刑事案件和民事案件，可以选择自己的老师作为法官。《真正的惯例》中的这些司法安排逐渐拥有了普适性，成为大学当局在整个中世纪时期管理学生权力的依据。随着时间的推移，主教插手大学事务的权力逐渐被削弱，教会对大学的管辖权也转交给了大学法庭，大学法庭成为审理学术案件的正常法庭。❶ 1158年，德意志公布的 nefilius propatre 等中记载：

　　……如果有人由于商业方面的问题要对学生进行起诉，学生享有选择的机会：可以传唤起诉者到教授面前，也可以传唤到本市的主教面前，我们已经给了教授和主教对于这类案件的审判权。但如果起诉者企图把学生拉到其他法官面前，即便是他的案由非常有理，也要因此而败诉。……我们还命令把这一法律载入帝国宪法，称为 nefilius propatre 等。❷

　　1244年，英格兰国王亨利三世授予了牛津大学校长部分司法管辖权，使他能够审判那些凡涉及大学人员的，有关债务纠纷、宿舍租金的确定、马匹租金、合同违反以及食物采购等方面的案件。❸

　　4. 市民特权

　　在中世纪，大学在与教会和世俗势力作斗争的过程中，取得了一些市民特权，如免税权、兵役豁免权及参与市政管理权等。菲利普四世于1340—1341年对巴黎大学授予的特许状中规定：

　　我们授予前述（巴黎的）教师和学生，现在大学的和今后要来这个大学的学生，或真正准备要来的学生，不论是留在大学里或回家的人们以下述权利：任何人，不论他们的地位如何，也不论他们有多大声望，不论他们是平民、高级长官或执行官，不得对前述教师和学生进行干扰，或擅自用其他方

---

❶ 科班. 中世纪大学：发展与组织 [M]. 周常明，王晓宇，译. 济南：山东教育出版社，2013：60-63.

❷ 克伯雷. 外国教育史料 [M]. 华中师范大学、西南师范大学、西北师范大学、福建师范大学教育学系，译. 武汉：华中师范大学出版社，1990：170.

❸ 里德-西蒙斯. 欧洲大学史　第一卷：中世纪大学 [M]. 张斌贤，等译. 保定：河北大学出版社，2008：101.

法进行敲诈勒索，不论是对他们的人身、家庭或财产都是如此……他们的学生身份，将由正式的宣誓被确认。❶

巴黎大学师生的离去，在一定程度上影响了城市的繁荣，市政当局才意识到保护师生人身安全以及赋予他们一定特权的重要性。之后，国王菲利普·奥古斯都授予了巴黎学生一些特权，其许诺如下：

关于今后巴黎学生的安全，我们根据臣民的意见规定：要使全体巴黎公民宣誓，不论是谁看到任何人伤害任何学生，必须如实证明，不能退缩。……巴黎的学生无论犯了什么罪，法官都不能侵犯他们的动产。……如果学生被法官逮捕而当时找不到教会的审判官，或者审判官不能马上到场，负责法官可以把学生带到学校宿舍看守起来，不能虐待他们，直至送到教会的审判官那里……❷

英国的几位国王为了促进牛津大学和剑桥大学的发展，颁布了一系列法令赋予师生市民特权。从1231年起，亨利三世就发布了一系列法令，重申和巩固了由教会赋予教师和学生的特权。1214年，教皇使节赋予牛津大学通过任命专门委员会直接管理学生宿舍租金的特权。1248年，英国国王授予了大学更多的特权，后来甚至赋予它们监督市内食品贸易的权力。西班牙的行动也毫不逊色，1263年，教皇乌尔班四世赋予了帕伦西亚的教师和学生豁免权、自由权，以及他们在巴黎和其他大学馆的同行们所享受的其他权利。❸

(四) 中世纪大学自治的局限

大学自治的确立为大学的繁荣和学术的发展奠定了坚实的基础，但缺少约束与制衡的自治，往往会背离其初衷而走向它的反面。

1. 法治的真空地带

大学法庭的存在为学校审理学术案件，减少教会、世俗势力对大学自治的干预创造了条件。但随着世俗势力的发展、中央集权的加强，这种脱离法制统一体的组织缺少国家政权的监督，常会成为法治的真空地带，成为"暴政"的源泉。巴黎大学就发生过迫害贞德的暴行。怀着对这位奥尔良少女的极端仇视，勃艮第公爵控制下的巴黎大学对贞德进行了审讯，指控她为异教

---

❶ 克伯雷. 外国教育史料 [M]. 华中师范大学、西南师范大学、西北师范大学、福建师范大学教育学系，译. 武汉：华中师范大学出版社，1990：176.

❷ 克伯雷. 外国教育史料 [M]. 华中师范大学、西南师范大学、西北师范大学、福建师范大学教育学系，译. 武汉：华中师范大学出版社，1990：171-172.

❸ 里德-西蒙斯. 欧洲大学史 第一卷：中世纪大学 [M]. 张斌贤，等译. 保定：河北大学出版社，2008：101-102.

徒，施行巫术，最后贞德被教会处以火刑。迫害贞德的行为给巴黎大学抹了黑，巴黎被收复以后，查理七世和后继的路易十一都不相信巴黎大学。后来，巴黎大学逐渐丧失了特权，成为世俗政权的管辖领地。1437年，国王查理七世撤销了巴黎大学的税务特权；1445年，巴黎大学的法律特权被撤销，大学被置于议会的管辖之下；1470年，路易十一强迫巴黎大学教师和学生中的勃艮第人宣誓效忠；1499年，巴黎大学失去了其罢课权。❶

2. 固步自封

缺少他律制衡的自律，极易嬗变为僵死的信条，成为大学固步自封，拒绝吸纳新理念、新技术的借口，或成为学校既得利益的拥有者进一步获取、积累利益的工具。"在16—18世纪，大学自治成为学术自由的异化形式，成为守旧的堡垒，大学因此进入了所谓的'冰河期'。"❷ 萨莱诺大学的衰落就是例证。在公元10世纪，萨莱诺大学是欧洲医学教育的中心，其在医学方面的造诣令其他学校望尘莫及。但萨莱诺大学沉浸于这种狭隘的优越感中，不肯放下高高在上的姿态去虚心学习从阿拉伯世界传入的医学领域的新理论、新方法和新技术。这种保守与固执使萨莱诺大学失去了进一步发展的时机，其他大学则纷纷抓住了这个难得的机会，认真学习和研究从阿拉伯世界传入的医学领域的新理论、新知识，从而使萨莱诺大学从医学教育的神坛上滑落下来，并被远远地超越过去。当时，萨莱诺大学的一位著名教师到蒙彼利埃大学讲学，因其观点、观念、思想及知识明显落后与不合时宜，而遭到蒙彼利埃大学学生们的嘲笑。❸ 中世纪的大学以宗教神学和经院哲学为独尊，排挤了自然科学生存和发展的空间。"每个时代生产'知识'的方法以及辩护'真理'的标准不同，知识因而无法逃脱受当时的知识'政体'规约的命运。中世纪大学毕竟是为封建阶级服务的，是维护封建制度的，随着社会的进步，日益显示出不适应及保守性，未能在现代社会到来之前给人类以激励和曙光。"❹

3. 教师薪酬缺少保障

中世纪大学初期，教师主要是教会中的僧侣和部分世俗人员。在经济上，僧侣可以享受教会提供的津贴，世俗身份的教师则依赖学生交的感谢

---

❶ 勒戈夫. 中世纪的知识分子 [M]. 张弘，译. 北京：商务印书馆，1996：131-132.
❷ 周光礼. 学术自由与社会干预：大学学术自由的制度分析 [M]. 武汉：华中科技大学出版社，2003：35.
❸ 张磊. 欧洲中世纪大学 [M]. 北京：商务印书馆，2010：41.
❹ 宋文红. 欧洲中世纪大学的演进 [M]. 北京：商务印书馆，2010：167.

费维持生计。教会不赞同教师向学生收感谢费的行为，认为这是与苏格拉底所倡导的无偿教育理念相违背的。但随着社会对知识需求的急剧增加，一些行会开始以传授知识为专门的职业。横尾壮英认为，这种以谢礼为媒介来经营知识传授的活动，已经超越了教会的意志，得到社会的广泛接受。这样，作为专门工作的教书职业就形成并发展起来了。❶ 市政当局向教师支付薪酬，是为了与名校竞争，争取到优秀的教师。例如，"西班牙帕伦西亚（Palencia）大学（1208—1209年创办）的创办者阿方索八世创设了教授职位津贴制度，向从巴黎和博洛尼亚等地聘任的教师提供薪俸。"❷ 薪俸制度使"大学的整体状况发生了变化，教师职业从'生计'即谋生的手段演变为'公共职业'"❸。

二、大学自治的域外经验：近代德国、日本、美国大学的自治

"大学自治是国家与大学就大学事务的决策权进行持续不断博弈的过程和结果，在相互博弈的过程中，长期处于弱势地位的大学获得了'特权'，提高了主体地位，从而能够与强大的国家相抗衡。"❹ 近代德国、日本及美国在大学自治方面有着丰富的经验，学习它们已经取得的成功经验，有助于推动我国现代大学制度的建设。

（一）德国的大学自治

德国的大学具有悠久的自治传统，原则上属于学术领域的事务，大学享有完全的自主权。德国古典大学观代表人洪堡认为，大学的组织原则应建立在纯科学观念之上，大学的基本原则有二：一曰寂寞，一曰自由。在他看来寂寞有三层含义：其一，大学应独立于一切国家的组织形式；其二，大学应独立于社会经济生活；其三，大学的教师和学生应甘于寂寞，不为任何俗务所干扰，完全沉潜于科学。他认为寂寞和自由能够促进大学的繁荣，而繁荣的大学及发达的科学正是国家的利益所在。❺

德国的大学自治是典型的欧洲模式，即"教授与国家官僚机构相结

---

❶ 张磊. 欧洲中世纪大学 [M]. 北京：商务印书馆，2010：370.
❷ 张磊. 欧洲中世纪大学 [M]. 北京：商务印书馆，2010：371.
❸ 张磊. 欧洲中世纪大学 [M]. 北京：商务印书馆，2010：389.
❹ 胡建华，王建华，陈何芳，等. 大学内部治理理论 [M]. 南京：南京师范大学出版社，2019：11.
❺ 陈洪捷. 德国古典大学观及其对中国的影响 [M]. 3版. 北京：北京大学出版社，2015：38-42.

合"❶。教授在大学里享有广泛的权力,"这种集权化与寡头化特征首先表现在学部层面,后来又集中于大学层面。其结果是,不论是在大学层面还是在学部层面,重大决策几乎都被少数人所垄断。在德国大学里,正教授对权力的垄断影响了大学的治理方式,这就是所谓的教授治校——在包括人事决策等所有重大问题上都是教授说了算。"❷ 当大学自治事务与国家的行政管理事务相关联时,如何进行区分及管理是一个棘手的问题。德国对此在学说上存在两种不同的立场。"一种为机能说。持该说的学者主张,除研究、教学活动以外,事务达成的机能直接与此活动有关,或用以保证这些活动的,都属于自治的范围。另一种为历史的传统说。持该说的学者主张,宪法保障的是大学在历史上、传统上所形成的自治内容。因此,作为不成文的宪法规范,再依据大学的历史发展,存在着对大学自治权的保障。"❸ 而学说上的立场仍未给予明确的区分,并未在实务上提供有效的指引。总的来看,德国大学自治的事项包括全体教师的组成、学术与非学术人员的聘任、教学计划的制定、考试事务的管理、学位的授予、教授的提名。在传统德国大学中,只有教授是大学自治的权利主体,学生、教师及其他行政管理人员没有权利参与大学自治事务的管理。第二次世界大战后这种情况发生了很大的改变,大大提高了其他主体参与大学自治事务管理的权利。依据德国大学基本法第 36 条❹的相关规定,只要是大学成员,均有参与大学自治事务管理的权利,就是大学自治的主体。

独特的自治文化造就了德国大学的辉煌成就。"在德国,科学成就被看成具有一种神圣性,它是才能特殊之人至深至纯品质的体现,与体制上的规定无关。"❺ 这种大学观并不以制度规范为运行基础,更重视成就与创造。"德国古典大学观作为一种卡里斯玛观念,不但影响了大学教授的价值信念和行为,同时也在德国大学的制度上留下了卡里斯玛的痕迹。"❻

---

❶ 克拉克. 高等教育系统:学术组织的跨国研究 [M]. 王承绪,等译. 杭州:杭州大学出版社,1994:25.
❷ 张小杰. 从学部制度看早期德国大学模式 [J]. 清华大学教育研究,2006 (3):71-76.
❸ 周志宏. 学术自由与大学法 [M]. 台北:蔚理法律出版社,1989:57-58.
❹ 德国大学基本法第 36 条规定:(一) 大学的成员为大学中以公勤事务为主要职责的人员,以及登记在册的有学籍的学生;(二) 并非第 (一) 项所规定的成员,经大学主管机关同意,在大学内以主要职员的身份从事工作的,也享有大学成员的权利与义务。
❺ 戴维. 科学家在社会中的角色 [M]. 赵佳苓,译. 成都:四川人民出版社,1988:298.
❻ 陈洪捷. 德国古典大学观及其对中国的影响 [M]. 3版. 北京:北京大学出版社,2015:118.

（二）日本的大学自治

日本近代大学是在学习西方大学制度的基础上产生的，以德国的大学制度为蓝本。"由于国家主义居于支配地位，国家的法令规定大学必须为国家服务，以满足国家需要为第一职责，因此西方大学的学术自由、大学自治理念并没有随着大学这种机构的植入而成为日本近代大学办学的指导思想。第二次世界大战之后，在清算军国主义教育思想与体制的过程中，学术自由、大学自治的理念开始受到日本学界和社会的重视。"❶

日本近代大学开端于 1877 年成立的东京大学，当时的东京大学可视为政府的组成机构，为了实现富国强兵的国家需求，它不仅培养文官，也培养武官。1889 年制定的《帝国大学令》第 1 条规定："帝国大学，以培养符合国家需要的学术技艺，并以研究其蕴奥为目的。"但 1889 年的《明治宪法》中并没有保障学术自由与大学自治的条款。1893 年制定的《帝国大学官制》，对帝国大学校长的人事任免权、评议会及教授会制度进行了规定。❷ 日本的教授会自治制度开端于户水事件，1905 年，东京帝国大学教授户水宽人因发表日苏即将开战的言论而遭到停职处分。该事件引发了大学教授对政府权力抑制教授言论的担忧，并纷纷强调学问自由与大学的独立。后来，政府作出让步，文部大臣辞职，成为确立大学教授身份保障的开端。日本教授会自治制度的最终确立则发生在津柳事件之后，1913 年，东京帝国大学总长津柳政太郎为了改革大学自治，随意辞去 7 名教授，该行为遭到了法律系教授们的反对，并要求总长津柳政太郎在教授的人事任免决定上，在向文部大臣提出之前，必须先征求教授会的同意。同时，教授们要求大学总长应由校内选举产生，而非由官方直接任命。该请求并未得到同意，后来教授们纷纷以停课的形式表示抗议，大学总长津柳政太郎被迫下台。后来为了确立大学自治，教授们要求关于总长、教授及助教授的人事任免应事先咨询教授会，须经教授会同意后再决定。❸ 自此，日本大学自治中的人事自治被制度化，最终得到确立。

完备的教育法规体系为日本大学自治提供了制度保障。1947 年《教育基本法》颁布，"它首次以日本国民的名义和法律的形式公开宣布教育民主、教育主权在民，即用民主主义取代军国主义和天皇专制主义，用法律主义取代

---

❶ 胡建华，王建华，陈何芳，等. 大学内部治理论［M］. 南京：南京师范大学出版社，2019：276.
❷ 周志宏. 学术自由与大学法［M］. 台北：蔚理法律出版社，1989：29.
❸ 周志宏. 学术自由与大学法［M］. 台北：蔚理法律出版社，1989：30.

敕令主义。从此日本教育在宪法和教育基本法体制上走上了为建设和平民主国家服务的道路。"[1] 1949年制定的《文部省设置法》将文部省对大学的管理限定在宏观事务方面,如大学设立、停办的审批以及大学的财政预算方案,而大学内部的日常管理、教学活动等具体事务,则由各大学在相关法律、法规的框架内自行安排。

(三) 美国的大学自治

美国高等教育的历史是短暂的,但是其特色十分鲜明,具有创造性、灵活性、时代性的美国高等教育在当今世界高等教育领域独树一帜。在高等教育管理方面,以校长为代表的行政管理组织发挥"强行政"职能,基层教授会的学术权力较弱,这种学术权力配置方式被形象地概括为"橄榄型权力分布"。[2] 在美国,大学自治被认为是学术自由的一部分,是一种团体性的学术自由,常被用来对抗政府对大学事务的过分干预。[3] 美国大学的自治权可以从美国宪法第一修正案中推导出来,被认为是美国宪法第一修正案的必然结果,这是因为大学自治是"个人的学术自由权不受拘束运作的先决条件;它对于保障在观念之发展和不受抑制地传播中——此乃处于第一修正案之自由的核心的行动——的社会利益而言,是必需的。"[4] 美国大学的自治因公立大学与私立大学的不同而存在差异。

美国的私立大学都是私法人,它们有的依据非营利法人的相关法律成立,有的依据公司法中的相关条款成立,有的依据特别法成立,具有高度的自治性。私立大学的章程是契约的一种,未经大学同意,政府当局不得擅自变更。自1819年达特茅斯学院诉伍德沃德案(Dartmouth College v. Woodward)后,美国联邦最高法院确认了私立大学独立于所在州立法权与行政权的地位,学校的章程受到联邦宪法的保护。在本案中,美国联邦最高法院马歇尔大法官的判决维护了契约神圣的原则,为美国私立大学自治的确立与发展提供了坚强的后盾。[5] 当然,私立大学的自治也不是绝对的,其办学活动不得违背美国联邦法律与州法律的相关规定。"例如,私立大学不能主张宪法第一修正案所保障之学术自由,而采取具有种族歧视或性别歧视之政策来选择学生或决定

---

[1] 郝维谦,李连宁. 各国教育法制比较研究 [M]. 北京:人民教育出版社,1998:162.
[2] 胡建华,王建华,陈何芳,等. 大学内部治理论 [M]. 南京:南京师范大学出版社,2019:25.
[3] 周志宏. 学术自由与大学法 [M]. 台北:蔚理法律出版社,1989:101.
[4] 周志宏. 学术自由与大学法 [M]. 台北:蔚理法律出版社,1989:99.
[5] 任东来,等. 美国宪政历程:影响美国的25个司法大案 [M]. 北京:中国法制出版社,2014:40-51.

教师之聘任。"❶ 美国的公立大学是依据州宪法或州法律设立的,其办学活动受州法律的限制,在财政上属于州的财政体系,其自治程度相对于私立大学要低。尽管如此,两者在大学自治上仍然存在很多共同之处。卡耐基高等教育委员会认为,大学自治的基本事项应包括以下内容:"指定资金使用于特殊之目的;支出费用仅受会计上的监督;决定大学雇员的分配、工作负担、薪资及升迁;选择教师、行政人员及学生;建立有关等级、学位授予、开设课程及发展计划书上的学术政策;研究有关学术自由、成长比率以及研究和服务活动的行政政策等。"❷

德国的大学具有高度的自治权,全体教师的组成、学术与非学术人员的聘任、教学计划的制定、考试的举行、教授资格的给予与剥夺以及对学生的惩戒都属于大学自治的范围。但是,学校的财政预算属于国家行政管理事项,教授的任命须由大学与国家共同决定。日本则认为大学自治的范围包括学校的人事决定、科学研究事项的决定、校内教育教学秩序的管理以及财政事项的决定。但实际上,日本公立大学的财政预算事务要由国家和地方公共团体进行监督;在人事事务方面,文部省和地方公共团体的最高领导对其具有形式上的任命权。美国大学的自治,则因各大学性质的不同而有所差异,州宪法自治大学因各州宪法相关规定的不同也不尽相同。总体来看,对于公立大学,学术研究、日常教育教学秩序的管理是完全属于大学自治的事项,但在财政及人事上,国家或地方政府会进行一定程度的干预;而私立大学遵循私法自治的原则,除法律有特别的规定外,私立大学享有充分的自治权。

三、大学自治的中国语境:高校办学自主权

大学自治是西方的学术术语,在我国一般称为高校办学自主权。我国的高校办学自主权与西方所称的大学自治有着本质上的不同。

(一) 高校办学自主权的内涵

1. 高校自主权与高校办学自主权

从字面上看,"高校自主权"是"高校办学自主权"的上位概念,但通过对现有研究的分析,我们发现它们之间并没有实质上的区别,在一定程度上是可以互用的。

---

❶ 周志宏. 学术自由与大学法 [M]. 台北:蔚理法律出版社,1989:106-107.
❷ FINCHER C, MAYHEW L B. Carnegie Commission on Higher Education [J]. Governance of Higher Education: Six Priority Problems, 1973:168-170.

辞典维度下的高校自主权是指高等学校独立处理自己内部事务的权力，如教什么和怎么教的权力、制定研究计划的权力、法律规定的有关权力等。它是进行创造性研究和教学活动的必要条件，是分析高等学校与政府和社会之间关系的关键点，它反映了政府和社会对学校活动支持与干预的程度。❶ 规定性维度下的高校自主权是指"高等学校依据法律、法规的规定，根据自身的目标定位和办学特点，以学术自由为主要内容，由其章程所规定、效力只限于内部成员的自主决策、自主实施、自主承担责任的资格和能力。"❷ 但在我国官方文件中使用的是"高校办学自主权"，而非"高校自主权"。❸ 高校办学自主权是指高校作为具有独立法人资格的机构，在不受其他组织或个人非法干扰和阻碍的前提下，依据国家有关方针和政策，结合自身办学规律和特点，充分发挥自主决策、自主执行、自主监督的积极性和主动性，行使教育决策和教育活动的权利。❹

2. 高校办学自主权与大学自治的区别

首先，两者产生的背景不同。"大学自治"是中世纪大学在发展过程中的特有产物，从某种意义上说，"大学自治"是中世纪的学者们为了平衡与社会其他阶层的力量差异而产生的一种由内而外的思想迸发，并且最终在整个社会形成了一种特有的自治文化。❺ 而我国的大学没有自治的传统，大学的权利是政府放权的结果，可以说"完全是政府为了适应社会政治、经济和教育发展的需要所实施的一种行政行为，是以政府行政管理改革为前提条件的一种外部赋予高校的、有限度的权利。"❻

其次，政治环境不同。在中世纪，民族国家还未完全形成，世俗政权尚未集立法权、司法权、行政权于一身，没有足够的实力对社会进行全面的干预。地方当局出于对城市的经济收入和声誉的考虑，会给予大学一些特权。有时教会势力为了与世俗政权抗衡，也会拉拢大学，作为交换条件给予其特

---

❶ 朱九思，姚启和. 高等教育辞典 [M]. 武汉：湖北教育出版社，1993：86-87.
❷ 蒋后强. 高等学校自主权研究 [D]. 重庆：西南大学，2006：30.
❸ 在现有研究中，既有直接用"高校自主权"的，也有用"高校办学自主权"的，但没有人进行仔细的甄别，而"办学"是一个很模糊的概念。《决定》中没有用高等学校自主权，可能是出于以下考虑：一是当时对高校自主权研究得不够；二是认为自主权是个人主义的东西，加上"办学"二字有利于和资产阶级自由化相区别。参见：蒋后强. 高等学校自主权研究 [D]. 重庆：西南大学，2006：22.
❹ 徐小洲. 自主与制约：高校办学自主权政策研究 [M]. 杭州：浙江教育出版社，2007：142.
❺ 刘宇文. 高校办学自主权研究 [M]. 长沙：湖南人民出版社，2015：11.
❻ 刘宇文. 高校办学自主权研究 [M]. 长沙：湖南人民出版社，2015：11.

权。这些为中世纪大学自治创造了良好的条件。法国学者雅克·勒戈夫将其形象地比喻为"特洛伊木马","大学组织看来注定要从一个社会阶层或集团向另一个社会阶层或集团转化。它看来必将一个接一个地背离所有其他的人。对教会、对国家、对城邦来说,它都可能会是特洛伊木马。它是无法归类的。"❶ 大学自治是西方大学在发展过程中的一种独特文化,"直到最近,美国仍然不愿意承认高等教育是政府管辖的一个部分,也不愿意把高等教育作为政府的一个部分进行研究。"❷ 而我国在改革开放初期实行的是高度集中的计划经济体制,整个社会高度政治化,行政权力渗透到社会生活的所有领域,政府扮演着"全能政府"的角色,"学校只是政府的一个附属机构,政府与学校之间主要是一种控制与被控制、统治与被统治的关系"。❸ 当时的高等教育哲学是以政治论为基础,强调教育对国家有着深远影响,在这种高等教育哲学观的指引下是难以实现"大学自治"的。

最后,落实情况不同。西方现代大学自治在内容上,主要体现在以下六个方面:在大学的管理上免于非学术的干预;以大学看来合适的方式自由分配资金;自由招收教职工,并决定其工作条件;自由选择学生;自由设计和传授课程;自由设置标准和决定评价方式。我国高校的办学自主权主要体现在《高等教育法》中对高校权利的规定,它包括招生权、专业设置权、教学权、科学研究与社会服务权、对外交流与合作权、人事权及财产权七个方面。"我国目前虽然在立法上对高等学校自主权已有规定,甚至从法律条文上看,其自主权的范围与其他法治国家并无明显差别。不过现实情况却并非如此乐观,一些高等学校仍然抱怨享有的权利太少,或法律规定的权利在现实中无法实现。"❹

(二)高校办学自主权的发展历程

我国古代的高等教育一直未跨入现代化的门槛,现代意义上的高等学校是19世纪末开始出现的,1904年"壬寅·癸卯"学制的确立标志着现代高等教育的产生。清末的高等教育虽然已经蹒跚地迈向现代化,但还基本属于政府的附属机构或技术人员的养成所,大学自治的理念与实践尚未发育。❺

---

❶ 勒戈夫. 中世纪的知识分子[M]. 张弘,译. 北京:商务印书馆,1996:66.
❷ 范德格拉夫. 学术权力:七国高等教育管理体制比较[M]. 王承绪,等译. 杭州:浙江教育出版社,2001:196.
❸ 劳凯声. 中国教育改革30年:政策与法律卷[M]. 北京:北京师范大学出版社,2011:40.
❹ 申素平. 高等学校的公法人地位研究[M]. 北京:北京师范大学出版社,2010:114.
❺ 李剑萍. 百年来中国的大学自治与社会干预[J]. 河北师范大学学报(教育科学版),2005(1):5-11.

1. 近代的高校办学自主权

(1) 完全无自主权时期

清末第一所国立大学——京师大学堂创办时并不是一个完全的学术单位，还兼有政府机构的性质。1898年《总理衙门筹议京师大学堂章程》规定，京师大学堂具有管辖各省学堂的责任，"各省近多设立学堂，然其章程功课皆未尽善，且体例不能划一，声气不能相通。今京师既设大学堂，则各省学堂皆当归大学堂统辖，一气呵成；一切章程课程，皆当遵依次所定。"其后的《钦定京师大学堂章程》延续了上述规定，直到1905年设立学部，作为全国教育管理行政机构后，京师大学堂才从兼具学术与管理双重职能的机构中摆脱出来，成为独立的学术教育组织机构。这一时期政府对大学具有完全的决定权，大学还没有成为一个独立机构，在性质上只是政府的一个附属机构。❶

(2) 自主权萌芽时期

随着一批去欧美求学的文人志士回国，他们带着西方现代的理念试图去改造国内大学。1919年蔡元培发表《不肯再任北大校长的宣言》，其中提出："我绝对不能再做不自由的大学校长；思想自由是世界大学的通例。"❷ 1922年，蔡元培发表《教育独立议》，指出教育应与政党、宗教相分离。南京国民政府于1927年设立了大学院主管全国教育，希望促进教育学术化的发展。由于军阀混战，"教育部长经常处于更换状态，1912—1926年，北洋政府教育部一共更换了38任教育总长和24名教育部次长"❸，政局的不稳使政府没有将过多的精力放在大学上，这也为大学的自主发展创造了一个相对宽松的外部环境。当然，这一时期我国大学所获得的"精神独立"是以经费不能得到保障为代价的，大学并没有从精神上和制度上得到真正的独立。❹

(3) 自主权再度失去时期

1928年大学院制度失败后，国民政府重新成立了教育部管理全国学术和教育行政事务，加强了对国立大学的控制与管理，大学校长的任命权完全由国民政府掌控，大学再度沦为政府的附属机构。特别是在1930年以前，若干国立大学的校长由国民党和国民政府的高官兼任，如中央研究院院长蔡元培兼任北京大学校长（未到任）、教育部部长蒋梦麟兼任浙江大学校长、铁道部

---

❶ 刘少雪. 我国近代大学与政府关系的特点 [J]. 高等教育研究，2006，27 (3)：84-91.
❷ 中国蔡元培研究会. 蔡元培全集：第3卷 [M]. 杭州：浙江教育出版社，1997：632.
❸ 郑登云. 中国高等教育史：上 [M]. 上海：华东师范大学出版社，1994：147.
❹ 刘少雪. 我国近代大学与政府关系的特点 [J]. 高等教育研究，2006，27 (3)：84-91.

部长孙科兼任交通大学校长、工商次长郑洪年兼任暨南大学校长、考试院院长戴传贤兼任中山大学校长等。党国要人兼任国立大学校长，有助于国民党政府更有效地控制大学，因此，有人认为大学成为这一时期中央政府权力扩张的渠道之一。❶

2. 新中国成立之后的高校办学自主权

(1) 完全无自主权时期

新中国成立之后，政府通过新建与改造，把高等教育变成人民的高等教育，高校成为全民所有制的事业单位，具有不同的行政级别，是国家或地方政府的隶属单位。1950 年 6 月，教育部召开第一次全国高等教育会议，制定了《高等教育管理规程》，实行高校统一集中领导，学习苏联经验，改革高等教育。1951 年，教育部提出了改革高等教育的三大任务，即改革教育制度（包括院系调整）、改革教育内容（包括课程与教材）及改革教育方法。到 1956 年，旧的高等教育体制基本改革完成。1961 年，教育部在北京召开全国重点高校工作会议，提出对重点高校实行定规模、定任务、定方向、定专业的"四定"方针，来加强对重点高校的集中管理。在十年文化大革命期间，尽管大学混乱不堪，政府依然对大学实行集权控制。在该阶段，政府对高校实行严格的计划管理与行政干预，政校不分，高校完全没有自主权。

(2) 有部分自主权时期

1978 年，党的十一届三中全会召开，提出了以经济建设为中心，否定了"以阶级斗争为纲"的政治路线。随着计划经济体制的转型、市场力量的崛起，政府逐步简政放权，此时高校已不能适应社会发展的需要。1978 年 10 月，教育部发布了《全国重点高等学校暂行工作条例（试行草案）》，指出高校实行"党委领导下的校长分工负责制"，强调了校长在高校管理工作中的作用。1979 年，四位上海知名大学的校领导呼吁"给高等学校一点自主权"。❷ 四位校领导针对当时政府对高校管得太死的弊端，呼吁政府应该给高

---

❶ 费正清, 费维恺. 剑桥中华民国史 1912—1949 年：下卷 [M]. 北京：中国社会科学出版社, 1993：442.

❷ 复旦大学校长苏步青认为，应该相信校长能管好大学，学校自主权问题是一个教育体制问题。直属教育部的全国重点大学，权力都集中在教育部。学校要请外国学者讲学或者派人出国学习，招收多少学生，开设什么专业，等等，统统由教育部规定。这样一来，当校长的只要按照上面规定的办就是了。结果是，办出来的学校都是一模一样。中国这么大，学校这么多，什么事都由教育部管是管不好的。为什么不给大学一点自主权呢？我们是国务院任命当校长的，那就应该相信我们是会用好这个权的。如果校长的手脚被束缚住，是很难办好学校的。同济大学校长李国豪认为，教育制度、政策的制定,要有利于出人才，当前学校在人事、招生、基建方面完全没有自主权，都需要经上级的审批。

校一些自主权,并得到了其他高校的响应。这种呼吁是从政府"放权"角度出发的,主要是为了更好地进行人才培养,还没有触及大学自身独立性的问题。1985年,中央政府回应了这种呼吁,出台了《中共中央关于教育体制改革的决定》(以下简称《决定》),针对"在教育事业管理权限的划分上,政府有关部门对学校主要是对高等学校统得过死,使学校缺乏应有的活力;而政府应该加以管理的事情,又没有很好地管起来"的问题,《决定》指出,"在国家统一的教育方针和计划的指导下,扩大高等学校的办学自主权,加强高等学校同生产、科研和社会其他各方面的联系,使高等学校具有主动适应经济和社会发展需要的积极性和能力",这也是我国官方文件中首次提到"高等学校的办学自主权"。1986年3月,国务院颁发了《高等教育管理职责暂行规定》,指出要扩大高校的管理权限,以增强高校适应经济与社会发展的需要。1993年,中共中央、国务院发布《中国教育改革和发展纲要》(以下简称《纲要》),其中提出了教育体制改革的新思路:进行高等教育体制改革,主要解决政府与高等学校、中央与地方、国家教委与中央各业务部门之间的关系,逐步建立政府宏观管理、学校面向社会自主办学的体制。在该阶段,政府出台了一系列政策性文件,对高校的管理体制进行了改革,打破了办学完全由政府包揽的局面,政府对高校的管理逐步转向宏观,在一定程度上扩大了高校的办学自主权。

(3) 自主权继续扩大时期

1995年,全国人民代表大会通过了《中华人民共和国教育法》,确立了学校的法人地位,其中指出:学校及其他教育机构具备法人条件的,自批准设立或者登记注册之日起取得法人资格;学校及其他教育机构在民事活动中依法享有民事权利,承担民事责任。学校通过扩权使自身的行为能力和行为

(接上注)
他认为政府的权力过于集中,不给高校一些办学自主权,是不利于人才的培养的。上海交通大学党委书记邓旭初认为,该统的没有统、不该统的统得太死,在教学方面,统一教材、统一大纲,乃至统一习题,要求各校办成一个样;在经费方面,专款专用,不准机动;在人事方面,上级不批准,优者进不来,劣者送不走。要想把大学办好,得给大学以适当的自主权。华东师范大学校长刘佛年认为,教育部门不要只用行政手段管学校,从我们的情况来说,问题是集权太多,自主权太少。这容易束缚下面的手脚,不能发挥下面的积极性,不利于迅速解决问题。教育部门要多用建议、帮助之类的方法来管学校,不要只靠行政手段来管学校。参见:肖关根. 上海四位大学负责人呼吁:给高等学校一点自主权 [N]. 人民日报, 1979-12-06 (第3版).

方式发生了某些实质性的变化。[1] 2010年5月，国务院审议并通过了《国家中长期教育改革和发展规划纲要（2010—2020年）》，其中对扩大和落实高校办学自主权作了新的部署。2010年10月，国务院办公厅下发了《关于开展国家教育体制改革试点的通知》，将改革高等教育管理方式、建设现代大学制度作为试点项目之一，探索高校分类指导、分类管理的办法，落实高校办学自主权是其中的重要内容。2014年11月，国家教育体制改革领导小组办公室提出《关于进一步落实和扩大高校办学自主权完善高校内部治理结构的意见》。在当前落实高校办学自主权仍然面临着一些难题，从外部环境看，政府的管理方式在一定程度上仍然制约着高校办学自主权；由于法律、法规的不健全，高校法人地位和办学自主权难以得到保障。从内部环境看，高校行政化、官僚化倾向依然存在，学术权力与行政权力关系失衡，行政权力泛化，学术权力淡化，背离了现代高校的组织特性，制约了高校办学自主权的实现。[2]

(三) 高校办学自主权的性质分析：在理想与事实之间

《高等教育法》赋予了高校七个方面的自主权，即招生权、专业设置权、教学权、科学研究与社会服务权、对外交流与合作权、人事权及财产权。那么，我们应该如何理解高校的七大自主权？其法律性质又是怎样的呢？当前，对于我国高校自主权究竟属于何种法律性质，学者们众说纷纭[3]，有的认为高校办学自主权是公权力，有的认为是私权利，还有的认为是混合权利（力）。争议的根本分歧在于高校的办学自主权是"行政权"还是"自治权"。

1. 高校办学自主权的实然状态："行政权"色彩明显

从我国高校办学自主权的发展历程来看，高校办学自主权并非高校所固有的，其获得是政府"放权"的结果，因此，将高校办学自主权的性质定位为法律、法规授予的行政权，符合我国大学发展的历史背景。《教育法》第

---

[1] 劳凯声. 教育体制改革中的高等学校法律地位变迁 [J]. 北京师范大学学报（社会科学版），2007（2）：8.

[2] 刘宇文. 高校办学自主权研究 [M]. 长沙：湖南人民出版社，2015：23.

[3] 国内教育界所持观点不尽相同，大部分学者认为高校自主权是公权力，少部分学者认为是混合权力（利），个别学者认为是私权利。"公权力说"将教育权认定为公权力有较充足的法理依据，但将高校在科研与社会服务领域的权力（利）也视为公权力则显得缺乏说服力；"私权利说"有一定的见地，但不完全符合我国高等教育领域社会关系的现状，而且完全以民事角度看问题也不妥当；"混合权力（利）说"从权力的共性出发，对高校自主权的复杂性质有较充分的认识，但是一定程度上忽视了高校的组织特性。参见：张进香，龚怡祖. 高校自主权的法律性质研究述评 [J]. 中国农业教育，2006（6）：4-8.

29条规定:"学校及其他教育机构行使下列权利:(一)按照章程自主管理;(二)组织实施教育教学活动;(三)招收学生或者其他受教育者;(四)对受教育者进行学籍管理,实施奖励或者处分;(五)对受教育者颁发相应的学业证书;(六)聘任教师及其他职工,实施奖励或者处分;(七)管理、使用本单位的设施和经费;(八)拒绝任何组织和个人对教育教学活动的非法干涉;(九)法律、法规规定的其他权利。"国家保护学校及其他教育机构的合法权益不受侵犯。从高校办学自主权的实际运行情况来看,高校在进行学籍管理、授予学位、开除处分等方面具有明显的单方面性和强制性,行政权色彩明显。在这些管理活动中,高校与学生、教师之间形成的法律关系不是平等主体之间的民事法律关系,而应是行政法律关系。以"田某案"为代表的一系列司法判决确认了高校在与学生发生纠纷时的行政主体资格。学界亦不乏"行政权说"的支持者。❶ 当然,高校办学自主权的"行政权"色彩明显,并不是说高校办学自主权的全部表现形式都是"行政权"。在一些活动领域中,具有显著的私权特征,例如,"高等学校作为法人,会与本校的学生、教职员工,与不具有隶属关系的行政机关、企事业组织、集体经济组织、社会团体及个人之间,在办学活动过程中构成以平等、有偿为原则的社会关系。在这类关系中,当事人之间的地位是平等、自愿的,并且一般是等价、有偿的。"❷ 因此,我们"在研究高校办学自主权时,不能只强调高校对国家教育权的履行,却忽略了科研与社会服务功能也是高校自主权的一部分,而高校在市场经济条件下的科研自主权与社会服务自主权虽然应具有公益性,但是事实上也已具有私权利的特征。"❸

2. 高校办学自主权的应然回归:"自治权"

滥觞于中世纪的大学行会组织,本初上是为了保护私人权利的自治团体,

---

❶ 例如,高校依据法律规定代表国家具体行使教育职能,因此高校办学自主权主要是指"教育权",而教育权是国家公权的一种,因而高校办学自主权具有公权力的特征,这是高校通过公务分权以及政府委办事务等形式获得的一系列特定的公权力。参见:宋中英,郭云云.高校办学自主权的内涵及其实践意蕴[J].高教探索,2016(7):5-10。"法律赋予高校的办学自主权,表明高校与其他权利主体之间存在着法律关系,而其中最重要的当然是高校与其管理部门之间的高教行政法律关系了。高校的办学自主权,主要是在高教行政法律关系中而言的,是高教行政法律关系中高校一方的权利的总和。"参见:李正元,杨建文.试论我国高校办学自主权问题[J].兰州大学学报(社会科学版),2008,36(6):144-148.

❷ 劳凯声.教育体制改革中的高等学校法律地位变迁[J].北京师范大学学报(社会科学版),2002(6):5-16.

❸ 宋中英,郭云云.高校办学自主权的内涵及其实践意蕴[J].高教探索,2016(7):5-10.

为了使私人自治团体的权利得到持久、稳定的维护，逐步向组织机构发展，经过几个世纪的发展，通过诏令、特许状、法院判例等途径，最终获得了法律上的认可。"高校办学自主权是一个带有鲜明时代印记的概念，产生于在计划经济体制向市场经济体制过渡的特定的社会转型期，随着现代大学制度的建立，必然将退出话语平台，取而代之的是大学自治的回归，还原大学精神的本色和学术逻辑的推演。"❶ 高校办学自主权本意是享有自己办学的空间，免遭外部过度的侵扰，而授权所基于的自上而下的"给权"，必然进行合理性监督，使所谓的自主荡然无存。因此，高校办学自主权与授权说之间存在无法调和的矛盾，授权说之于高校办学自主权是不合逻辑的。高校办学自主权只能是一种公法上的自治权。❷

（四）高校办学自主权与司法审查的关系

立足于"自律"的高校办学自主权与"他律"的司法审查之间，存在着天然的张力。现代大学要获得持续健康的发展，必须享有充分的办学自主权，排除外界的不当干涉。当然，绝对的、不受监督的办学自主权是不可能存在的。从中世纪大学的繁荣与沉沦中可以发现，绝对的大学自治会使大学陷入狭隘与保守，脱离时代的步伐和社会的发展，也不会推动社会进步。同时，如果国家对高校控制得过多，大学也会失去活力，陷入僵化，同样不会为社会的进步提供智力支持。正如"一个法律制度之所以成功，乃是因为它成功地在专断权力之一端与受限权力之另一端达到了平衡，并维持了平衡"❸。

对高校办学自主权的不同认识，会影响司法对高校教育纠纷介入的范围和方式。❹ 在"田某案"之前，司法并未介入高校教育纠纷，但并不能说高校内就没有教育纠纷发生。在很大程度上，人们认为高校内的教育纠纷是学校内部管理事项，司法是不应该介入的。这种认识与"特别权力关系理论"

---

❶ 阮李全，蒋后强. 高校办学自主权：由来、要素、涵义、走向 [J]. 国家教育行政学院学报，2014（8）：26-31.

❷ 袁文峰. 我国公立高校办学自主权与国家监督 [M]. 北京：中国政法大学出版社，2015：42.

❸ 博登海默. 法理学：法律哲学与法律方法 [M]. 邓正来，译. 北京：中国政法大学出版社，2004：224.

❹ 例如，如果将大学自主权定位于法律、法规授予的国家行政权，就应当将对国家行政机关以及行政权力的警惕延伸到大学的办学自主权，根据"无法律无行政"的行政法治原则，支持对大学行使自主权的行为适用法律保留、正当程序、司法审查等一系列相对比较严格的公法限制；如果将大学自主权定位于社会团体拥有的自治权，就有理由将市民社会自由之尊重适用于大学，根据"法不禁止即自由"的自治原则，在赋予大学更大的自由空间的同时给予大学自主权更多的尊重。参见：金自宁. 大学自主权：国家行政还是社团自治 [J]. 清华法学，2007（01）：19-34.

是一致的，正如有些学者所说的我国无特别权力关系理论之名，却有特别权力关系理论之实。但该理论是有违现代法治精神的，随着"田某案"之后高校教育纠纷进入司法审查的现象逐渐增多，"特别权力关系理论"逐渐被司法实践所抛弃。越来越多的学者赞同以"重要性理论"来指引司法审查介入高校教育纠纷的范围，但"重要性理论"也并非完美无缺，它也是存在不足之处的。

当前，很多高校教育纠纷案件争议的焦点就在于人们对高校办学自主权边界的不同认识，例如，高校对授予学位的条件作出的限制性规定，是属于高校办学自主权的范围，还是有违《学位条例》的规定，属于违法行为。在"白某某等诉武汉理工大学案"中，法院并没有对学校办学自主权的事项进行审查，尊重了高校在人才培养细节上的规定。法院经审理认为，学位的授予是对学位获得者学习成绩和学术水平的客观证明，学校是以培养人才为目的，因此有权对自己所培养学生的质量作出规定和要求。学校如何规定自己学校学生的质量和水平，不是司法审查的对象，但学校有无权力作出规定以及该规定是否合法是司法审查的内容。武汉理工大学根据《学位条例暂行实施办法》第25条的规定，有权制定该校的学士学位授予办法。大学英语是大学生必修的一门基础课程，国家大学英语四级考试是对大学生英语水平的统一评测，被告武汉理工大学将国家大学英语四级考试成绩要达到学校规定的标准作为本校学士学位授予的具体条件之一，没有违反《学位条例》第4条的规定。

四、大学自治的基础：学术自由

大学自治的权源来自学术自由，学术之自由，乃高校自治之根基。西方大学之原型及学术自由之思想渊源，最早可追溯至古希腊时期柏拉图所设立的学园（Akademie）。当时的学园是一种宗教形态的私人结社，但其真正的功能则是从事学术研究之学府，以柏拉图式的对话讨论，进行学术的自由研究和讨论。高校教育纠纷的司法审查不同于其他类型的司法审查，主要体现在其涉及对学术自由的审查。

（一）学术自由的思想渊源

学术自由从最原初的意义上说，是指学者出自一种闲逸的好奇心自由地探索事物的本源。它是一种在内心自由的状态下对学术的追求。[1] 学术自由是

---

[1] 周光礼. 学术自由与社会干预：大学学术自由的制度分析［M］. 武汉：华中科技大学出版社，2003：46-47.

德国古典大学观的一条核心原则,它得到了所有大学观论者的一致肯定,作为一项学术活动的伦理原则最早可溯源至荷兰哲学家斯宾诺莎,他在1670年便提出了"哲学思想自由"的思想,认为人"根据最高的自然法则为其思想的主人",这一思想在启蒙运动中被广泛接受。从康德开始,理想主义思想家们不遗余力地倡导学术自由的观念,将其视为大学不可或缺的生存条件。洪堡在1792年写道:"人的真正目的……在于最圆满、最协调地陶养其各种潜能,使之融为一个整体。而自由是这一修养的首要、必备的条件。"施莱尔马赫也说,大学的目的并不在于教给学生一些知识,而在于为其养成科学的精神,而这种科学精神是无法靠强制产生的,只能在自由中产生。❶ 因此,我们说学术自由源于思想自由。思想自由包括内在意识活动的自由和表达该意识活动的自由,并且应主要体现在表达该意识活动的自由。因为人的内在意识活动,仅仅存在于意识活动主体的大脑之中,他人无从知晓,更无法干涉。其可任凭自己的思绪信马由缰、无所顾忌地任意驰骋,从某种意义上说内在的意识活动是绝对自由的。只有表达该意识活动的自由才能真正体现思想自由。❷ 学术自由源于思想自由,"意味着学者在从事学术活动时所做的任何选择或学术结论,遵从的是他自己的理性判断和对真理的执着信念,而不是对任何权威的盲目遵从。唯有学者超越了各种现实的功利,学术摆脱了任何依附关系,学术活动受一种原初的内在学术意志所激励,才是真正的学术自由"❸。当然,任何自由都是相对的,不是绝对的,都存在一定的边界,学术自由亦是如此。"强调学术自由本质上是思想自由,绝不意味着学术自由可以不受任何干预(事实上,思想自由也是绝对与相对的统一),而只是强调外界对学术自由应尽量采取不干预的原则。"❹

---

❶ 陈洪捷. 德国古典大学观及其对中国的影响 [M]. 3版. 北京:北京大学出版社,2015:71-72.

❷ 思想自由不是指思想得到自由自在发生出来,因为思想在个人的脑中并非所谓自由与不自由,这个问题乃是起于思想的对外发表,就是思想的发表是否受外来力量的干涉,如果受干涉,乃是不自由……所以思想自由不是一个关于思想本身的问题,乃是一个思想在社会上的势力的问题。参见:胡伟希. 思想自由与民主政治. 载董郁玉,施滨海. 政治中国:面向新体制选择的时代 [M]. 北京:今日中国出版社,1998:170.

❸ 周光礼. 学术自由与社会干预:大学学术自由的制度分析 [M]. 武汉:华中科技大学出版社,2003:48.

❹ 周光礼. 学术自由与社会干预:大学学术自由的制度分析 [M]. 武汉:华中科技大学出版社,2003:48-49.

(二) 学术自由的含义

学术自由的含义相当于德文中的 Wissenschaftsfreiheit、Freiheit der Wissenschaft 和 akademische Freiheit；英文中的 Academic Freedom；日文中的学問の自由。宪法中有关学术自由的规定最早出现于普鲁士王国时期的《法兰克福宪法草案》，该草案第 152 条规定：学术及其教学是自由的（Die Wissenschaft undihre Lehre ise frei）。后来德国《魏玛宪法》规定：艺术、学术及其教学是自由的，国家应该给予保障与奖励。之后，各国宪法中相继出现了有关学术自由的规定，如联邦德国《基本法》第 5 条第 3 款、日本《宪法》第 23 条、韩国《宪法》第 19 条、奥地利《国民权利基本法》第 5 条、阿根廷《宪法》第 14 条、意大利《宪法》第 33 条、菲律宾 1987 年《宪法》第 14 章第 5 条第 2 款。❶ 我国《宪法》中没有关于学术自由的专门规定，其中第 47 条规定，"中华人民共和国公民有进行科学研究、文学艺术创作和其他文化活动的自由"，该条可视为我国公民享有学术自由权的法源依据。从这些条文来看，学术自由的主要内容包括研究自由和表达自由。

学术自由是学者个人根据自己的学术倾向和学术标准从事教学、研究的自由，通过言论和写作、出版著作等形式在学术活动中支持他们基于研究证明是真实的观点的自由，包含学者们组建、参加学术团体的自由，也包括学者们通过出版、口头交流和通信等形式与本校及校外、本社团以及其他社团的学者进行交流的自由。❷ 周光礼认为，当代学术自由观的主流思想受美国影响很大，且一般倾向于把学术自由作为一项权利，热衷于从权利关系的角度论述学术自由。他通过对学术自由观之流变的梳理，指出学术自由有两个层面的含义：权利层面的学术自由与精神层面的学术自由。学术自由的含义不是一成不变的，而是随着时代而发展的，从古希腊无限度的思想自由到中世纪的大学自治，从 19 世纪德国的教学自由与学习自由到美国权力化的学术自由，学术自由的概念越来越具有可操作性，内容越来越具体；同时，学术自由也越来越远离内在的精神层面的自由，越来越倾向于一种外在的权利层面的自由，学术自由的本质日趋遮蔽而趋于模糊。❸

学术自由作为一种权利，有广义和狭义之分。狭义的学术自由也可以说

---

❶ 周志宏. 学术自由与大学法 [M]. 台北：蔚理法律出版社，1989：5-6.
❷ 希尔斯. 学术的秩序：当代大学论文集 [M]. 李家永，译. 北京：商务印书馆，2007：279.
❸ 周光礼. 学术自由与社会干预：大学学术自由的制度分析 [M]. 武汉：华中科技大学出版社，2003：37-40.

是大学的自由，是指在大学内从事学术研究、教学和学习的自由，传统上主要包括教学自由和学习自由两个内容。它保障的是大学教师将研究成果传授给学生的自由，以及学生自由决定其学习和研究计划、选择适当的学习环境以及自我完成学习和研究过程的权利。狭义的学术自由是大学教师和学生的一种特权。广义的学术自由则不是大学内教师和学生的特权，而是一项属于全体国民的基本权利。❶《牛津法律大辞典》（1988年）："一切学术研究或教学机构的学者和教师们，在他们研究的领域内有寻求真理并将其晓之于他人的自由，而无论这可能会给当局、教会或该机构的上级带来多么大的不快，都不必为迎合政府、宗教或其他正统观念而修改研究结果或观点。"《国际教育百科全书》（1990年）："学术自由一般被理解为不妨碍地追求真理的权利。这一权利既适用于高等教育机构，也适用于在这些机构里从事学术工作的人员。"《大美百科全书》（1990年）："学术自由是指教师的教学与学生的学习有不受不合理干扰和限制的权利，包括讲学自由、出版自由及信仰自由。"❷可见，辞典维度下的学术自由并不是高校教师和学生的一种特权，而是认为普通公民也是学术自由的权利主体。

（三）学术自由的主体

学术自由的主体即学术自由权的享有主体，学界争论的焦点在于学术自由权的享有主体是大学教师还是普通公民。其中"特权论"（special theory）和"普权论"（general theory）这两种观点最具有代表性。持"特权论"者认为，学术自由是大学教师的特权，不同于一般的公民自由权利，主要保护大学教师享有不受外在干预的教学、研究、出版自由，仅仅保护大学教师的公民自由权利远远不够，大学教师的特殊职责需要受到特别的保护，因此反对把学术自由等同于公民自由，并进而把学术自由纳入宪法所保护的公民自由的范围。持"普权论"者认为，学术自由是大学教师与其他公民所享有的同等权利，大学教师享有宪法所保护的公民自由权利，就足以保护大学教师的学术自由，因此没有必要对大学教师进行特别的保护。❸"特权论"与"普权论"之争，实际上是学术自由广义论与狭义论之争。

---

❶ 薛化元，周志宏，等. 国民教育权的理论与实践 [M]. 台北：稻乡出版社，1994：15-16.
❷ 周光礼. 学术自由与社会干预：大学学术自由的制度分析 [M]. 武汉：华中科技大学出版社，2003：29.
❸ FELLMAN D, PINCOFFS E L. The Concept of Academic Freedom. Austin and London：University of Texas Press, 1972. 转引自：李子江. 学术自由：大学之魂 [M]. 北京：中国社会科学出版社，2012：26-27.

从历史的眼光来看，学术自由的权利主体经历了一个逐渐发展和扩大的过程，由学者和大学的特权逐渐成为一项公民权利，甚至成为一项具有普适性的人权。无论是公民、法人、其他社会群体或组织，还是外国人，只要他们从事学术及其相关活动，就是学术自由的权利主体。❶ 认为学术自由的权利主体仅为学术共同体及其成员❷，这种争论也可归入"特权论"与"普权论"之争。只是后者将学术自由的权利主体从传统的"大学教师"扩展到"学术共同体及其成员"，相较"普权论"而言，其权利主体的范围要狭小很多，其实质上仍是"特权论"。无论是"特权论"还是"普权论"，在具有一定合理性的同时，也有其无法克服的弊端。"特权论"可以囊括学术自由的主要内容，却无法将学术自由置于宪法的保护之下，而失去了法律保护的学术自由，最终很有可能沦为一纸无法兑现的"空头支票"。"普权论"力图克服"特权论"的上述缺陷，将学术自由置于宪法保护的公民自由权利范围之内，赋予大学教师与其他公民享有同等的学术自由权利。针对任何对教师的公民自由权利进行特别限制的行为，教师可以寻求司法救济，向法院提起诉讼，以维护自己合法的公民自由权利，有利于从法律上保护大学教师的学术自由权利。其不足之处在于将大学教师等同于一般公民，将学术自由权等同于公民的言论自由权，没有看到大学教师职责的特殊性，及其所应享有的与一般公民不同的自由权。❸

我们认为，学术自由的权利主体是一般公民。从大学的发展历程看，大学教育早已不是精英教育，大学越来越普及，普通公民享有越来越多进入大学学习的机会，享有学术自由权的学生与教师的数量与中世纪相比发生了翻天覆地的变化，而且中世纪学术自由权的目的是保障教师进行学术研究，促进科学知识的繁荣与发展，为全人类创造智力成果。然而，并非只有大学教师拥有进行科学研究、创造智力成果的能力与动机，特别是在信息技术日益发达的当今社会，普通公民有更多的机会和可能进行知识的获得与创造。如果否认他们的学术自由权，是与事实不符的。大学教师职责的特殊性也并不体现在对学术自由的享有上，而应体现在所在场所（大学）、讲授的对象及讲授的内容上。大学教育属于高等教育，学生群体已经完成了基础教育阶段和

---

❶ 胡甲刚. 学术自由的构成要件：法律权利的视角 [J]. 清华大学教育研究, 2010, 31 (3): 15-21.

❷ 何生根, 周慧. 论学术自由权的保障与救济 [J]. 法制与社会发展（双月刊）, 2005 (2): 79-90.

❸ 李子江. 学术自由：大学之魂 [M]. 北京：中国社会科学出版社, 2012: 27.

中等教育阶段的学习，拥有一定的知识积累，大学教师所讲授知识的广度和深度自然不同于小学和中学阶段的内容。同时，相比于基础教育阶段的教师，大学教师拥有更自由的时间进行学术研究，享有更充足的保障进行自己感兴趣的课题的研究，这才是大学教师职责的特殊性。因此，不应以大学教师职责的特殊性为由，而认为学术自由权是大学教师的特权。

（四）学术自由的内容

学术自由是学者个人可以在其中活动而不致带来可能损害他们的地位、他们作为终身任用的学术机构成员的身份，或者他们的公民身份的后果，可以选择在教学中坚持什么、在研究课题的选择上以及在他们的著作中坚持什么，可以选择学术活动的特定路径或立场。任何权威——无论是全系同事的一致看法，系主任、院长、校长甚至学校董事会的观点，还是校外任何权威的判断；无论是公务人员还是政治家、牧师还是主教、政策评论家还是军方人士——都不能阻止学者根据其学术兴趣和能力提出学术追求。学术自由是学者个人在特定高等教育机构内部、在高等教育体系内部以及在全国性社团内部和社团之间思考和行动的自由。[1] 学术自由的核心内容是研究自由与表达自由。

1. 研究自由

凡就其内容与形式，被认为严谨且有计划地尝试对真理加以探究的活动，并以有条理、有系统及可检验的方法达到获取新知识的目的，即为研究。[2] 研究自由应包括研究者自由地选择研究主题，并能够自由地开展研究，其他个人、团体及组织不得任意干涉和阻挠。当然，研究自由不得违背法律、法规的相关规定，也不得有违公序良俗的原则。"研究自由作为学术自由的防御权保证法益，是指每个从事学术研究的人，都享有一种防御权，可以对抗国家对其取得与探究知识过程的影响。"[3] 同时，学术研究应当与政治保持适当的距离，如果学术研究完全被政治"绑架"，它将演变为政治活动而非学术研究，从而不再受学术自由的保护。所以，有德国学者认为，当哲学家将其思想付诸行动之后，就不再受学术自由的宪法保护了。[4]

2. 表达自由

如果学术研究成果不能通过一定的形式表达出来，则不能称之为学术自

---

[1] 希尔斯. 学术的秩序：当代大学论文集 [M]. 李家永, 译. 北京：商务印书馆, 2007：277-278.
[2] 许育典. 教育宪法与教育改革 [M]. 台北：五南图书出版公司, 2005：35.
[3] 许育典. 教育宪法与教育改革 [M]. 台北：五南图书出版公司, 2005：37.
[4] 许育典. 教育宪法与教育改革 [M]. 台北：五南图书出版公司, 2005：36.

由，而发表自由与讲学自由则是表达自由的主要表现形式。发表自由是指研究者可以将自己的学术研究成果，通过报纸、期刊、书籍及网络等媒介的形式发表出来。讲学自由是指将通过研究取得的知识成果以学术认知基础的方式加以传授的活动。❶ 讲学自由的目的应是学术探讨，促进学术的交流与研究。如果讲学的目的不是学术研究，则不是学术自由所保障的法益，只有学术研究者在从事学术交流活动时才可主张讲学自由。讲学自由的保障范围并非仅仅局限于大学内的讲学，也包括对大学以外所有不同形式的学术讲学活动的保障，如讲座、研讨会等。❷ 从讲学自由的主体来看，所有公民都可以成为讲学自由的主体；而从现实情况来看，讲学自由的主体主要是大学教师。中小学教师也可以成为讲学自由的主体，但其讲学自由与大学教师还是存在一定差异的。因为中小校教师讲学的对象是未成年的中小学生，其心智的发育尚不成熟，对外界事物的辨别能力有限，如果教师的讲学内容无所限制，容易造成其理解与接受上的困惑，不利于中小学生的心智成长。同时，国家对义务教育阶段的教学安排有很多强制性的规定，如教材、教学活动的组织等，因此，中小学教师的讲学自由相对于大学教师是极其有限的。

（五）学术自由与司法审查的关系

正因为"学术"这一特有属性才使大学与其他社会组织区别开来。❸ 对学术自由的审查，是高校教育纠纷案件与其他类型行政诉讼案件的主要区别。在高校教育纠纷案件中，对学术自由的范围界定与审查，是司法实践中无法回避的难题。司法在介入高校教育纠纷案件时，应遵循"尊重学术自治原则"。

1. 司法审查时学术自由的身份限制

大学教师是否能以"学术自由"为抗辩理由，拒绝司法的介入呢？在德国，大学教师多为公务员，也有少数教师为雇员。虽然多数大学教师具有公务员身份，但由于受到《德国基本法》第5条第3款有关学术自由的保障，通说认为大学教师对于学术观点的表达是自由的，其公务员身份不能作为限制学术自由的依据；相反，一般公务员则应在学术、教学自由相冲突的范围内作出让步。大学教师具有与法官相似的独立性，公务员必须服从上级长官的命令的原则，在有关学术领域、教学内容与方法方面，不适用于教师。当然，大学教师的这种独立性是针对其学术活动而言的，并不能完全排除其公

---

❶ 许育典. 教育宪法与教育改革 [M]. 台北：五南图书出版公司，2005：38.
❷ 许育典. 教育宪法与教育改革 [M]. 台北：五南图书出版公司，2005：39.
❸ 康翠萍. 学术自由视野下的大学发展 [J]. 教育研究，2007（9）：56-57.

务员法上的义务。德国联邦宪法法院在 1953 年 12 月 17 日的判决中指出：自由的研究与教学的保障，特别是大学内的学术自由，是对德国大学教师赋予超越一般公务员法的规律，在履行其职务时有广泛的独立性。但是除了这点以外，大学教师作为一般公务员之地位，并不因《德国基本法》第 5 条第 3 款而被影响。尤其是从《德国基本法》第 5 条第 3 款第 1 句来推论，大学教师并没有无限制地留于其职或无时间限制地作为大学法人之成员的合宪权利。除第 5 条第 3 款第 2 句之情形外，如果有法律为了达成或促进对于特定学术观点加以永久或一时排除之目的，而任意侵害大学教师在公务员法上之地位时，此法律将因违反基本法第 5 条第 3 款第 1 句而被认为违宪。另外，德国联邦行政法院也在判决中认为：学术自由的基本权，原则上不能免除公务员法上义务的履行，尤其是职务上守秘这种重要的义务。❶

在 1952 年美国阿德勒诉纽约市教育委员会（Adler v.Board of Education of the City of New York）案中❷，有些大法官对判决的结果持反对意见。如道格拉斯和布莱克大法官认为：宪法保障社会中每个人的思想和表达的自由。所有的人都有这样的权利，而教师更需要这种权利。公立学校被认为是我们人民民主的摇篮。在公立学校中，这种审查所造成的冲击，正说明了第一修正案将言论与思想从审查制度中解放出来的崇高目标。这种程序最大的威胁，必然引起对学术自由的恣意破坏。在这样的环境下，不可能有真正的学术自由。只要那里充满猜疑，并且由于担心他们的工作而抑制了这些学者的行为，那里就不可能有自由思维的运作。道格拉斯和布莱克大法官的看法被认为是美国联邦最高法院的判决中最早的对学术自由概念的援引。但他们并未对学术自由的内涵给予明确的界定。从他们的意见中可以看出，学术自由与美国联邦宪法第一修正案所保障的表达自由和结社自由密切相关。

以上两个判决的立场实际上是一致的，都强调学术自由主体（公立教师）的特定身份义务，当公立教师行使学术自由的权利与自己特定的身份义务发生冲突时，应优先遵循特定的身份义务。

---

❶ 周志宏. 学术自由与大学法 [M]. 台北：蔚理法律出版社，1989：63-64.

❷ 本案原告阿德勒（Adler）等人是纽约市公立学校的教师，因参加了颠覆性组织，纽约市教育委员会依据《纽约公务员法》（New York Civil Law）给予其解雇的处分。因为按照该法的规定，对于公务员或其他政府雇员，具有以非法手段颠覆政府行为的，可将其解雇。原告等人认为该法违宪，于是对纽约市教育委员会提起诉讼。本案最后上诉至美国联邦最高法院，最高法院依据以 Minton 大法官为主的多数意见认为《纽约公务员法》并未违宪，于是支持了原法院的判决。参见：周志宏. 学术自由与大学法 [M]. 台北：蔚理法律出版社，1989：76-77.

2. 学术自由对身份限制的突破与发展

但上述立场并没有得到一贯的执行，在美国，当司法介入高校教育纠纷且涉及对"学术自由"的审查时，法院的判决并没有统一的立场。在1967年凯伊珊诉纽约州立大学理事会（Keyishian v.Board of Regents of the University of the State of New York）案中❶，美国联邦最高法院推翻了1952年阿德勒诉纽约市教育委员会案的判决，认为《纽约公务员法》是违宪的。判据是不能使用含糊（vague）和过于概括（overbroad）的规定要求教职员宣誓，否则就违反了美国宪法第一修正案所保护的言论自由权。此外，大法官布雷南在判决中强调了学术自由的概念，他认为：我们的国家致力于保障每个公民的学术自由，而非仅仅是教师的学术自由。这种学术自由是宪法第一修正案所特别关切的（a special concern of the First Amendment），第一修正案不容许所谓的"正统学说"主宰学校教室。在宪法所要保护自由的领域中，美国的各所学校是需要重点保护的地方。教室是"观念的市场"（marketplace of ideas），这个国家的未来依赖于在健全的观念碰撞中所训练出来的领导者，这种观念碰撞有利于真理的发现，这不是通过任何权威的控制所能达到的。本案的判决表明了联邦法院的立场，认为学术自由是美国联邦宪法第一修正案的一种"特别关切"。

在1957年斯维兹诉新罕布什尔州（Sweezy v.New Hampshire）案中❷，最后上诉到美国联邦最高法院，沃伦及其他四位大法官一致表示：我们相信，这无疑是一种对上诉人在学术自由及政治表达等领域自由的侵犯，政府在这些领域进行干预时应保持谨慎。在猜忌和不信任的环境中，是很难促进学术繁荣的。我们应当保障教师和学生在学术活动中有足够的自由，以便去开展研究、创造新知识，否则我们的文明进程将会放缓。此外，法兰克福特和哈兰大法官在协同意见中引用了《南非的开放大学》（The Open University in South Africa）一书中的话来表达他们的看法：在一所大学中，知识就是它自身的目的，而不只是达到目的的手段。如果一所大学变成教会、国家或任何局部利益的工具，它将不再忠实于自己的本质。大学是为自由研究的精神而

---

❶ 周志宏. 学术自由与大学法［M］. 台北：蔚理法律出版社，1989：79-80.
❷ 本案原告斯维兹是哈佛大学经济学系教授，他自认为是马克思主义者和社会主义者，并经常著书和演讲宣称资本主义必然崩溃和社会主义的兴起。他在新罕布什尔大学作了数场演讲后，新罕布什尔州检察总长依据该州的《颠覆活动法》对其进行了传唤和询问。因斯维兹拒绝回答有关演讲内容的问题，检察总长于是申请州法院命令其回答，州法院下达命令之后，其仍然拒绝回答，从而涉嫌藐视法庭罪。参见：周志宏. 学术自由与大学法［M］. 台北：蔚理法律出版社，1989：77-79.

塑造的。……大学的任务即在于提供一个最有益于思维、实验和创造的环境。那是一个可以达成大学的四项基本自由（the four essential freedoms）——在尊重学术的基础上自己决定谁来教（who may teach?）、教什么（what may be taught?）、如何教（how it shall be taught?）以及谁来学（who may be addimitted to study?）的环境。在本案判决中，虽然大法官们并未给予学术自由的内容以明确的界定，但沃伦等大法官认为学术自由应包括教师和学生自由地去调查、研究、评价和获取新知识的权利；法兰克福特和哈兰大法官认为学术自由包括在《南非的开放大学》中提到的四项基本自由。

3. 我国法院对学术自由的立场

在赵某诉广西大学案中❶，法院只进行了程序性审查，而尊重了广西大学的学术自治权。赵某符合授予硕士学位的所有条件，也通过了论文答辩，而广西大学最终并没有授予其硕士学位。因此，原告认为学校侵犯了自己的合法权利，并向法院提起诉讼。在审理过程中，法院查明：广西大学不予授予赵某硕士学位，是通过学校学位评定委员会表决通过的。广西大学于2010年12月30日召开了第十届学位评定委员会工作会议，应到会学位委员36人，实际到会学位委员27人，该会议以不记名投票的方式，就赵某的硕士学位申请进行了审议表决，其中同意授予学位1票，不同意授予学位26票，弃权0票。法院认为，学位授予单位授予学位既是行使国家法律规范授权的行政权力的行为，也是学术自由的一种体现。广西大学作为合法的学位授予单位，在法律规范允许的范围内，可以制定相关的学位授予实施细则，并按照上述法规、规章及实施细则的规定，对赵某是否达到授予硕士学位的条件进行审议。而具体行使审议权的是广西大学的校级学位评定委员会，委员会各成员对赵某是否达到授予硕士学位的法定条件进行判断，判断的过程是委员会各成员以法定的客观标准为依据，运用自身学术知识进行逻辑推理的过程，委员会各成员最后根据自己的判断进行不记名投票，各成员都有自主行使投票权的权利。因此，学位评定委员会行使学位授予审议权的过程，是学术自治

---

❶ 原告赵某于2006年9月至2009年7月在被告广西大学公共管理学院攻读行政管理专业硕士学位。在校期间，原告修完了被告教学计划规定的全部课程，成绩合格，完成了硕士学位论文，并通过了论文答辩和学位的外语考试，表明其已较好地掌握了本专业的基础理论、专业知识和基本技能。赵某按学校的规定递交了申请授予其硕士学位的全部材料，但学校仅向其颁发了研究生毕业证书，未授予硕士学位，原告认为，被告的这一行为对自己的工作和生活带来了极大的损害。赵某于2010年5月26日向法院起诉，请求判决广西大学对是否授予原告硕士学位作出决定，在诉讼中，赵某才知道广西大学已于2009年7月1日对自己作出了不具备硕士学位申请资格的决定，遂撤回起诉，并于2010年9月25日对被告作出的不具备硕士学位申请资格的决定提起诉讼。

权的具体体现，赵某是否达到授予硕士学位的标准是一个学术问题，司法权不能过分干预学术自由。

从白某某等诉武汉理工大学案、何某某诉华中科技大学拒绝授予学位案及赵某诉广西大学案中，我国法院确立了尊重学术自治的立场，认为司法不应该过多介入，仅应进行合法性审查（详细论述参见第四章）。

于某某诉北京大学案是涉及高校学术自治的较新案件，能体现出我国法院对学术自治的立场。北京市海淀区人民法院已于2017年1月17日对该案作出了生效判决。在该案的判决过程中，法院并没有介入对具体学术事项的判定，例如于某某诉称的涉嫌抄袭的论文并非博士学位论文，于某某认为北京大学的决定在实体上超越了其职权，北京大学依据《中华人民共和国学位条例》撤销于某某博士学位，但该条例中没有任何一个条款授权高校可以根据博士学位论文之外的论文涉嫌抄袭而撤销博士学位。于某某称自己绝对没有抄袭的主观故意，出现错误是因为自己对杂志和文章定位有误以及写作经验不足导致的技术失误，并且这篇涉嫌抄袭的论文是其毕业资格论文以外的文章。针对人们关注的这些问题，法院在判决中呈现的是回避态度，即并没有对于某某是否涉嫌抄袭进行判定，而是从程序上进行了审查。法院认为，《学位条例》及相关法律、法规虽然未对撤销博士学位的程序作出明确规定，但撤销博士学位涉及相对人的重大切身利益，是对取得博士学位人员获得的相应学术水平作出否定，会对相对人的合法权益产生重大影响，因此，北京大学在作出撤销决定之前，应当遵循正当程序原则，在查清事实的基础上，充分听取于某某的陈述和申辩，保障于某某享有相应的权利。而北京大学的处理过程并没有保障于某某的程序性权利，法院最终判决北京大学撤销《关于撤销于某某博士学位的决定》。❶

---

❶ 参见：北京市海淀区人民法院行政判决书（2015）海行初字第1064号。

第三章 / Chapter 3

高校教育纠纷司法审查的反思

有学者将权利与救济的关系形象地比喻为"车之双轮、鸟之两翼"[1]。司法审查的精髓在于以司法权监督和制约行政权的滥用,进而保护公民的合法权益。

一、司法审查

"司法审查"(Judicial review)一词是一个舶来品,不是我国学术界原有的术语。在不同的法律辞典中对司法审查的解释不尽相同[2],在英美法系和大陆法系中也存在差异。

(一) 英美法系中的司法审查

1. 美国的司法审查

在美国,司法审查制度是指"法院审查国会制定的法律是否符合宪法,

---

[1] 张俊浩. 民法学原理 [M]. 北京:中国政法大学出版社,1997:8.

[2] 例如,《牛津法律大辞典》是这样对其进行界定的:"司法审查是指司法机关可以对立法机关制定的法律的有效性进行质疑。这种说法并没有被完全承认,议会立法的有效性是不能被质疑的,然而可以对授权立法的有效性进行审查。美国最高法院拥有对国会和州的立法机构所制定法律的合宪性及其他方面进行审查的权力,是司法审查现象及其理论的最好说明。"参见:沃克. 牛津法律大辞典 [M]. 李双元,等译. 北京:法律出版社,2002:615.
《元照英美法词典》的解释是:"指法院有权对政府其他部门的行为是否合法进行审查,尤指法院确认立法和行政机关的行为违宪而使其无效的权利。"参见:薛波. 元照英美法词典 [M]. 北京:法律出版社,2003:750.
《法律辞典》中的解释是:"在美国,司法审查指法院审查国会制定的法律是否符合宪法。在英国,司法审查指高等法院对下级法院和行政机关的行为是否合法地进行监督。行政法所要探讨的司法审查专指法院对行政机关行为进行审查,在大陆法系国家被称为行政诉讼。"参见:信春鹰. 法律辞典 [M]. 北京:法律出版社,2003:1336.

以及行政机关的行为是否符合宪法及法律"❶。由此可见，美国的司法审查包括对行政行为合法性的审查和对国会制定法律的违宪审查。1803 年的"马伯里诉麦迪逊"案开启了违宪审查的先河，此后美国最高法院有权对国会和州立法机关制定的法律进行合宪审查。

在司法审查的范围上，对行政行为的司法审查在美国《行政程序法》第 702 节中是这样规定的：任何人由于行政机关的行为而受到不法侵害，或者某一有关法律意义内的不利影响或侵害时，有权对该行为请求司法审查。当美国法院受理的诉讼不是寻求金钱赔偿，而是控告行政机关或其官员和职员以官方身份、在法律权力掩饰下的作为或不作为时，不得以该诉讼反对美国或美国是必不可少的当事人为理由驳回或拒绝给予救济。❷ 第 704 节规定：法律规定可以审查的行政行为，以及没有其他适当的法院救济的最后确定的行政行为应受司法审查。❸ 可见，美国可以接受司法审查的行政行为范围十分广泛。同时，该法第 701 节对不予司法审查的行为作了规定，包括成文法排除司法审查的行为，以及法律授予行政机关自由裁量权的行为。在美国，一般认为以下事项不宜接受司法审查，如外交和国防、军队的内部管理、总统任命高级助手和顾问、国家安全以及追诉职能。❹

在司法审查介入的时间上，司法不是在任何时候都能介入对行政行为的审查，案件必须达到能够起诉的阶段，司法才能进行审查。具有起诉资格的当事人如果过早地提起诉讼，法院是不予受理的，美国法院的判例确立了司法审查必须遵循成熟原则和穷尽行政救济原则。成熟原则是指行政程序发展到适合由法院处理的阶段，司法审查才能进行。它一方面可以"避免法院过早地进行裁判，陷入抽象的行政政策争论"，另一方面也可以"保护行政机关在最后决定作出之前，以及行政行为对当事人发生具体影响以前，不受法院干涉"。❺ 美国最高法院在 1967 年审理艾博特制药厂案时确立了成熟原则的标准，法院认为：法院传统上对行政决定不愿给予确认判决和制止令的救济手段，除非这个决定成熟到可以作出司法决定的程度。成熟与否应从两个方面来看，即问题是否适用司法裁判，以及推迟法院审查对当事人造成的困

---

❶ 王名扬. 美国行政法：下 [M]. 北京：中国法制出版社，2005：561.
❷ 王名扬. 美国行政法：下 [M]. 北京：中国法制出版社，2005：1119.
❸ 王名扬. 美国行政法：下 [M]. 北京：中国法制出版社，2005：1120.
❹ 王名扬. 美国行政法：下 [M]. 北京：中国法制出版社，2005：610-611.
❺ 王名扬. 美国行政法：下 [M]. 北京：中国法制出版社，2005：637-638.

难。❶ 穷尽行政救济原则是指当事人在没有利用一切行政救济之前，不能申请司法救济。该原则是为了保障行政机关正常工作的开展，避免法院对行政机关的不当干涉。

2. 英国的司法审查

在英国，当公民的权利和利益受到行政机关侵害时，可以通过三种途径向普通法院寻求救济，即提起普通法上的一般诉讼、上诉以及请求高等法院行使其对下级法院和行政机关所具有的传统的监督权。其中，对下级法院和行政机关行为的合法性审查即为司法审查。❷ 从英国行政法的宪法背景来看，一直遵循议会主权的原则❸，其司法审查不包括违宪审查。"在法律规范的位阶中，任何规范的效力都低于议会立法。议会主权原则就是议会立法至上。"❹ 正如戴西在那部影响深远的《宪法研究导论》中提到的：英国不像其他国家，议会所制定的法律不会因为违宪而无效，英国法院对议会所制定的法律没有审查权。❺

司法审查只是监督行政活动的方式之一，不能由于司法审查的存在而忽视其他监督行政活动的方式。当然，在监督行政活动的各种方式中，司法审查是较为主要的监督方式，因为它是一种经常性的、局外的、有严格程序保障的、具有传统权威性的监督，所以也是最受英美社会和个人信赖的监督行政活动的方式。❻

(二) 大陆法系中的司法审查

大陆法系中并没有与英美法系中"司法审查"直接对应的术语，但有与其功能相当、在本质上类似的制度。英美法系中的"司法审查"类似于大陆法系中的"行政诉讼"，但又不能完全等同视之。行政诉讼在大陆法系中，专指独立于普通法院的行政法院审理的行政案件。

法国实行双轨审判制，普通法院与行政法院之间有一定的分工，行政法院管辖一般的行政案件。而对于行政机关侵犯公民身份、个人自由和私有财产权、非法侵占不动产和暴力行为等司法审判保留事项，以及法律规定由普

---

❶ 王名扬. 美国行政法：下 [M]. 北京：中国法制出版社，2005：640.
❷ 王名扬. 英国行政法 [M]. 北京：北京大学出版社，2016：128.
❸ 议会主权包括以下含义：议会的立法权没有限制；议会所制定的法律是最高的法律；法院必须执行议会所制定的法律。参见：王名扬. 英国行政法 [M]. 北京：北京大学出版社，2016：25.
❹ TOMKINS A. Public Law [M]. London：Oxford University Press，2003：93.
❺ 王名扬. 英国行政法 [M]. 北京：北京大学出版社，2016：25.
❻ 王名扬. 美国行政法：下 [M]. 北京：中国法制出版社，2005：563.

通法院管辖的行政案件，普通法院享有管辖权。❶ 大陆法系国家审查行政行为的主体是二元或多元的，而非只限于行政法院，除行政法院所审理的行政案件属于行政诉讼范畴外，其他法院对行政案件的审理不能称为行政诉讼，行政诉讼不包括所有行政案件，从审查行政行为的主体来看，司法审查比行政诉讼更具有概况性。❷

（三）司法审查的中国语境

20世纪90年代初期，罗豪才教授给予了"司法审查"中国化的内涵，我国的司法审查是指人民法院依法审查具体行政行为是否合法的国家活动。❸ 他认为，有宪法和行政法意义上的两种司法审查。宪法意义上的司法审查，是指法院审查立法机关、行政机关的行为是否合宪。行政法意义上的司法审查，是指法院对行政机关的行政行为是否合宪与合法所进行的审查监督。这是两种不同的制度，但因为都是司法机关监督和制约其他机关的重要手段，所以才共同使用一个名称。在英美法系国家，司法审查还包括上级法院通过传统令状监督下级法院判决的行为，但这有着特殊的历史原因，并未被广泛接受。目前我国只有行政法意义上的司法审查制度，并且由于没有宪法意义上的司法审查，所以法院不能对行政机关的行政行为是否合宪进行审查。❹ 胡锦光教授认为，司法审查制度应包括以下几个方面的内容：其一，司法机关对立法行为的合宪性进行审查；其二，司法机关对法律以下的立法行为的合法性进行审查；其三，司法机关对行政行为的合宪性进行审查；其四，司法机关对抽象行政行为的合法性进行审查；其五，司法机关对具体行政行为的合法性进行审查。❺

由上可知，对司法审查含义的理解有狭义和广义之分。罗豪才教授是在结合我国实际情况的基础上，从狭义的角度去界定的；而胡锦光教授则是在比较了英美法系和大陆法系一些国家实践的前提下，从广义的角度来界定的。分析有关教育纠纷司法审查的相关文献，从中可知，当前学界基本上都是从狭义的角度展开论述的，仅是指法院对行政行为的审查行为，而不包括对合宪性的审查。从这个角度去看，我国当前的司法审查就是行政诉讼，但在本

---

❶ 王名扬. 法国行政法 [M]. 北京：北京大学出版社，2016：453-461.
❷ 赵保庆. 行政行为的司法审查 [D]. 北京：中国社会科学院，2002：6-7.
❸ 罗豪才. 中国司法审查制度 [M]. 北京：北京大学出版社，1993：3.
❹ 罗豪才，王天成. 中国的司法审查制度 [J]. 中外法学，1991（6）：1-7.
❺ 胡锦光. 论中国司法审查的空间 [J]. 河南社会科学，2006（9）：72-76.

研究中我们为什么要用"司法审查"而不用"行政诉讼"？因为"行政诉讼"不能体现司法权监督与制约行政权的精髓和实质。另外，考虑到我国行政法治建设的实际情况，强调行政诉讼的实质是司法审查，更加有利于更新人们（包括行政官员）的法治观念，在一定程度上提高人们的法治意识。❶

二、司法审查介入高校教育纠纷的现实考量

通过北大法宝、中国裁判文书网、网络检索及查阅文献，本研究收集了85个案例，其中法院的判决案例67个，媒体报道及通过文献检索到的案例18个❷。在判决案例中，一个案件可能会经过几级法院的多次审理，例如：甘某不服暨南大学开除学籍决定案经过了四级法院的审理❸，该案为我国高校教育纠纷中被最高人民法院提审的第一案；刘某某与北京大学纠纷案经过了两级法院的8次审理❹。在67个判决案例中，有41起的当事人提出了上诉，共有117份判决文书。

（一）纠纷的类型

从具体内容来看，这些纠纷中绝大多数为退学与开除学籍纠纷和颁发学历、学位证书纠纷。退学与开除学籍纠纷案例有38起，占所有案例的44.7%；学历、学位纠纷案例有32起，占所有案例的37.6%，这两种类型的纠纷占总数的82.3%。此外，招生录取纠纷有9起，休学纠纷有1起，奖学金纠纷有1起，职称评审纠纷有3起，聘任合同纠纷有1起。从纠纷处理方式来看，判决结案的有74起，其他纠纷未进入法院的实体审理阶段。例如，中国政法大学78名研究生因奖学金降低告学校案，在法院的调解下，学生撤回了起诉；华中科技大学教师因不服学校的职称评审结果告教育部案，法院认为职称评审纠纷不属于行政诉讼的受案范围，驳回了当事人的起诉。

（二）争议的焦点

通过对高校教育纠纷相关案例的分析，我们发现，在司法的阳光照入大

---

❶ 赵保庆. 行政行为的司法审查 [D]. 北京：中国社会科学院，2002：7.

❷ 这18个案例中，有的是经过法院审理的，如甄某诉三峡大学撤销勒令退学处分案、杭某诉南京理工大学取消研究生入学资格案，只是因为未搜集到法院的判决文书，因此未将其归为法院判决案例。

❸ 甘某不服暨南大学开除学籍决定案：广东省广州市天河区人民法院（2007）天法行初字第62号、广东省广州市中级人民法院（2007）穗中法行终字第709号、广东省高级人民法院（2010）粤高法行监字第6号、最高人民法院（2011）行提字第12号。

❹ 刘某某诉北京大学学位委员会案：（1999）海行初字第103号、（2000）一中行终字第43号、（2000）海行初字第157号、（2001）一中行终字第50号；刘某某诉北京大学案：（1999）海行初字第104号、（2000）一中行终字第45号、（2000）海行初字第158号、（2001）一中行终字第41号。

学殿堂的过程中，主要围绕三个核心议题展开，即司法审查能否介入？哪些事项可以纳入司法审查的范围？应该如何审查？这三个问题是层层递进的，反映了我国高校教育纠纷司法审查的历史脉络。

1. 司法审查能否介入

司法审查介入高校教育纠纷的过程并非一帆风顺，中间经历了各种波折与坎坷。其面临的第一个问题就是，高校教育纠纷能否被纳入司法审查范围，因为对于高校的管理者来说，高校内发生的各种教育纠纷是学校的内部管理问题，如果将其纳入司法审查的范围，则有侵犯高校办学自主权之嫌疑。例如，在田某诉北京科技大学一案中，一审北京市海淀区人民法院判决北京科技大学败诉后，北京科技大学向北京市第一中级人民法院提出上诉时称，其"依法制定的校规、校纪及依据该校规、校纪对所属学生作出处理，属于办学自主权范畴，任何组织和个人不得以任何理由干预"。❶

在法院审理高校教育纠纷案件时，起初面临的一个突出问题是，高校作为行政诉讼的被告，其主体资格是否合法？行政诉讼法中也没有明确的规定，而高校作为事业单位法人的主体地位，并没有对该问题给予良好的回应。这就给司法实践带来了一个棘手的问题，由于没有成文法的明确规定，不同法院的法官基于不同的理念、价值判断，通过对司法自由裁量权的运用，对相同类型的案件作出了不同的判决。

（1）"田某案"确立的立场

田某诉北京科技大学案被认为是我国学生诉高校第一案，北京市海淀区人民法院行政庭法官创造性的判决得到了学界的赞赏，其判决理由也被其他法院在审理类似案件时所参照，该案的判决还被最高人民法院确定为指导性案例。在该案审理的过程中，北京科技大学曾对自己被告资格的合法性提出过质疑，北京市海淀区人民法院则认为：在我国目前情况下，某些事业单位、社会团体虽然不具有行政机关的资格，但是法律赋予其行使一定的行政管理职权。这些单位、团体与管理相对人之间不存在平等的民事关系，而是特殊的行政管理关系。他们之间因管理行为而发生的争议不是民事诉讼，而是行政诉讼。尽管《中华人民共和国行政诉讼法》第25条所指的被告是行政机关，但为了维护管理相对人的合法权益，监督事业单位、社会团体依法行使国家赋予的行政管理职权，将其列为行政诉讼的被告，适用行政诉讼法来解

---

❶ 北京市第一中级人民法院行政判决书（1999）一中行终字第73号。

决它们与管理相对人之间的行政争议，有利于化解社会矛盾，维护社会稳定。❶

（2）"田某案"立场的背离

北京市海淀区人民法院的判决中对高校作为行政诉讼被告资格的确定，体现了司法实践的主流立场。但由于我国不是判例法国家，囿于事业单位法人主体资格的模糊性及法律、法规中相关规定的缺失，在司法实践中也有对立的立场。在甄某诉三峡大学撤销勒令退学处分案中，一审法院葛洲坝人民法院认为：学校与学生的关系是一种特殊的内部行政管理关系。依照现行法律，并非所有领域均可纳入现行行政诉讼范畴。三峡大学依据有关规章勒令甄某退学，甄某对此处分决定不服所产生的纠纷，不属于人民法院直接受理的行政案件的范围。这表明了对"田某案"立场背离的理由。2002年重庆邮电学院的一名女生因怀孕而被勒令退学案也是如此。2002年10月初，重庆邮电学院某大二女生突感腹痛去校医院治疗，被校医怀疑为怀孕，她自费住进地方医院，经诊断是宫外孕，于10月9日做了手术。学校以严肃校规校纪、正确引导学生为由，依据原国家教委颁布的《高等学校学生行为准则》《普通高等学校学生管理规定》及该校《学生违纪处罚条例》等相关规定，给予两名当事学生勒令退学的处分。后来，两名当事人向重庆市南岸区人民法院提起行政诉讼，要求法院撤销学校的处分决定。最后，法院驳回了当事人的起诉。❷

（3）未来的趋势

虽然在司法实践中，有些案件的判决表现出对"田某案"所确立立场的背离，但从时间维度上看，这种背离主要表现在21世纪的最初几年。与"田某案"立场背离的案件通常认为高校内部发生的纠纷属于内部行政管理关系，高校具有完全的处理权，司法不应介入。这实际上是有违现代法治理念的，不利于对学生、教师权益的保护。在"走向权利的时代"，人们的权利意识日益觉醒，对法治社会的认识日益深入，认为高校的教育活动不能游离于法治之外，而成为法治的真空地带。司法实践逐渐遵循了"田某案"的立场，可以判定，在未来高校的教育纠纷中，司法审查的介入将不再是一个问题，高校作为行政诉讼被告的资格将进一步被实践所确认。正如有学者认为，学校

---

❶ 北京市海淀区人民法院行政判决书（1998）海行初字第142号。
❷ 女大学生怀孕被开除　两学生不服告学校败诉 [DB/OL]. 2003-01-30 [2016-06-26]. http://edu.sina.com.cn/l/2003-01-30/37412.html.

管理的法治化在世界范围内都是一个有争议的问题。一些教育家甚至政治家抱怨学校教育受到法律的束缚和司法的支配。然而，教育的社会权利属性决定了教育事务的社会公共性质。法治社会的司法审查，在社会系统的其他公共事务管理领域中无疑被视为是有益的和正常的。教育和学校管理的特殊性，并不能使学校管理置于法治社会之外。在我国正在逐步走向法治社会的今天，衡量高校管理工作好坏与成败的标准，已不仅仅是管理效率的高低，同时还要看其能否实现对人的正当权益的维护和保障。这样的价值导向才是完整的。保障和维护正当、合理的个人权益，是现代法治精神的核心内容。❶

2. 哪些能审查

自田某诉北京科技大学不予颁发毕业证、学位证案后，高校被学生告上法庭的情况逐渐增多。法院审理的案件主要包括招生录取纠纷、退学与开除学籍纠纷以及学业与学位证书纠纷。其中法院审理的高校教育纠纷主要为后两类纠纷。这几类纠纷是否涵盖了所有情况？其他类型的纠纷是否也可以纳入司法审查的范围？

(1) 招生录取纠纷

起初有学者认为高校的招生录取行为是基于平等主体之间发生的法律关系，产生的纠纷应适用民事诉讼寻求救济。❷ 招生录取纠纷是否能纳入司法审查范围，关键在于对高校招生录取行为性质的判定，如果认为高校的招生录取行为属于具体行政行为，则应纳入司法审查的范围；否则，就没有这个必要。

在黄某某诉武汉大学履行法定职责案中，湖北省武汉市武昌区人民法院认为，黄某某于1995年未被录取为博士研究生，是武汉大学依照教育部有关规定，坚持录取博士研究生原则的具体行政行为，且具有合法性。❸ 确认了武汉大学招生录取的行为是具体行政行为，并启动行政诉讼程序审理了本案。在杭某诉南京理工大学取消研究生入学资格案中，法院遵循了"黄某某案"的立场，南京市玄武区人民法院认为南京理工大学作出的取消杭某研究生入学资格决定的行为，属于根据国家法律、规章授权行使国家行政职权的行政

---

❶ 秦惠民. 高等学校法律纠纷若干问题的思考 [J]. 法学家，2001 (5)：105-114.
❷ 代表性的论述可参见：张弛. 学校法律治理研究 [M]. 上海：上海交通大学出版社，2005：67. 白呈明. 高校与学生合同关系探讨 [J]. 复旦教育论坛，2003 (6)：31-34.
❸ 湖北省武汉市武昌区人民法院行政判决书 (2001) 武区行初字第 11 号。

行为。❶ 在林某某诉厦门大学博士生招录案中，法院延续了上述两个案件的立场，也运用行政诉讼程序审理了该案，福建省厦门市思明区人民法院认为被告厦门大学作为公立高等学校，其所享有的博士生招生权属于法律授权的组织行使的行政管理职权。被告有权在考试阶段对不合格考生直接作出不予录取的决定，有权在有关部门审核后录取考试合格的考生。被告的博士生招生行为，属于可诉的行政行为，人民法院应当进行合法性审查。❷

然而，在王某等集体诉河北经贸大学案、闵某诉苏州大学案中，相关法院表现出对"黄某某案""杭某案"及"林某某案"立场的背离。在王某等集体诉河北经贸大学案中，受理法院以涉案行为系学校内部管理行为为理由，驳回了原告的起诉。❸ 在"闵某案"中，审理法院认为学校招生录取的行为属于自主管理行为，不属于行政管理权的范畴。闵某告苏州大学时，其进入该校受教育的权利尚未形成，最终能否入校接受教育受苏州大学自主管理权调整，苏州大学是否录取属于学校自律权的范畴。苏州大学依据招生章程确定是否录取的行为，不是行政行为，不具有行政法意义上的可诉性，双方产生的争议不属于行政诉讼受案范围。该案的一审法院江苏省苏州市中级人民法院驳回了原告闵某的诉讼请求。❹

我们认为，只要高校的招生录取行为需要遵从教育行政主管部门的规制，招生录取名单需报所在辖区招生办核准，其招生录取行为就具有行政权的色彩，而无论其是公立高校还是民办高校。

招生录取行为是法律赋予高校的行政权，具有可诉性。《教育法》第29条和《高等教育法》第32条赋予了高校招生录取的权利，它实质上是法律授予高校的行政权。特别是公立高校的招生行为，其经费的划拨、指标的确定及计划的执行，都要严格按照《教育法》及《高等教育法》的相关规定执行，要受到法律、法规及规章等规范性文件的规制。公立高校的招生行为，从其权力的来源看，具有明显的行政权力色彩。❺

---

❶ 章瑛.学生诉我国公立高校行政案例之类型化研究［M］.上海：上海交通大学出版社，2013：96-99.
❷ 福建省厦门市思明区人民法院行政判决书（2006）思行初字第80号。
❸ 章瑛.学生诉我国公立高校行政案例之类型化研究［M］.上海：上海交通大学出版社，2013：108-109.
❹ 江苏省苏州市中级人民法院行政裁定书（2004）苏中行初字第4号。
❺ 湛中乐.论对公立大学招生争议的司法审查［C］//劳凯声.中国教育法制评论：第8辑.北京：教育科学出版社，2010：14-15.

招生录取行为中高校与学生的地位具有不对等性。从表面上看，高校发布招生简章，符合条件的考生去报考和接受挑选，双方的地位是平等的。但实际上，高校与学生之间的地位不具有对等性。首先，报考学生要服从招生机关组织考试的相关规定，并严格遵从其所制定的报考、应试、填报志愿和报到的相关程序；其次，在具体录取阶段，是高校和招生部门单方面去决定是否予以录取，学生没有与高校平等协商和选择的余地，更加没有参与录取以及变更录取决定的机会。❶

（2）开除学籍纠纷

在早期的案件审理中，有法院认为高校开除学生学籍的纠纷属于内部管理行为，不具有可诉性。我们认为开除学籍处分的行为是一种行政行为，具有可诉性。依据《教育法》第29条❷和《高等教育法》第41条❸的规定，学校有权对学生进行学籍管理、实施奖励及处分。2017年《普通高校学生管理规定》第51条❹规定了高校可对学生进行处分的种类，其中就包括开除学籍。高校在对学生实施开除学籍处分时，具有明显的单方面性和强制性，无须征求学生的意见，无须与学生进行协商，双方的法律地位不具有平等性。因此，高校对学生实施的开除学籍处分行为是一种行政行为。高校开除学生学籍的行为具有明显的惩罚性，那么是否可以认定该行为为行政处罚呢？行政处罚是指行政主体为了达到对违法者予以惩戒，促使其以后不再犯，从而有效地实施行政管理，维护公共利益和社会秩序的目的，依法对行政相对人违反行政法律规范但尚未构成犯罪的行为（违反行政管理秩序的行为），给予人身的、财产的、名誉的或其他形式的法律制裁的行政行为。其种类包括人身罚、财产罚、行为罚及申诫罚。高校开除学生学籍，剥夺学生作为学生的资格，使其丧失受教育的权利，该行为从形式上看具有明显的惩罚性，但其难以归于行政处罚的任何一种类型之中，也与教育活动的本质不符。

---

❶ 湛中乐. 论对公立大学招生争议的司法审查［C］//劳凯声. 中国教育法制评论：第8辑. 北京：教育科学出版社，2010：16.

❷ 《教育法》第29条第4项规定，学校及其他教育机构行使下列权利：（四）对受教育者进行学籍管理，实施奖励或者处分。

❸ 《高等教育法》第41条规定，高等学校的校长全面负责本学校的教学、科学研究和其他行政管理工作，行使下列职权：（四）聘任与解聘教师以及内部其他工作人员，对学生进行学籍管理并实施奖励或者处分。

❹ 2017年《普通高校学生管理规定》第51条：对有违反法律违规、本规定以及学校纪律行为的学生，学校应当给予批评教育，并可视情节轻重，给予如下纪律处分：（一）警告；（二）严重警告；（三）记过；（四）留校察看；（五）开除学籍。

其实，在高校对学生的处分权缺乏有效监督的情况下，将严重影响学生受教育权的退学、开除学籍等处分纳入行政诉讼的受案范围，不仅对规范高校的学籍管理行为，而且对维护学生的合法权益，都是具有重大现实意义的。因此，将开除学籍处分纳入司法审查的受案范围，是符合行政法改革趋势的，同时也能更好地保护学生的受教育权。❶ 那么，民办高校实施的开除学籍处分的行为是否具有行政上的可诉性呢？我们认为，在民办高校开除学生学籍的行为中，学校与学生之间形成的法律关系不是平等主体之间的民事法律关系，而是具有明显的单方面性和强制性，属于行政诉讼的受案范围。因此当纠纷发生时，司法审查可以介入。

（3）学历与学位证书纠纷

法院将学历与学位证书纠纷排除在司法审查范围之外，通常是认为该纠纷属于高校的内部管理行为，因而不具有可诉性。我们认为，高校给学生颁发学历与学位证书的行为是一种行政行为，具有可诉性。《教育法》第22条规定，经国家批准设立或者认可的学校及其他教育机构按照国家有关规定，颁发学历证书或者其他学业证书；第23条规定，学位授予单位依法对达到一定学术水平或者专业技术水平的人员授予相应的学位，颁发学位证书；第29条第5项规定，学校有权对受教育者颁发相应的学业证书。《高等教育法》第20条规定，接受高等学历教育的学生，由所在高等学校或者经批准承担研究生教育任务的科学研究机构根据其修业年限、学业成绩等，按照国家有关规定，发给相应的学历证书或者其他学业证书；第21条规定，国家实行高等教育自学考试制度，经考试合格的，发给相应的学历证书或者其他学业证书。《学位条例》第8条规定，学士学位，由国务院授权的高等学校授予；硕士学位、博士学位，由国务院授权的高等学校和科学研究机构授予。由上可知，高校给学生颁发学历与学位证书的行为，是法律授予给高校的权力。这种授予证书的行为同时具有明显的单方面性与强制性，是法律授权给高校作出的行政行为。从我国实行学位制度的实际运行情况来看，高校颁发学位证书的权力源于法律与法规的授权，因此，高校授予学位证书行为的性质属于法律、法规授权的行政行为，属于具体行政行为的范围。❷

那么，这种行为具体属于哪一种行政行为呢？可以从多个视角进行分析，

---

❶ 陈鹏. 高等学校学生处分权的法理学探析 [J]. 教育研究, 2004 (9): 37-42.
❷ 湛中乐, 李凤英. 论高等学校之法律地位 [C] //湛中乐. 高等教育与行政诉讼. 北京: 北京大学出版社, 2003: 34.

为其可诉性找到合理的依据。如果以该行为是否对行政相对人有利为标准，可将授予学位证书的行为视为一种授益行政行为。因为学位是个人学术水平的重要衡量标志，用人单位通常也将学位视为聘用、晋升以及职称评定等的重要标准之一，可以说学位是一种无形的财富，因此可以将授予学位视为一种授益行政行为。❶ 如果以该行为是否依申请，可将其视为依申请的行政处理行为。也有学者认为这是一种行政确认行为，行政确认是指行政主体对行政相对人的法律地位、法律关系或者有关法律事实进行甄别，给予确认、认可、证明并予以公告的具体行政行为，其形式包括确定、认定（认证）、证明、登记及鉴定等。其中，证明是指行政主体向其他人明确肯定被证明对象的法律地位、权利义务或者某种情况，如各种学历及学位证明、居民身份等。❷ 高校颁发学历、学位证书的行为符合行政确认的构成要件。也有学者认为授予学位的行为是一种行政许可行为。❸

那么，民办高校不予颁发学历与学位证书的行为是否具有可诉性呢？民办学校在学关系原则上应为私法契约关系，以避免公法对国家的特殊规制强加于私人身上，民办高校的惩戒行为在形式上与公立高校类似，并对在学关系具有相当的支配性，但其不应具有行政诉讼意义上的可审查性，产生的纠纷应适用民事诉讼来救济。但囿于当前的教育体制，且关涉民办高校和公立高校学生在社会认同上的平等对待，但凡是有关学位授予的惩戒行为，都应可通过行政诉讼予以审查。❹ 因此，无论是公立高校还是民办高校，只要是颁发学历与学位证书的行为引发纠纷，都具有可诉性。

（4）奖学金纠纷是否可审查

2012年，中国政法大学78名在校法学硕士把学校告上法庭。原因是政法大学2010级硕士的新生奖学金是9000元，而2011级的学生却只有2000元。该案最后经调解结束，并未进入实体审理阶段。那么，高校里的奖学金纠纷是否可以纳入司法审查范畴呢？

《行政诉讼法》第2条规定：公民、法人或者其他组织认为行政机关和行

---

❶ 肖鹏. 论撤销学位的法律规制：对中山大学撤销陈某硕士学位案件的法律思考［J］. 中国高教研究，2008（2）：43-45.

❷ 姜明安. 行政法与行政诉讼法［M］. 2版. 北京：北京大学出版社，2005：282-284.

❸ 类似的观点可参见：朱志辉. 试论撤销学位的行政行为性质：由陈某诉中山大学案引发的思考［J］. 高教探索，2006（6）：23-25.

❹ 沈岿. 析论高校惩戒学生行为的司法审查［C］//湛中乐. 教育行政诉讼理论与实务研究. 北京：中国法制出版社，2013：100.

政机关工作人员的行政行为侵犯其合法权益,有权依照本法向人民法院提起诉讼。前款所称行政行为,包括法律、法规、规章授权的组织作出的行政行为。那么,本条之规定是否能为学生因奖学金纠纷提起行政诉讼提供法源依据呢？"田某案"已经解决了高校作为被告的主体资格的问题,现在关键是看本条中所指的"合法权益"是否能涵盖奖学金纠纷。从当前法院受理的高校教育纠纷案件来看,招生录取纠纷、退学与开除学籍纠纷和学业与学位证书纠纷涉及学生的受教育权和毕业后的生存、发展权,这些都是关系到学生切身利益的非常重要的权益。从广义上讲,合法权益包括学生获得奖学金的权益。一切正当的,不违反法律、法规的禁止性规定的,所赋予当事人的权益都可称为"合法权益"。从广义的角度去理解"合法权益",有利于最大限度地保护当事人的诉权,但同时也会导致法院受理案件数量的急剧增加,而法院难以有时间、精力去处理无限增加的案件,最终不利于法院定纷止争功能的发挥与司法权威的树立。

因此,法院在决定受理案件是否立案时,对"合法权益"的理解必然涉及自己的价值判断,然后根据自己的价值判断作出"扩大"或"缩小"的解释。从当前法院受理案件的情况来看,与一些学者所倡导的"重要性理论"比较契合。例如,程雁雷认为判断某一高校学生管理行为是否具有可诉性,有三个标准：其一,要看高校的学生管理行为是否改变了学生的在学身份；其二,要看高校的学生管理行为是否具有外部性；其三,要看高校的学生管理行为是否对学生的基本权益造成了重大影响。❶ 祁占勇、陈鹏认为判断高校的某一行为是否具有可诉性,最重要的原则是：当学校的处分行为足以影响学生获得或失去作为学校成员身份的时候,就应当纳入行政诉讼的受案范围。❷ 姚金菊也认为当大学的处分决定足以对学生重大权益造成损害时,如退学、不予授予学位等,就应当纳入司法审查的范围之内。❸ 然而,"重要性理论"本身也是一个不确定的法律概念,对其界定亦关涉价值判断。什么才是"重要性"事项？招生、开除学籍、退学、毕业证书的颁发及学位的授予是"重要性"事项,奖学金的评定与给予就不是吗？也许奖学金对于高校管理者和法官来说的确算不上是"重要性"事项,但是对于某些学生,尤其是一些

---

❶ 程雁雷. 论司法审查对大学自治的有限介入 [J]. 行政法学研究, 2000 (2)：33-36.
❷ 祁占勇, 陈鹏. 高校招生权的法律性质与司法审查：对"罗彩霞事件"的行政法透视 [J]. 高等教育研究, 2009, 30 (9)：29-35.
❸ 姚金菊. 转型期的大学法治：兼论我国大学法的制定 [M]. 北京：中国法制出版社, 2007.

在经济上暂时有困难的学生，奖学金也许是他们继续求学的保障与支柱，对他们来讲的确很重要。

(5) 职称评审纠纷与聘任合同纠纷是否可审查

当前，高校与教师之间的纠纷主要体现在职称评审纠纷与聘任合同纠纷上，但都没有司法审查的先例。法院将职称评审纠纷排除在司法审查的范围之外，是认为职称评审纠纷属于高校内部事务，即使发生争议，也可通过人事争议的救济渠道来解决。而不予审查聘任合同纠纷，主要是因为对聘任合同法律性质的确定比较模糊，当前对高校教师聘任合同法律性质的认识有：劳动合同说❶、行政合同说❷、混合合同说❸及民事合同说。劳动合同说认为教师聘任合同的双方当事人之间的关系属于私法意义上的劳动关系，公立学校与民办学校的教师聘任合同都属于劳动合同。行政合同说认为教师聘任合同不同于一般的民事合同，其内容具有很强的公共性质，加上学校的行政主体地位以及教师职业的特殊性，使得教师聘任合同具有明显的行政合同色彩。民事合同说认为学校不是《劳动法》涉及的用工主体，不适用《劳动法》，也不能纳入劳动争议纠纷的处理范围，而应当作为一般民事主体，适用一般民事纠纷程序处理。其中除了行政合同说外，其他学说均不赞同聘任合同纠纷可以纳入司法审查的范围。我们认为，将职称评审纠纷与聘任合同纠纷纳入司法审查的范围，是具有一定的合理性与可行性的，第四章将详细论述。

3. 如何审查

(1) 合法性审查

合法性审查，是当前司法介入高校教育纠纷的主要审查方式。审查的内容主要包括学校处理的依据是否合法以及处理的程序是否合法。

---

❶ 代表性的观点可参见：陈鹏. 高校教师聘任制的法律透视 [J]. 中国高教研究, 2005 (1): 61-63. 祁占勇. 高校教师聘任合同法律性质的论争及其现实路径 [J]. 高教探索, 2009 (3): 14-17. 林雪卿. 论教师聘任合同的法律性质 [J]. 内蒙古师范大学学报（教育科学版）, 2006, 21 (9): 144-148.

❷ 代表性的观点可参见：杨建顺. 教师聘任制与教师的地位：以高等学校教师为中心 [C] //劳凯声. 中国教育法制评论：第1辑. 北京：中国教育科学出版社, 2002: 257-258. 申素平. 论我国公立高等学校与教师的法律关系 [J]. 高等教育研究, 2003, 24 (1): 67-71. 赵杰宏, 严妍. 教师聘任合同之法律性质 [J]. 国家教育行政学院学报, 2006 (4): 77-79.

❸ 代表性的观点可参见：丁文珍. 我国公立学校教师聘任制研究 [C] //劳凯声. 中国教育法制评论：第2辑. 北京：中国教育科学出版社, 2003: 92. 杨挺. 论公立学校教师聘任合同的法律性质 [J]. 中国教育学刊, 2007 (4): 1-4.

第一，依据是否合法。

"田某案"中法院对北京科技大学作出退学处分依据的合法性进行了审查。北京市海淀区人民法院认为，北京科技大学的"068号通知"[1]不仅扩大了认定"考试作弊"的范围，而且对"考试作弊"的处理方法明显重于《普通高等学校学生管理规定》第12条的规定，也与第29条规定的退学条件相抵触，应属无效。

第二，程序是否合法。

行政行为违反法定程序，是人民法院撤销行政行为的依据之一。《行政诉讼法》第70条规定，"行政行为有下列情形之一的，人民法院判决撤销或者部分撤销，并可以判决被告重新作出行政行为：……（三）违反法定程序的。"通过程序对行政自由裁量进行约束，是确保行政自由裁量合理行使的重要举措，在一定程度上可以有效防止行政自由裁量的滥用。"行政自由裁量所享有的行政自治，意味着必须将实体性规范挤压出去，以便为行政机关留下自主选择的空间。因此，法律规范对拘束行政行为的调整方法在行政自由裁量上未必能完全奏效。为了有效地影响裁量结果的形成，并确保合法性，除了我们可以依靠行政政策、遵循先例之要求以外，在很大程度上就必须依靠行政程序的正当与公正。"[2]那么，高校在实施行政行为的过程中，尤其是涉及纪律处分的行为中，是否只要违反了法定程序，就一律无效或应被撤销？

显然，问题并没有这么简单，现有的司法判决也没有完全一致的立场。通过对相关案件法院判决文书的分析，我们发现法院在对高校行为进行程序性审查时，并没有绝对一致的立场。当高校的处理行为有违正当程序原则时，有的法院以高校处理行为违反法定程序为由，撤销了高校的处理行为；有的法院则认为是程序瑕疵，并没有因此撤销高校的处理行为。大致分为以下两种情况：

①程序不正当影响了法院的判决。2017年1月17日，北京市海淀区人民法院对广受关注的"于某某案"作出了一审判决。在于某某诉北京大学案中，海淀区人民法院对北京大学撤销于某某博士学位的程序进行了审查，认为北京大学在作出撤销于某某博士学位的决定之前，应当遵循正当程序原则，在

---

[1] 北京科技大学于1996年3月5日按照《关于严格考试管理的紧急通知》即"068号通知"，第3条第五项关于"夹带者，包括写在手上等作弊行为者"的规定，认定田某的行为是考试作弊，根据第1条"凡考试作弊者，一律按退学处理"的规定，决定对田某按退学处理。

[2] 余凌云. 行政自由裁量论[M]. 3版. 北京：中国人民公安大学出版社，2013：151.

查清事实的基础上，充分听取于某某的陈述和申辩。而北京大学并没有证据证明其在作出撤销于某某博士学位的决定之前，听取了于某某的陈述和申辩意见，其撤销学位决定的作出有违正当程序原则。最终，法院以北京大学违反法定程序及适用法律错误为由，撤销了北京大学作出的《关于撤销于某某博士学位的决定》。❶"于某某案"实际上延续了"田某案"❷的立场，类似的判决还有"林某某案"❸"王某某案"❹"益某某、李某某案"❺"谢某案"❻等。

②程序不正当未影响法院的判决。在王某某不服宿迁学院开除学籍处分案中，法院并未因处理程序上的不当而判决撤销学校的处理决定。江苏省宿迁市宿城区人民法院认为：在处分决定作出前，宿迁学院没有听取学

---

❶ 北京市海淀区人民法院行政判决书（2015）海行初字第1064号。

❷ 本案中法院对北京科技大学处理程序的合法性进行了审查。北京市海淀区人民法院认为：退学处理涉及被处理者的受教育权利，从充分保障当事人权益的原则出发，作出处理决定的单位应当将该处理决定直接向被处理者本人宣布、送达，允许被处理者本人提出申辩意见。北京科技大学没有按照此原则办理，忽视了当事人的申辩权利，这样的行政管理行为不具有合法性。

❸ 福建省漳州市芗城区人民法院认为：根据《普通高等学校学生管理规定》第56条的规定，学校在对学生作出处分决定之前，应当听取学生或者其代理人的陈述和申辩。被告未向原告履行告知程序，提供让原告或其代理人进行陈述申辩的机会，进而认定漳州师范学院开除学籍决定程序违法。后来漳州师范学院不服一审判决进行了上诉，二审法院维持了原判。参见：林某某不服漳州师范学院开除学籍案（2006）芗行初字第120号、林某某不服漳州师范学院开除学籍案（2007）漳行终字第13号。

❹ 江苏省南京市鼓楼区人民法院经审理认为：行政组织应当按正当程序原则作出行政行为，以维护相对人的合法权益。被告对原告作出给予开除学籍的处分，涉及被处分者的受教育权利，从充分保障当事人权益的原则出发，作出此处分决定的被告应当在处分决定正式公布前给予被处分人提出申辩意见的权利，从而有利于保障相对人的合法权益及保证处分决定作出的正确性。被告并无符合法定要求的证据证明其给予了原告此项权利，亦无证据证明其他职能部门已确定原告在涉案事件中需承担的责任为被开除学籍，应属不当。最终判决撤销了南京师范大学开除学籍的处分决定。参见：江苏省南京市鼓楼区人民法院行政判决书（2007）鼓行初字第108号。

❺ 河南省许昌市魏都区人民法院认为：学校对学生的处分应当做到程序公正、证据充分、依据明确、定性准确、处分适当；学校对学生作出开除学籍处分决定，应当由校长会议研究决定；学校对学生作出处分，应当出具处分决定书，送交本人。被告所举有效证据，不足以证明被告在作出对原告的处分决定前履行了告知义务，不足以证明处分决定经过校长会议研究，不足以证明被告将处分决定合法送达原告，并告知原告依法享有的权利。被告作出的处分决定在程序上存在违法之处，原告请求予以撤销，理由正当，应予支持。参见：河南省许昌市魏都区人民法院行政判决书（2009）魏行初字第7号；许昌市魏都区人民法院行政判决书（2009）魏行初字第6号。

❻ 山西省太原市万柏林区人民法院认为：太原理工大学在对谢某作出开除学籍处分决定时，没有依据2005年《普通高校学生管理规定》第55条、第56条、第58条、第59条和《太原理工大学学生违纪处理办法》第21条第3项之规定，没有告知原告谢某是可以提起陈述和申辩的，其处分程序是违法的，从而撤销了学校的处分决定。参见：山西省太原市万柏林区人民法院行政判决书（2015）万行初字第3号。

生或者其代理人的陈述和申辩，行政行为存在程序瑕疵，但并不影响处分决定实体内容的成立。二审法院江苏省宿迁市中级人民法院也坚持了一审法院的立场，认为：上诉人王某某在处分决定作出前写给被上诉人的检讨书中已承认了自己旷课违纪的事实，其父母已收到处分决定，上诉人本人亦知晓处分决定内容，并已提起行政诉讼，其救济权利并未受到影响。故处分决定程序的瑕疵并未导致处分结果显失公正，不宜依此确认程序违法。❶ 类似的判决还有"唐某案"❷"龙某案"❸，法院都没有因高校的程序不当而改变其处分决定。

《行政诉讼法》第70条所规定的"法定程序"，其所指向的内容到底是什么？我国目前并未制定行政程序法，在实践中多指行政机关办事的流程与手续，与现代行政程序所指的蕴含控权理念价值的程序相去甚远。具体到高校的行政行为，其对法定程序的违反通常是指未遵循一定的办事流程、手续，例如对学生进行处分前未听取其申辩意见、处分决定作出后未告知学生本人或处理决定书未送达本人。尤其是在有些高校的规章制度建设尚不完善的情况下，一些行政行为缺少可遵循的办事流程、手续。其对法定程序的违反，实际上是对正当程序理念（原则）的违背。

---

❶ 参见：王某某不服宿迁学院开除学籍案（2007）宿城行初字第1号；王某某不服宿迁学院开除学籍案（2007）宿中行终字第28号。

❷ 在唐某不服沈阳师范大学开除学籍纠纷案中，沈阳师范大学在处分送达程序上存在瑕疵，也未告知救济渠道。但一审辽宁省沈阳市皇姑区人民法院认为：虽然在送达程序上存在缺陷，缺乏直接证据加以证明，但原告对处分不服，已向本校学生申诉处理委员会及辽宁省教育厅提出了申诉，并得到答复，直至向法院提起行政诉讼，说明原告的实体权利及诉讼权利并未受到影响，故对原告请求撤销被告开除学籍处分的主张不予支持。二审辽宁省沈阳市中级人民法院坚持了一审法院的立场，认为：上诉人唐某相关的程序权利行使并未受到影响，且被上诉人在程序上存在的瑕疵尚不能动摇其对处分结果的认定，故该处分决定不足以被撤销。参见：辽宁省沈阳市皇姑区人民法院行政判决书（2007）皇行初字第51号；辽宁省沈阳市中级人民法院行政判决书（2008）沈行终字第1号。

❸ 江西省吉安市中级人民法院认为：虽然上诉人井冈山大学学生申诉处理委员会的委员不符合《井冈山大学学生申诉办法》第5条要求的需三名学生代表参加的规定，只有两名学生代表参加，存在瑕疵，但对被上诉人龙某的申诉权利未造成实际影响，且该申诉程序是一个独立程序，与处理程序不是同一程序。被上诉人龙某虽然没有在开除学籍处分决定送达回执上签字，但该开除学籍处分决定已由该校老师送达给了被上诉人龙某，被上诉人龙某也向学生申诉处理委员会提出了申诉，其申诉权利得到了保障。参见：江西省吉安市中级人民法院行政判决书（2013）吉中行终字第35号。

那么，法院是否可以直接援引正当法律程序的理念作为判决依据呢？从已有法院的判决文书来看，法院的判决依据有的是基于正当程序理念，有的是基于高校对办事程序、流程的违背。例如，在"于某某案""徐某某案"❶"王某某案"❷中，法院直接使用了"正当程序"的表述。在益某某、李某某与许昌学院纠纷案中，法院认为"被告作出的处分决定在程序上存在违法之处"❸，这里所指的程序上的违法，是指许昌学院对 2005 年《普通高校学生管理规定》第 56 条"学校在对学生作出处分决定前，应当听取学生或者其代理人的陈述和申辩"、第 58 条"学校对学生作出处分，应当出具处分决定书，送交本人"的违背。

（2）合理性审查

合理性审查涉及法院对高校自由裁量权的审查，大多数法院认为这属于高校办学自主权的范畴，因此不予介入。但也有法院对高校的行为进行了合理性审查。

例如，在高某诉华北水利水电大学开除学籍处分案中，河南省郑州市金水区人民法院认为：学校的纪律处分特别是开除学生学籍的处分，关系到学生受教育的基本权利，更应当体现与违纪行为性质和过错相适应、惩罚与教育相结合的基本原则。原告找他人替考，违纪行为严重，但原告在刚开考时即向辅导员承认了错误。原告与吴某某属于同类违纪事项且原告具有及时承认错误悔改的情节，被告对吴某某留校察看，但对原告开除学籍，对原告的处分显失公正，依法可以判决变更。根据《中华人民共和国行政诉讼法》第 54 条第 4 项的规定，将被告 2013 年 6 月 8 日作出的华水政〔2013〕78 号文中对原告高某作出的

---

❶ 在徐某某诉武汉理工大学取消学籍案中，审理法院认为：取消学籍意味着普通高等在校学生丧失学生身份，对学生的受教育权利产生了重大影响。按照程序正当原则，行政机关作出不利于公民的行政行为时，必须遵循正当、公正的程序。参见：湖北省武汉市洪山区人民法院（2012）鄂洪山行初字第 29 号、湖北省武汉市中级人民法院（2013）鄂武汉中行终字第 22 号。

❷ 在王某某诉南京师范大学案中，江苏省南京市鼓楼区人民法院经审理认为：行政组织应当按正当程序原则作出行政行为，以维护相对人的合法权益。参见：江苏省南京市鼓楼区人民法院（2007）鼓行初字第 108 号。

❸ 参见：河南省许昌市魏都区人民法院行政判决书（2009）魏行初字第 6 号、河南省许昌市中级人民法院行政判决书（2009）许行终字第 16 号、河南省许昌市魏都区人民法院行政判决书（2009）魏行初字第 7 号、河南省许昌市中级人民法院行政判决书（2009）许行终字第 15 号。

纪律处分"开除学籍"变更为"留校察看"。❶ 类似的判决还有"龙某案"❷、袁某与苏州大学不授予学位纠纷案❸、王某不服衡水学院开除学籍处分纠纷案❹。

（3）是否可变更判决

通过对案例的分析，我们发现大多数法院在判决中未直接使用变更判决。当法院经过审理认为学校的行为不当时，一般是撤销学校作出的处理决定，并责令其在一定的时间内重新作出处理决定。

当然，也存在一些判决并未遵循该立场，而是直接使用了变更判决。例如，在高某与华北水利水电大学开除学籍纠纷案中，一审法院认为被告华北水利水电大学所作的开除学籍处分显失公正，并作出了变更判决，将对高某

---

❶ 参见：河南省郑州市金水区人民法院行政判决书（2013）金行初字第171号。

❷ 江西省吉安市青原区人民法院认为：龙某仅是在考试时携带了电子接收器，而没有使用，不属于严重舞弊行为，不应被开除学籍。且龙某是一贯表现良好的学生，在可以酌情从轻处罚的情况下没有从轻处罚，而是处罚过于严厉，从而判决撤销井冈山大学的处分决定。但这种判决及理由并未得到二审法院的认可，吉安市中级人民法院认为：是否属于考试作弊情节严重，应否给予开除学籍处分，上诉人井冈山大学具有充分的自治权，人民法院不宜过多干涉。参见：江西省吉安市青原区人民法院行政判决书（2013）青行初字第7号、江西省吉安市中级人民法院行政判决书（2013）吉中行终字第35号。

❸ 在袁某与苏州大学不授予学位纠纷案中，江苏省苏州市沧浪区人民法院经审理认为：原告因考试作弊已受到纪律处分，被告根据《细则》的规定不授予其学位适用依据错误。仅因一次考试作弊就不授予其学位，处理明显畸重，且有重复处理之嫌，并判决苏州大学对原告的学士学位资格重新进行审核。然而，二审法院江苏省苏州市中级人民法院否定了一审法院的判决，认为：对考试作弊者是否可以不授予其学士学位，我国现行法律未作明确规定，学校在授权范围内可以进行补充规定。考试作弊以及学术领域的抄袭、剽窃等既是较为严重的学术道德问题，也是教学管理领域的突出问题，应予处理。对考试作弊者不授予学位，管理目的正当、处理手段适当，有利于实现《教育法》《高等教育法》等法律、法规确定的立法目的和教育目标，有利于各学位授予单位依法自主办学、提高教学质量和学术水平，同时也有利于从整体上保护受教育者的合法权益。参见：江苏省苏州市沧浪区人民法院行政判决书（2006）沧行初字第45号、江苏省苏州市中级人民法院行政判决书（2006）苏中行终字第97号。

❹ 在王某不服衡水学院开除学籍处分纠纷中，河北省衡水市桃城区人民法院经审理认为：被告衡水学院应依照比例原则作出符合适当性要求、必要性要求的决定，被告可以通过其他损害较小的纪律处分，督促学生认识和改正错误并观其后效，也可以达到相同的目的。被告在处理方式上并未考虑原告在校期间属刻苦优秀学生，通过自己的勤奋好学多次获得荣誉和奖励，所犯错误尚属首次，同时具有主动承认错误、认识深刻、有悔改表现和主动劝阻他人和检举他人的从轻情节，应给予改过的机会。而仅凭一次考试作弊就开除学籍，使学生无任何完善品质的余地，导致措施和目的之间的极不相称。从而判决撤销了学校的处分。二审河北省衡水市中级人民法院坚持了一审法院的立场，认为：在对违纪学生作出开除学籍等直接影响受教育权的处分时，应当坚持处分与教育相结合的原则，做到育人为本、罚当其责，并使违纪学生得到公平对待。最终，二审法院维持了一审法院的判决。参见：衡水市中级人民法院行政判决书（2015）衡行终字第16号。

作出的"开除学籍"处分变更为"留校察看"。❶ 在益某某、李某某不服许昌学院开除学籍案中,许昌市魏都区人民法院判决许昌学院于判决生效之日起十日内为原告益某某恢复学籍。❷ 但在二审中,河南省许昌市中级人民法院否定了一审法院的立场,撤销了对该项的判决。❸ 在杨某某与济南大学不授予学士学位纠纷上诉案中,山东省济南市中级人民法院认为:济南大学将上诉人杨某某列入《济南大学2010届本科毕业生因违纪、作弊处分不授予学士学位名单》的行为,违反法定程序,亦无事实根据和法律依据,依法应予撤销,从而判决责令济南大学自本判决生效之日起一年内依法履行向上诉人杨某某颁发学士学位的法定职责。❹

三、高校教育纠纷司法审查困境的原因分析

以上通过对司法审查介入高校教育纠纷案例的梳理,我们发现,我国高校教育纠纷司法审查的范围仍然不清,高校教育纠纷司法审查的标准也有待进一步统一。本土理论依据的缺失、高校法律地位的模糊、程序审查标准的模糊、司法审查的谦抑性及直接法源依据的缺位等问题的存在,是导致高校教育纠纷司法审查不顺畅的主要原因。

（一）本土理论依据的缺失

起初法院将高校教育纠纷排除在司法审查的范围之外,受特别权力关系理论的影响较大,但该理论有违现代法治的精神,受到了广泛的批评。后来,人们在特别权力关系理论的基础上,发展出"基础关系与管理关系理论"和"重要性理论",这些理论对指引司法审查介入高校教育纠纷有着参考价值,但也存在一些不足。

1. 特别权力关系理论

"特别权力关系理论起源于德意志,可追溯至中古时期领主与其家臣之关系,但正式成为总括概念或屋脊概念,用以涵盖公务员关系、军人关系、学生与学校的关系、犯人与监狱的关系及其他营造物利用关系,系19世纪最后

---

❶ 参见:河南省郑州市金水区人民法院行政判决书(2013)金行初字第171号。
❷ 参见:河南省许昌市魏都区人民法院行政判决书(2009)魏行初字第7号、河南省许昌市魏都区人民法院行政判决书(2009)魏行初字第6号。
❸ 参见:河南省许昌市中级人民法院行政判决书(2009)许行终字第15号、河南省许昌市中级人民法院行政判决书(2009)许行终字第16号。
❹ 参见:山东省济南市中级人民法院行政判决书(2011)济行终字第29号。

三分之一年代,唯先前亦出现若干先驱者,对此项理论之建立有一定程度之影响。"❶ 一般认为,特别权力关系理论是由德国学者保罗·拉班德(Paul Laband)建立理论之雏形,而由奥托·迈耶(Otto Mayer)集其大成,树立完整之理论体系。❷ 后来该理论传入日本和我国台湾地区,并对行政法的理论与实践产生了非常重大的影响。

保罗·拉班德是19世纪德国著名的公法学家,他首次明确提出了特别权力关系的概念,用以表明官吏对国家的勤务关系。他认为,官吏与国家之间是基于双方合意而形成的一种具有公法性质的契约:国家必须表明愿意接受特定之人为其服务,而官吏也应当有同意加入这种勤务关系的表示。根据这一契约,官吏产生特别的服从、忠诚等义务,国家则负有保护和支付所约定薪俸的义务。于是,行政主体拥有权力与行政相对人自愿加入便构成了特别权力关系的基本要素和特征。拉班德的主张不仅奠定了特别权力关系理论的基础,而且提供了德国官僚制度的理论根据。奥托·迈耶则从更广泛的视角论述了特别权力关系。他认为,国家对人民的一般普通性的综合关系是一种大的权力关系,但在狭义上,国家与个人之间也存在另一种权力关系,即特别权力关系。例如,国家对官吏在职务上的命令权、利用租税关系形成的特别措施监视权、管理公营造物的营造物权力等即属于典型的特别权力。他还指出,在特别权力关系中,依法行政、法律保留等原则并不适用,行政主体可以在没有个别或具体的法规依据的情况下限制行政相对人的自由,对特别权力关系内部的权力行为也不得成为行政争诉的对象。❸

特别权力关系具有以下几个方面的特征:其一,行政相对人的义务不确定。行政权力主体集中享有权力,为了达成行政目标,可以限制行政相对人的权利或科以新的义务,而行政相对人只负有服从的义务。例如,"在公立大学与学生的关系中,当学生进入公立学校之后,除了要遵守国家的法律以外,还负有遵守学校各项内部纪律规定的义务,如不能穿过分暴露的衣服出入公共场所、考试作弊会被勒令退学、不通过国家统一外语考试不能获得相应的学位等。同时,学校还可以基于特殊管理的实际需要,随时要求学生承担新的特别的义务,如取消法定节假日照常上课、特定时期不得离开校园等。"❹

---

❶ 吴庚. 行政法之理论与实用 [M]. 北京:中国人民大学出版社,2005:143.
❷ 翁岳生. 行政法与现代法治国家 [M]. 台北:祥新印刷有限公司,1990:132.
❸ 杨海坤,章志远. 中国行政法基本理论研究 [M]. 北京:北京大学出版社,2013:165-166.
❹ 杨海坤,章志远. 中国行政法基本理论研究 [M]. 北京:北京大学出版社,2013:166.

其二，行政主体享有制定规则和实施惩戒的权力。由于对法律保留原则适用的排除，行政主体在缺少法律依据和授权的情况下，依然可以制定规则去限制相对人的权利，并对违反者实施惩戒。例如，在某部门大力推行中央八项规定的过程中，有些公务人员因违反了这些纪律，从而被处分或辞退，他们负有容忍的义务。其三，纠纷发生后不能寻求行政诉讼予以救济。在特别权力关系中，不服内部纪律处分的行政相对人，只能向上级主管部门提出申诉，而不能向法院提起行政诉讼予以救济。排除了司法对该行为的审查，"这种通过排除其他国家权力介入特别权力关系领域的做法，能够维系行政权的运作，达到整肃行政纪律、提高行政效率的目的。当然，随着法治行政以及人权保障观念日益深入人心，因特别权力关系而引发的争议不能诉诸法院解决的传统观念已经开始动摇，司法逐渐介入特别权力关系的趋势已经初现端倪。无论是在德国、日本，还是在我国大陆及台湾地区，通过司法审查处理公立大学与学生之间的纠纷即可佐证。"[1]

2. 基础关系与管理关系理论

特别权力关系理论注重对行政管理目的与行政秩序的维护，忽视对行政相对人基本权利的保护，有违人权保护的时代精神。第二次世界大战后，德国、日本等大陆法系国家，对传统特别权力关系理论进行了反思与修正，使传统特别权力关系理论发生了新的变化。

第二次世界大战结束后，对基于特别权力关系的内部处分是否可通过行政诉讼的方式寻求救济，在德国理论界展开了广泛的讨论，有"肯定说""否定说"及"折中说"三种不同主张。其中，著名公法学家乌勒教授提出的折中说慢慢发展成了通说。他把特别权力关系区分为"基础关系"与"管理关系"。其中，基础关系是指有关特别权力关系的产生、变更及消灭的事项，能够引起特别权力关系双方基本权利、义务存在或消灭，如公务员、公立学校学生身份资格的取得、开除学籍、不予授予学位等；管理关系是指行政主体为了达到特定的管理目标所采取的管理措施，其实质在于维持特别权力关系的正常运行，如公立学校对学生成绩的评定、住宿管理以及国家对公务人员作息时间的规定、给予记过处分等。[2] 因基础关系而引发的纠纷适用法律保留的原则，行政相对人可以通过法律的渠道寻求司法救济。而因管理关系引发的纠纷不适用法律保留的原则，排除司法审查的介入，行政相对人不可寻求

---

[1] 杨海坤，章志远. 中国行政法基本理论研究［M］. 北京：北京大学出版社，2013：168.
[2] 杨海坤，章志远. 中国行政法基本理论研究［M］. 北京：北京大学出版社，2013：169.

司法救济。它"同时兼顾了相对人权利保障和行政内部纪律的维持而被众多学者所接受,德国行政法院判决亦曾经对此加以援引。"❶

3. 重要性理论

当然,基础关系与管理关系理论也存在自己的缺陷,例如很难建立明确的标准去区别基础关系与管理关系,在管理关系中也存在影响当事人重要权利的事项。与此同时,"重要性理论"的观点日益得到理论界的赞同与实务部门的认可。"重要性理论"把传统特别权力关系分为重要性关系与非重要性关系,如果该事项与公民的基本权利相关,就是重要性关系,它不能由行政机关擅自决定,而应通过立法的方式来决定。当在管理关系中存在涉及当事人基本权利的事项时,当事人如果对行政机关的处理决定不服,可以通过法律救济自己的权利。1972年3月14日,德国联邦宪法法院审理了一起关于囚犯在监狱里权利问题的案件❷,该案彻底否定了特别权力关系理论在司法实践中的运用。该判决推动了"重要性理论"的发展,其适用范围逐步扩大,首先影响的是学校法律制度。德国联邦宪法法院认为:根据基本法规定的法治和民主原则,在学校制度的重要领域或关键领域,特别是涉及基本权利的领域的决定,必须有立法的存在,而不能全部留给学校自己进行规定。问题是如何确定有关决定的重要和关键性质。一般地说,那些关于确定教学目标和教学内容、教学大纲和课程设置、学校的基本组织结构和学生的法律地位的决定,可以被认为是重要和关键的性质。❸

4. 对我国的影响

我国行政法理论界并没有特别权力关系之说,但在实践中却有特别权力

---

❶ 杨海坤,章志远. 中国行政法基本理论研究 [M]. 北京:北京大学出版社,2013:169.

❷ 1972年德国联邦宪法法院囚犯信件扣押纠纷案:一个正在服刑的囚犯给他的朋友写了一封信,信中使用了轻蔑和侮辱性的语言,宣泄他对监狱负责人和管理人员在管理工作方面的愤怒与不满。监狱管理人员在对信件进行例行检查的过程中,发现了对监狱管理行为有伤害性的内容,于是对信件予以扣留。监狱管理人员对信件进行检查、扣留的依据是关于执行刑罚的规定,它是一个行政机关的内部规则。该囚犯不服监狱扣押信件的行为,于是向州高等法院提起诉讼。州高等法院认可和支持了监狱扣押信件的行为,州高等法院认为:囚犯是否拥有基本权利应当以监狱的管理需要为前提,法律权利的抗辩理由并不是必不可少的。州高等法院的主张符合传统特别权力关系理论。后来,该案上诉至德国联邦宪法法院。但德国联邦宪法法院彻底否定了州高等法院的立场,德国联邦宪法法院认为:对囚犯基本权利的限制,只能由法律规定或依据法律进行;继续对囚犯基本权利给予没有法律依据的限制,仅限于一个确定的过渡时期以内;对囚犯基本权利进行限制的必要性,取决于是否符合德国基本法价值评价体系所保护的公共关系;刑罚执行法应当规定行为准则,既能够使囚犯享有言论自由,又能够使刑罚有秩序和充分地得到执行。因此认为宪法规定的基本权利同样适用于被执行刑罚的囚犯。参见:于安. 德国行政法 [M]. 北京:清华大学出版社,1999:34-35.

❸ 于安. 德国行政法 [M]. 北京:清华大学出版社,1999:36.

关系之实。起初高校教育纠纷排斥司法审查的介入，认为高校教育纠纷属于学校内部事项，司法不应介入，否则有干涉学校办学自主权的嫌疑。例如，上述甄某诉三峡大学案中，葛洲坝人民法院认为，学校与学生的关系是一种特殊的内部行政管理关系。依照现行法律，并非其所有领域均可纳入现行行政诉讼范畴。三峡大学依据有关规章勒令甄某退学，甄某对此处分决定不服所产生的纠纷，不属于人民法院直接受理的行政案件的范围。当然，葛洲坝人民法院的立场并不符合大多数法院在类似案件处理上的立场，也有违现代法治的精神。

因此，有些学者建议采用"重要性理论"去审理高校教育纠纷案件。相比特别权力关系理论、基础关系与管理关系理论，"重要性理论"扩大了司法审查介入高校教育纠纷的广度与深度，更有利于对广大教师、学生给予权利救济。现有研究大多以德国行政法领域的"重要性理论"为依据，去论证高校教育纠纷接受司法审查的必要性及合理性，而缺少在宏观层面，以司法权、行政权、立法权为维度对司法审查介入高校教育纠纷的必要性的阐释。但是"重要性理论"也有着自己的致命弱点，它的区分标准缺少清楚性与可预期性，这样会导致其最终可能沦为一个空白公式。同时，"重要的"概念也不能真正实现法教义学的目的，而只能在法律实践中作为一个具有启发性的概念。[1] 我国对行政法的研究虽然起步较晚，但也经过了一段时间的探索、发展，并且有学者构建了本土理论，如行政法的"平衡论"。以往通常借用国外的理论来解释我国发生的各种事件，而现在，尤其是在学界提出了本土理论之后，能否有本土理论去阐释司法审查介入高校教育纠纷的相关问题呢？这有待我们进一步探索。

也有学者认为，将已经发生了深刻变化的特别权力关系理论适当地、谨慎地引入我国行政法中很有必要。其一，引入特别权力关系理论能够有力指导我国行政审判的实践，为学生、公务员等特殊群体的合法权益提供更好的法律保障。其二，引入特别权力关系理论能够为我国相关立法的修改与完善提供重要的理论依据。其三，引入特别权力关系理论有助于我国行政法学理论自身的更新与发展。在我国现行的行政法学理上，一般都以内部行政法律关系来解释行政机关与公务员、学校与学生之间的关系，且将"法律、法规授权的组织"

---

[1] 张慰. "重要性理论"之梳理与批判：基于德国公法学理论的检视 [J]. 行政法学研究，2011 (2)：113-125.

作为类似于高校等公共组织定位的理论模型,具有很大的局限性。❶

(二) 高校法律地位的模糊

从司法审查介入高校教育纠纷的那一刻起,人们就对纠纷主体的法律地位,特别是高校的法律地位,展开了广泛的争论。因为一定的法律地位对应着一定的救济方式,所以法律地位不同,所借助的救济方式就会存在差异。

1. 事业单位法人说

该说以原《民法通则》第50条为依据,该条规定:有独立经费的机关从成立之日起,具有法人资格。具备法人条件的事业单位、社会团体,依法不需要办理法人登记的,从成立之日起,具有法人资格;依法需要办理法人登记的,经核准登记,取得法人资格。事业单位法人享有民事权利能力和民事行为能力,并能依法独立享有民事权利和承担民事义务。起初,高校隶属于政府部门,并不具有独立的法人资格。1995年颁布的《中华人民共和国教育法》首次在法律上保障了高校的法人资格,该法第32条规定:学校及其他教育机构具备法人条件的,自批准设立或者登记注册之日起取得法人资格。1998年颁布的《中华人民共和国高等教育法》再次确认了高校的法人地位,该法第30条规定:高等学校自批准设立之日起取得法人资格。高等学校的校长为高等学校的法定代表人。高等学校在民事活动中依法享有民事权利,承担民事责任。事业单位法人说为高校从事民事法律活动提供了法律依据。然而,在高校的教育管理活动中,并非都是基于平等主体之间的民事法律关系,在高校开除学籍、授予学位、颁发毕业证书、聘任教师及职称评定活动中,作为活动中另一方主体的学生及教师,与高校并不处于平等的地位,高校享有更多的主动权,其决定的作出往往具有单方面性和强制性,学生及教师只能服从和接受。当这些纠纷发生时,学生与教师如何寻求救济?能否通过行政诉讼的形式去救济自己的权利?事业单位法人说并不能对这些问题的解决予以释明。而将事业单位作为一个法律概念,其本身就是含糊的、不清晰的,它将必然导致事业单位相关管理制度的模糊,即事业单位的管理制度与行政机关和企业的相关管理制度很难有效地区分。❷ 事业单位法人说以原《民法通则》(现《民法典》)、《教育法》《高等教育法》为法源依据,以民事法律关系为出发点,不能涵盖高校教育活动中涉及的行政法律关系,不能为司

---

❶ 杨海坤,章志远. 中国行政法基本理论研究 [M]. 北京:北京大学出版社,2013:172-175.
❷ 王欢. 论我国公立高等学校的性质与地位 [D]. 长春:吉林大学,2004:4.

审查介入高校教育纠纷提供理论支撑。

2. 法律、法规授权组织说

法律、法规授权组织是指以具体法律、法规授权而行使特定行政职能的非国家行政机关组织。法律、法规授权国家行政机关以外的组织行使行政职权的必然性在于：首先，民主社会发展的趋势，是国家职能不断向社会转移；其次，随着政府行政职能的日益增加，集中行使会助长官僚主义、腐败和权力的滥用；再次，有些行政职能由社会组织行使比由行政机关行使更适合；最后，某些国有企事业单位和其他社会组织所行使的职能，除了其本身的生产经营或社会事务、社会活动以外，同时还具有一定的公共行政，如公立学校向社会招生、开除学生学籍等。[1] 在"田某案"中，法官创造性的判决确立的立场：为了维护管理相对人的合法权益，监督事业单位、社会团体依法行使国家赋予的行政管理职权，将其列为行政诉讼的被告，适用行政诉讼法来解决它们与管理相对人之间的行政争议，有利于化解社会矛盾，维护社会稳定。它是法律、法规授权组织说的直接来源，并在司法实践中被诸多法院直接作为判决依据。当然，这种作法也遭到了一些学者的反对，例如，马怀德教授认为：行政诉讼实践采用"法律法规授权组织"这一概念，认为只要是法律、法规授权的组织所实施的公权力行为，就都可以视为行政行为而提起行政诉讼。但严格地讲，这只是权宜之计，因为它并没有解决法律、法规为什么要授权的问题，以及应当在何种情况下授权、应当对谁授权等基本理论问题。[2]

3. 公务法人说

公务法人是大陆法系行政法学中的术语，在德国是指营造物法人，在日本被称为公营造物，在法国则和地方团体一样是一个行政主体。公务法人最大的特点在于其独立性，并有诸多优点，因而被一些国家所采用。其一，它避免了一般行政上的官僚主义习气、僵化手续，并保持了一定程度的精神自由。其二，它容易得到社会上的赞助，如在法国，有些救济事业和医疗事业单位会采用公务法人的形式，以便得到社会各界的捐赠。其三，它具有一定的灵活性。如在第二次世界大战后，法国政府经营某些工商企业，这些企业需要财政上的独立和经营上的灵活性，同时也追求盈利，所以采用了公务法

---

[1] 姜明安. 行政法与行政诉讼法 [M]. 2版. 北京：北京大学出版社，2005：138-139.
[2] 马怀德. 公务法人问题研究 [J]. 中国法学，2000 (4)：40-47.

人的形式。❶ 因此，有学者认为，将学校等事业单位定位为公务法人，进而区分公务法人与其利用者之间是不同种类的法律关系，并为其提供全面的司法救济渠道，并非只是称谓上的改变。在我国当前行政体制与救济制度的现实背景下，有利于更新行政主体的学说、改革现行的行政管理与监督体制，是一次为提供全面司法救济的有益探索。尤其是在我国法院区分民事诉讼和行政诉讼的前提条件下，重新认识事业单位的性质，并给予准确的定位更具有十分重要的意义。❷ 当然，公务法人说也并非完美无缺，它也存在自己的不足，如造成行政上不再集中、财政上不再统一，很容易导致责任的分散与财产的浪费，并且也和普通的民选代表机构存在较远的距离。❸ 公务法人说面临的最大挑战在于它建立在公法与私法划分的二元体系之上，而在我国并没有公法与私法之分。

4. 公法人中的特别法人说

该说认为高等学校不仅是依《教育法》成立、为公共利益服务、行使特定公权力的公法人，它还区别于一般的公法人，是公法人中的特别法人。高校是一种特殊的社会组织，知识的专业性、自主性以及累积性和长期性决定了高校的教育活动要以学术价值为导向，教育教学以培养人格健全、心智发达的人才为宗旨，科学研究以探求真理为目的，要避免功利主义的倾向。它要求高校在管理上保持一定程度的精神自由、学术自由，避免行政机关的官僚主义习气和僵化的程序。因此，应赋予其公法人中的特别法人的地位。❹ 该说同样面临与公务法人说相似的困境——在实践中，我国并没有公法与私法之分。针对这一质疑，该说的坚持者认为，我国理论正逐步认可公法与私法之分。正如公法之役，其目的在于保护私权。由此出发，才有可能摆正公法与私法、公权与私权、国家与人民、政府与社会、政治与经济等重大关系。❺

5. 第三部门说

第三部门说作为一种理论，是对在政府、企业之外为什么会存在作为一类组织的第三部门或在国家、市场之外为什么会存在第三部门这种制度的理论分析。政府失灵、市场失灵、契约失灵是第三部门理论存在的重要前提。将现代大学定位为第三部门，其意图在于超越传统的公私两分。从第三部门

---

❶ 王名扬. 法国行政法 [M]. 北京：北京大学出版社，2016：100-102.
❷ 马怀德. 公务法人问题研究 [J]. 中国法学，2000（4）：40-47.
❸ 王名扬. 法国行政法 [M]. 北京：北京大学出版社，2016：102.
❹ 申素平. 高等学校的公法人地位研究 [M]. 北京：北京师范大学出版社，2010：57-62.
❺ 梁慧星. 民法总论 [M]. 北京：法律出版社，1996：29.

视野出发，重新审视现代大学制度的意义在于尽可能地打破公立大学与私立大学之间的制度壁垒，以第三部门的制度类型来重塑现代大学制度。❶ 但是，从实际运行情况来看，我国高校并不是"非官非民"，而是"半官半民"甚至"官"的气息更浓烈一些，因此，将高校笼统地定位于第三部门是不恰当的。❷ 更为重要的是将其超然于公法与私法之间，并无助于纠纷发生后权利救济的行使，无法释明司法审查介入高校教育纠纷的合理性与正当性。

(三) 程序审查标准的模糊

哪些是程序违法？哪些是程序瑕疵？法律上没有规定，高校内的规章制度也没有规定。在"于某某案""田某案""林某某案""王某某案""益某某与李某某案"中，审理法院认为从充分保障当事人权益的原则出发，作出处理决定的单位应当将该处理决定直接向被处理者本人宣布、送达，并允许被处理者本人提出申辩意见，否则就是程序违法。从以上案件的法院判决结果来看，法院认为这是重大程序违法。然而，在"王某某案""唐某案"中，法院却认为处理决定未送达本人、未听取被处理者本人提出的申辩意见是程序瑕疵，也并未因该程序瑕疵而撤销学校的处分行为。由上可知，法院的法官们在不同程序理念的指引下，作出了不同的判决。

在"田某案""林某某案""王某某案""益某某与李某某案"中，法官们遵循的是程序本位主义的理念。正如前文所述，程序本位主义强调公正的程序与公正的判决结果是不可分的。离开了公正、合理的程序，法院的裁判即使对被告人的行为作出了正确的判断，也没有任何公正性可言。"它将程序内在价值与人的人格尊严和道德主体地位联系在一起，确认程序的独立的、非工具价值。"而程序本位主义也存在不足之处，"它把程序与程序的结果完全混为一谈，认为公正的判决是公正程序的必然结果和逻辑延伸。事实上，程序与结果有着密切的联系，却是不能合二为一的，公正的结果具有其独立于程序的评价标准，程序公正只是结果公正的一项必要条件，而不是充分条件。"❸ 同时也会在一定程度上导致对"效益"的忽视，浪费司法资源。例如，在当前高校对学生实施处分的纠纷中，不乏高校在作出处分决定前未听取被处分学生的申辩意见，处分决定书也未送达学生本人的情况，学生起诉后，法院以高校的处理程序不正当或程序不合法为由，撤销了高校的处理决

---

❶ 王建华. 第三部门视野中的现代大学制度 [M]. 广州：广东高等教育出版社, 2008：137-147.
❷ 胡发明. 我国高等学校性质的行政法分析 [J]. 时代法学, 2004 (3)：51-57.
❸ 陈瑞华. 程序正义理论 [M]. 北京：中国法制出版社, 2010：73-74.

定。然后，高校在重新作出处分决定时，听取了学生的申辩意见，处理决定书也送达了学生本人，而处理结果依然不变。高校作出的处理决定，依据的是学生客观存在的违纪事实及相关的校纪校规，学生参与处分的过程并不影响学校的实体处理结果。

但在"王某某案""唐某案"中，法官们更多地遵循了经济效益主义的程序理念。经济效益主义强调所有法律活动（包括立法、执法和诉讼等）和全部法律制度都以有效地利用自然资源、最大限度地增加社会财富为目的。"效益"是法律活动的唯一宗旨。❶ 如"唐某案"中审理法院认为：唐某相关的程序权利行使并未受到影响，沈阳师范大学在程序上存在的瑕疵，尚不能动摇其对处分结果的认定，故该处分决定不足以被撤销。其判决理由符合经济效益主义的程序理念，体现了对"效益"的重视。而对"效益"价值的过分强调，就会忽视程序独立的、非工具价值。如上述案件中，法院认为学校的处分程序有不当之处，存在瑕疵，但并未给当事人的合法权益造成实质性侵害。这在一定程度上忽视了参与程序对学生的价值与意义。

法院单纯地遵循"公正"或"效益"的理念去判案，都有失偏颇，虽然它们在不同的层面体现了程序的价值，但都具有片面性。正如"法律是一个带有许多大厅、房间、凹角、拐角的大厦，在同一时间里想用一盏探照灯照亮每一间房间、凹角和拐角是极为困难的，尤其是在技术知识和经验受到局限的情况下，照明系统不适当或至少不完备时，情形更是如此了。"❷ 因此，我们认为在判案时，法院应根据具体案情，综合运用程序的不同价值，使其既能满足学生、教师的权利诉求，又能保证高校的行政效益。

（四）司法审查的谦抑性

司法审查在介入高校教育纠纷时，必须保持必要的谦让与克制，这是司法谦抑性的必然要求。司法谦抑是指法院在审理案件的过程中，在司法自由裁量权的范围内，基于各种原因对立法机关和行政机关的谦让与自我克制。主要表现为：对法律、法律解释、行政法规与规则、行政事实判断、行政决定或行为等予以尊重；不轻易以自己的判断取代其他国家机关的判断；不轻易作"违法"判决；将某些不适宜由法院审理的案件给其他国家机关处

---

❶ 陈瑞华. 程序正义理论 [M]. 北京：中国法制出版社，2010：66.
❷ 博登海默. 法理学：法律哲学与法律方法 [M]. 邓正来，译. 北京：中国政法大学出版社，2004：217.

理等。❶

"英美新的行政法理论开始强调对行政的信任,要求司法机关在行政机关的专业领域充分尊重行政权力,并自律地放弃对某些领域的司法干预"❷,高校作为探寻高深学问的场所,其对学术自由的追求有着自己独有的特性,而法官对该领域的事项往往缺乏深入的了解。洪堡认为,大学兼有双重任务:一是对科学的探求,二是个性与道德的修养。大学得以立身的原则在于:把科学看作尚未穷尽且永远无法穷尽的事物,并不舍地探求之。因而,大学的组织原则应建立在纯科学的观念之上,其基本的组织原则是寂寞与自由。对于纯科学活动,自由是必需的,寂寞是有益的;大学全部的外在组织即以这两点为依据。❸ 这些使得高校与世俗的生活保持着一定的距离,当教育纠纷发生时,由于法官只是法律方面的专家,对这一领域的事项并不熟悉,特别是在涉及学术事项的判断时,故司法审查不可轻易地作出裁判。

司法审查对高校教育纠纷的谦抑性主要体现在以下几个方面:第一,在受理时间上。必须遵循案件成熟原则❹和行政最终行为原则❺,高校必须对相关争议事项处理完毕,如果还在处理过程中,最终结果尚未出现,则司法审查则不应介入;第二,在受案范围上,对于纯粹的学术事项,高校享有在专业判断权上决定的事项,司法审查不应介入;第三,在审查过程中,应对高校在学术自由方面决定的事项给予必要的尊重,尊重高校的专业判断权。

法院对高校教育纠纷进行实质性审查时,通常会面临下列阻碍因素。其一,民主正当性之缺失。实质性审查是法院对行政主体行使行政权的干预,而行政自由裁量属于行政主体自治事项,法院对其进行干预有可能打破在分权原则下行政、司法与立法之间的关系。同时,司法审查的重要任务是对行政权进行监督,在以民主为基础的宪政体系中,法院监督行政的权力来源应该是公民的同意,在代议制民主下,公民同意的方式表现为立

---

❶ 黄先雄. 司法谦抑论:以美国司法审查为视角 [M]. 北京:法律出版社,2008:8.
❷ 甘文. 行政与法律的一般原理 [M]. 北京:中国法制出版社,2002:49.
❸ 陈洪捷. 德国古典大学观及其对中国的影响 [M]. 3 版. 北京:北京大学出版社,2015:36-38.
❹ 一个案件必须发展到适宜由法院处理的阶段,即已经达到成熟的程度,法院才会进行司法审查。参见:王名扬. 美国行政法:下 [M]. 北京:北京大学出版社,2005:637.
❺ 只有在行政行为经过所有应当经过的程序,形成相应的行政决定并产生法律效果时,法院才会受理因该行政行为引发的行政争议。参见:黄先雄. 司法谦抑论:以美国司法审查为视角 [M]. 北京:法律出版社,2008:88.

法机关的立法。因此，司法审查的依据必须源于法律。而将高校的规章制度纳入法源依据以适用，有违背民主及侵犯公民基本权利的嫌疑。其二，行政裁量的不可诉论。"裁量是工具，这种工具对个别化的正义是不可或缺的。历史上所有的政府都是兼有法治和人治的政府。在没有裁量调和的情况下，规则本身无法应对现代政府和现代正义的复杂问题。裁量是政府和法律中创造性的主要来源。"❶ 这也正是为什么在早期，英美国家有所谓的"行政裁量不受拘束之原则"（the principle of non-fetter）或"裁量不审理原则"，在德日国家也有行政裁量与不确定法律概念的区分，并对行政裁量采取"软司法审查"（soft-edged judicial review）的理念。❷ 其三，高校事项的高度专业性。高校教育纠纷中的一些事项具有高度的专业性，如对教师学术水平、学生学业水平的认定，而法官是法律知识方面的专家，他们对这些事项往往了解得不够深入，对这些事项的处理应尊重高校的专业判断，进行司法审查时须保持适度的克制。

（五）直接法源依据的缺失

我国是成文的大陆法系国家，法院的判决主要是以成文的法条为依据。在对教育行政案件适用法律的审查中，较难把握的是学校内部规范效力认定的问题，当前学校在进行学籍管理及颁发学业证书的过程中，主要依据的是《教育法》《高等教育法》及《学位条例》等，但这些仅为国家教育部颁布的规章，不仅效力不强，其中的规定也不明确，较难适应教育实践发展的需要。❸ 法律只是对社会现实生活的描述与反映，它永远是滞后于社会现实的。自法院开始受理高校教育纠纷的那一刻起，就一直面临着直接法源依据缺失的难题，法院受理后往往无所适从，不知道该如何处理。在"田某案"中，北京市海淀区人民法院行政庭法官智慧的裁判被广为称赞，并被最高人民法院确定为指导性案例。然而，我国不是判例法国家，指导性案例仅具有指导作用，并不当然地具有法定的约束力，其他法院在遇到类似案件时是否遵循"田某案"的立场，属于法官自由裁量的范畴。因此在"田某案"之后，全国各地的法院不乏在类似的案件上作出截然相反判决的。并且"田某案"所确立的立场只适用早期的案件，随着高校纠纷类型的日益多样化，"何某某

---

❶ 戴维斯. 裁量正义：一项初步的研究 [M]. 毕洪海，译. 北京：商务印书馆，2009：26-27.
❷ 周佑勇. 行政裁量基准研究 [M]. 北京：中国人民大学出版社，2015：178.
❸ 中华人民共和国最高人民法院行政审判庭. 行政执法与行政审判：总第12集 [M]. 北京：法律出版社，2005：136.

案""甘某案""刘某某案""于某某案"等案件所涉及的问题是"田某案"没有触及的,而这些案件所关涉的争议焦点,依旧是法院在审理高校教育纠纷案件时的难题,这就需要出台更加明确的法律或司法解释,去指引法院的司法判决。

第四章 / Chapter 4

高校教育纠纷司法审查的展望

"在我们的政府体制之下,法律终止之处未必就是专制起始之所。法律终止之处实乃裁量起始之所,而裁量之运用既可能是仁政,亦可能是暴政,既有正义,亦有非正义,既可能是通情达理,亦可能是任意专断。"[1] 大学的活力在于以学术自由为代表的自由裁量,但其不当行使也会造成对师生合法权益的侵害。高校教育纠纷司法审查的核心和难题在于:如何界定高校以学术自由为代表的办学自主权的界限,以及对其从哪些方面进行审查。如何在以高校办学自主权为代表的自律与以司法审查为代表的他律之间保持适当的平衡,使司法的介入既不干涉高校的办学自主权,又能有效地监督高校办学自主权的运行,一直是理论与实践中的难题。从某种意义上说,高校以学术自由为代表的办学自主权,在性质上属于行政自由裁量权[2]。行政法的精髓在于自由裁量,如何在行使行政自由裁量保持灵活多变的风格以适应现代社会发展需要的同时,又能够采取有效的治理方案防止自由裁量权的恣意和滥用,堪称行政法领域的"哥德巴赫猜想",也一直是各国行政法共同致力研究和解

---

[1] 戴维斯. 裁量正义:一项初步的研究 [M]. 毕洪海,译. 北京:商务印书馆,2009:1.

[2] 有学者对"行政自由裁量"术语中的"自由"二字存在异议,认为是对"羁束裁量和自由裁量相混淆的结果",并且英文"administrative discretion"中也没有"自由"二字,因此建议使用"行政裁量"。也有学者认为,羁束裁量与自由裁量的划分是大陆法系的观念,在普通法中,没有这样的区别。普通法中的"administrative discretion"实际上包含了大陆法系中的羁束裁量和自由裁量,无一例外地都要受到司法审查,所以,在普通法学者的眼里,没有不受司法审查的"administrative discretion"。从这个意义上讲,区分羁束裁量和自由裁量没有多大意义。在我国,"行政自由裁量"的术语既然由来已久,已经被很多人所接受,继续沿用也未尝不可。何况行政自由裁量之中的确有着一定的自由度,问题的关键是必须让人们了解行政裁量行使的规制,了解其是一种"戴着镣铐跳舞"的有限的自由。参见:余凌云. 行政自由裁量论 [M]. 3 版. 北京:中国人民公安大学出版社,2013:5.

决的中心议题。❶ 本研究试图以行政自由裁量及其规制为视角，探讨高校教育纠纷司法审查标准构建的路径。

一、司法审查的理论依据：平衡论

国外的理论为我国司法审查介入高校教育纠纷提供了有益的借鉴，但这些理论植根于他国的现实法制环境之中，与我国的实际情况存在一定的差距，应结合我国的实际情况，运用本土学术资源，探寻本土理论去指引司法审查介入高校教育纠纷。

（一）何谓平衡论

平衡论也称为"兼顾论"，即兼顾国家利益、公共利益与个人利益的一致。不论哪一方侵犯了另一方的合法权益，都应予以纠正。在我国，国家利益、公共利益与个人利益在根本上和总体上是一致的、统一的。这是平衡论存在的客观基础。❷

管理论是早期大陆法系和苏联行政法中的理论，它从分析实证主义的立场出发，认为法律是主权者绝对至上的权威，行政法仅仅是国家管理社会事务的一种工具，其作为一种概念范畴就是国家管理法。❸ 管理论注重行政机关的绝对权威，以及行政相对方的绝对服从，将行政机关与行政相对方两者的关系置于绝对的对立面，造就了二者关系的紧张局面。管理论的产生有其历史与社会的必然性，在一定条件下对社会的稳定与发展有着积极作用。但其也有很大的局限性，它没有全面而深刻地把握行政法的实质，以管理为使命、以管理者为本位、视法为管理工具，而忽视了行政相对方的权利以及对管理者的监督，过于强调行政的效率以及行政的特权，加重了行政领域的"官本位"气息，不符合现代社会的发展以及民主与法治原则。❹

控权论是英美法系的行政法学者所倡导的，它强调对个人权利的保护，以权利本位的理念为指导。它认为行政法定义的第一要义在于控制政府权力，行政法的目的就是要确保政府权力的行使在法律的框架之内，从而防止政府权力的滥用，进而保护公民的权利。❺ 控权论试图通过借助行政法对行政权进

---

❶ 周佑勇. 行政裁量基准研究 [M]. 北京：中国人民大学出版社，2015：1.
❷ 罗豪才，袁曙宏，李文栋. 现代行政法的理论基础：论行政机关与相对一方的权利义务平衡 [J]. 中国法学，1993（1）：52-59.
❸ 马诺辛. 苏维埃行政法 [M]. 黄道秀，译. 北京：群众出版社，1983：24.
❹ 罗豪才. 行政法之语义与意义分析 [J]. 法制与社会发展，1995（4）：11-13.
❺ 韦德. 行政法 [M]. 徐炳，等译. 北京：中国大百科全书出版社，1997：5.

行制约，去约束行政机关滥用权力，防止腐败的滋生，从而保障公民的权利，其理论的核心建构在司法审查和行政程序之上。控权论的积极意义在于强调对权力的制约，防止行政权的腐败，在行政权日益扩张的时代去捍卫自由主义的宪政传统，进而保障公民的合法权利。但它没有重视现代社会要求政府积极行政、提高行政效率、维护公共利益，以及自由主义已经从否定性自由向积极的自由转变的客观现实，是有失偏颇的。而且它过分强调司法审查的作用，也是与行政法制发展状况不符的。❶

平衡论是在吸收了管理论与控权论的基础上产生的，但它并不是管理论与控权论的简单综合，"平衡论并非套用黑格尔的肯定（管理论）、否定（控权论）、否定之否定（平衡论）的三段式推导出来的，它是对行政法的历史和现实的论证结果。"❷

(二) 为何是平衡论

司法审查的精髓在于以司法权监督和制约行政权的滥用，保护公民的合法权益，这是行政法学研究的重要议题。在司法审查介入高校教育纠纷的过程中，我们往往借助大陆法系国家在行政法学中的理论去解释其行为的合理性，如特别权力关系理论、基础关系与管理关系理论、重要性理论、公务法人理论等。但这些理论体系及术语植根于西方社会的法制文化与传统之中，如公务法人理论建立在公法与私法二元划分的基础上，而我国并没有这种划分。因此，我们要认真思考其背后的社会文化背景，经过甄别之后谨慎地借鉴。

孟德斯鸠认为法律制度与气候有着密切的关联，不同气候的不同需要产生了不同的生活方式；不同的生活方式产生了不同种类的法律。彼此交往多的民族需要某种法律，彼此没有交往的民族则需要另一种法律。气候不同，法律对人民的信任程度也不同。……例如，快乐的气候产生了坦率的风俗，带来了柔和的法律。❸ 我国在立法方面就有过类似的教训，梁治平教授早在1987年就有过深深的担忧，他认为我们的现代法律制度被设计出来调整社会生活的各个领域，为现代社会的建设奠定了基础，同时它们也代表着一种精神价值，代表着一种在久远的历史发展过程中慢慢形成的传统。而问题在于这却恰好不是我们自己的传统。它们不仅没有融入我们的历史、我们的经验，

---

❶ 罗豪才. 行政法之语义与意义分析 [J]. 法制与社会发展, 1995 (4): 11-13.
❷ 罗豪才, 甘雯. 行政法的"平衡"及"平衡论"范畴 [J]. 中国法学, 1996 (4): 48-55.
❸ 孟德斯鸠. 论法的精神 [M]. 张雁深, 译. 北京: 商务印书馆, 1987: 235-241.

反而常常有悖于我们传统的文化价值。于是，当我们运用这套法律制度的时候，就会立即陷入无法解脱的精神困境里。一种在本质上是西方文化产物的原则与制度，又怎能唤起我们的终极目标与价值追求？又怎能激发我们为之献身的信仰与激情？我们并不是渐渐失去了对于法律的信仰，而是一开始就不能信任这种法律。因为它与我们五千年来一贯遵行的价值观相悖，与我们有着同样久长之传统的文化格格不入。这样的困境不是比西方人面临的危机更难以摆脱吗？❶ 在借鉴域外制度时，他的忧虑值得我们深刻地反思。

那么，我们是否可以尝试运用本土理论，为高校教育纠纷的司法审查提供指引呢？从某种意义上讲，司法审查是为了平衡行政主体与行政相对人之间权力与义务关系的不对等，在行政机关作出具体行政行为时，行政机关总是处于主导地位，行政相对人只有服从的义务。而在具体的行政诉讼法律关系中，相对方则处于相对优势地位，相对方作为原告可以要求法院对行政行为予以审查，而行政机关要对自己的行为承担举证责任。因此，行政机关与相对方的权利义务在不同的行政法律关系中是不平衡的，而这种不平衡恰恰是为了实现二者在整个行政法律关系中的平衡。❷

平衡论注重行政法律关系主体的能动性，有利于激励高校的学生和教师在与高校存在行政法律关系的纠纷之时，运用法律手段维护自己的合法权益。但"公民权利也不是无限的、绝对的，权利的滥用可能构成对公共利益和其他私益的侵犯。因此，一方面应当充分保障和扩大公民权利的范围，拓展公民在现代社会中的活动自由；另一方面应当限制公民权利的非理性扩张，公民权利的行使必须遵守宪法和法律确定的范围。"❸

法院在司法审查的过程中，是充满利益的平衡与衡量的。从法律的角度来看，有些利益用货币来衡量比较困难，比如人的尊严。例如，一个公民打官司的目的是让对方赔礼道歉，给钱还不要，这里赔礼道歉是该公民要获得的利益。利益的判断是因人而异的，有的人愿意要钱，有的人则要道歉。司法审查需要采用利益衡量方法：其一，行政权力和公民权利之间有可能达到一种平衡状态，这是利益衡量的基础。其二，司法自由裁量权的存在。法院运用自由裁量权的过程，实际上是法官进行利益衡量的过程。例如，"田某

---

❶ 伯尔曼. 法律与宗教 [M]. 梁治平，译. 北京：商务印书馆，2014.
❷ 罗豪才，袁曙宏，李文栋. 现代行政法的理论基础：论行政机关与相对一方的权利义务平衡 [J]. 中国法学，1993（1）：52-59.
❸ 罗豪才，等. 行政法平衡理论讲演录 [M]. 北京：北京大学出版社，2011：7.

案"中法官的创造性判决,就是一个利益衡量的结果。其三,立法的滞后使得法官的判决时常要突破现有规制或规范的界限,这也是基于利益衡量的结果。❶

在法治化的构建历程中,需要关注本土资源。"寻求本土资源、注重本国的传统,往往容易被理解为从历史中去寻找,特别是从历史典籍规章中去寻找。这种资源固然是重要的,但更重要的是要从社会生活中的各种非正式法律制度中去寻找。"❷ 平衡论经过多年的发展,在学界取得了一系列的理论成果,将平衡论运用到高校教育纠纷的司法审查之中,有利于平衡论理论体系的丰富与完善。

当然,平衡论所倡导的平衡方法,实际上是利益平衡、权衡与协调,就是法学上所说的利益关系或社会关系的调整功能,这是任何部门法都具有的一种功能,而不是行政法所特有的功能。当代社会的主流并不是冲突、斗争与抗衡,利益一致、相互合作、信任与沟通才是当代社会的人文精神。❸ 不可否认,这种价值上的指引是有积极意义的,尤其是对于本土理论的发展。除了价值上的指引之外,平衡论还需要进一步发展并完善自己的理论体系,为纷繁复杂的现实生活提供更加确定、更具操作性的指引,而非仅仅停留在价值层面之上,否则其现实意义将大打折扣,因为这种在价值层面上倡导的利益平衡,并不是平衡论所独有的,其他行政法的相关理论也并不否认这种利益平衡,只是平衡论以更加突出、明显的字眼将其表现了出来。

二、高校教育纠纷司法审查的原则

直接法源依据的缺失,为法院运用法律原则介入司法审查留下了空间。原则可以将法律与外部世界联系起来,是把法外的价值输入法内的通道与窗口,同时也是维护法律的自治与独立,从而阻止法外因素任意进入法律内部的挡板和屏障。❹ 高校教育纠纷司法审查的原则包括一般原则与特别原则。

(一) 一般原则

所谓高校教育纠纷司法审查的一般原则,是指该原则不仅适用于高校教

---

❶ 甘文. 司法审查与利益衡量 [C] //罗豪才, 等. 行政法平衡理论讲演录. 北京: 北京大学出版社, 2011: 237-238.
❷ 苏力. 法治及其本土资源 [M]. 3版. 北京: 北京大学出版社, 2015: 15.
❸ 叶必丰. 行政法的人文精神 [M]. 北京: 北京大学出版社, 2005: 230.
❹ 刘风景. 法律原则的结构与功能: 基于窗户隐喻的阐释 [J]. 江汉论坛, 2015 (4): 114-121.

育纠纷案件的审理，也适用于其他行政诉讼案件。我们认为这些原则包括法律保留原则、比例原则、正当程序原则以及保护信赖利益原则。

1. 法律保留原则

法律保留原则关注的是立法权与行政权的分配问题，即哪些事项应由立法机关决定，哪些事项应由行政机关决定，它是依法行政原则的下位原则。依法行政原则包括法律优先与法律保留两个子原则。法律优先原则关注的是行政机关的活动是否违背了法律的相关规定，只要某一事项存在相关法律规定，行政机关就必须遵守而不得违背。但当某一事项不存在相关法律规定时，它不能解决行政机关是否可以采取行政措施的问题，而这恰恰是法律保留原则所关注的。

德国联邦宪法法院在1972年针对监狱服刑人员案件，提出了"重要性理论"，它实质上是对法律保留原则的运用，它认为只要是关涉人的基本及重要权利的事项，就必须由立法者亲自作出裁决而不能授权。该理论对个人权利的保护无疑具有积极意义，因此，我国有很多学者也认为可以运用"重要性理论"去指引高校教育纠纷的司法审查。根据《普通高等学校学生管理规定》（以下简称《规定》）第30条，学生有下列情形之一，学校可予退学处理：学业成绩未达到学校要求或者在学校规定的学习年限内未完成学业的；休学、保留学籍期满，在学校规定期限内未提出复学申请或者复学申请经复查不合格的；根据学校指定医院诊断，患有疾病或者意外伤残不能继续在校学习的；未经批准连续两周未参加学校规定的教学活动的；超过学校规定期限未注册而又未履行暂缓注册手续的；学校规定的不能完成学业、应予退学的其他情形。学校的退学处理行为会改变学生的在学身份，影响到学生受教育权的实现。因此，学校对学生进行退学处理时，必须以《规定》为依据，而不得在校纪校规中增设其他可以予以退学处理的情形，否则就有违法律保留原则。

"为平衡国家立法和高校校规的关系，高校事务产生了分野，一部分是与学术自由有关的事项，高校可以自主管理，不受国家意志的影响；另一部分是与学术自由无涉的事项，为了防止高校以'自治'之名侵害学生的基本权利，针对这些事项适用法律保留原则和法律优先原则。"[1] 现有研究多认为法律保留原则的适用对象是非学术性事项，在主体上限于学生。

当然，在高校教育纠纷的司法审查中遵循法律保留原则，并非传统行政

---

[1] 车聘. 高校惩戒学生行为的司法控制：从"合法性"走向"合法性"与"正当性"[J]. 东方法学，2021（5）：175–186.

法中的"无法律，则无行政"，绝对而全面的法律保留并不符合现代社会公共行政发展的现实需要，"由于行政权具有广泛性和持续不间断性，全面保留说容易导致行政无法适应变化多端的社会生活需要，并且容易使授权立法为应付要求而流于形式和笼统"❶。从发展历程来看，行政法经历了"以法行政""依法行政""法治行政"三个不断发展的阶段❷。从我国法治建设的现实情况来看，现在正处于从"依法行政"向"法治行政"发展的过程中。绝对而全面的法律保留不符合高等教育发展的内在需求，也有违高校办学自主权存在的客观现实。并且德国宪法法院提出的"重要性理论"也并非全面的法律保留，它区分了绝对保留与相对保留情形。因此，高校教育纠纷司法审查中的法律保留仅限于有关公民重大基本权利的事项，而对于其他事项，高校则有自由裁量的权利。

2. 比例原则

比例原则要求国家机关在行使权力时，应在其所追求的公益目的和为实现该目的所采取的手段给相对人权益所造成的损害之间保持均衡。比例原则来自正义思想的要求，但作为一个独立的法律原则的提出，则源于德国的警察法。后来它扩充到行政法的各个领域，被称为行政法中的"帝王条款""皇冠原则"。❸

比例原则在我国的一些法律和司法判决中也有所体现。《行政处罚法》第5条第2款规定：设定和实施行政处罚必须以事实为依据，与违法行为的事实、性质、情节以及社会危害程度相当。所谓"杀鸡用牛刀""用大炮打蚊子"，就是目的与手段的严重不均衡，是违反比例原则的典型情形。汇丰实业公司诉哈尔滨市规划局案❹，是我国法院运用比例原则的理念进行判决的第一

---

❶ 李洪雷. 行政法释义学：行政法学理的更新 [M]. 北京：中国人民大学出版社，2014：75.

❷ 以法行政类型，是行政与法的关系的初级形态，其本质特征是王权、君权或皇权支配法律。行政法从属于专制君主，行政权从总体上优越于法律。依法行政类型，是行政与法关系的发展形态，强调无法律授权即无行政，对行政权进行全面的法律控制。法治行政类型，是行政与法关系的成熟形态，其本质特征是行政受良法的支配，强调实质理性与形式理性的统一，高度重视良法为治，注重价值的多元性，关注各种利益和价值的平衡。参见：江必新. 行政法制的基本类型 [M]. 北京：北京大学出版社，2005：18-19.

❸ 李洪雷. 行政法释义学：行政法学理的更新 [M]. 北京：中国人民大学出版社，2014：81.

❹ 哈尔滨市汇丰实业发展有限责任公司因违法建造，规划局对汇丰公司作出行政处罚决定。汇丰实业公司不服处罚决定，向黑龙江省高级人民法院提起行政诉讼。黑龙江省高级人民法院经审理认为，规划局处罚显失公正，对规划局具体行政行为应予变更，规划局不服一审判决，向最高人民法院提出上诉。最高人民法院认为，原审判决认定事实基本清楚，适用法律、法规正确，驳回上诉，维持原判。参见：中华人民共和国最高人民法院行政判决书（1999）行终字第20号。

案,黑龙江省高级人民法院的判决得到了最高人民法院的认可与支持,并作为典型案例予以公布。在第 18 号"中国行政审判指导案例"中也运用了比例原则❶,在第 19 号"中国行政审判指导案例"的裁判要旨中直接提到了比例原则,"人民法院不仅应当对行政行为的合法性进行审查,而且应当用比例原则等规制对行政裁量的适当性予以审查。"❷

比例原则要求法院审查高校行为的适当性、必要性及均衡性。在高校教育纠纷案件中,也可发现法院援用比例原则作为审查标准的情况。例如,在王某不服衡水学院开除学籍处分纠纷中,法院经审理认为"被告衡水学院应依照比例原则作出符合适当性要求、必要性要求的决定"❸;在高某诉华北水利水电大学开除学籍处分案中,法院认为"对原告的处分显失公正"❹;在袁某诉苏州大学案中,一审法院认为苏州大学"处理明显畸重"❺,这些都是对比例原则的具体运用。"法院必须在现有的行政诉讼结构与规定中寻找比例原则的"栖息之地",否则将使审判失去现实的法律依据。"❻《行政处罚法》第 5 条第 2 款规定是契合比例原则的精神的,但很难将高校的处分行为,如取消学位、学籍等归入行政处罚之列;然而,可将《行政诉讼法》第 70 条第 6 项作为比例原则的"栖息之地"。

3. 正当程序原则

正当程序原则起源于英国法中的"自然正义"(Nature Justice),发达于美国法所继承的"正当法律程序"(Due Process of Law)。后来,包括很多欧洲大陆法系国家在内的世界多数国家,纷纷进行了行政程序的立法,通过立法的形式将正当程序原则确立为行政法的基本原则。❼ 它包含两个基本要求:其一,任何人均不得担任自己案件的法官;其二,法官在制作判决时应听取双方的陈述。

---

❶ 该案的判决要旨指出:当行政机关实施行政行为追求的目的与法律保护的利益存在冲突时,应当采取对相对人权益造成最小损害的执法措施。行政机关在执法过程中单纯追求执法效果,采取明显超过必要限度的执法方式且对相对人权益造成较大损害的,属滥用职权,并应予赔偿。参见:最高人民法院行政庭。中国行政审判指导案例:第 1 卷 [M]。北京:中国法制出版社,2011:89。

❷ 最高人民法院行政庭:中国行政审判指导案例:第 1 卷 [M]. 北京:中国法制出版社,2011:94.

❸ 参见:衡水市中级人民法院行政判决书(2015)衡行终字第 16 号。

❹ 参见:郑州市金水区人民法院行政判决书(2013)金行初字第 171 号。

❺ 参见:苏州市沧浪区人民法院行政判决书(2006)沧行初字第 45 号。

❻ 余凌云. 行政自由裁量论 [M]. 3 版. 北京:中国人民公安大学出版社,2013:110.

❼ 周佑勇. 行政法的正当程序原则 [J]. 中国社会科学,2004(4):115-124.

现代程序是为了限制恣意❶,《普通高等学校学生管理规定》中的相关条款体现了正当程序原则。其中,第54条规定:学校给予学生处分,应当坚持教育与惩戒相结合,与学生违法、违纪行为的性质和过错的严重程度相适应。学校对学生的处分,应当做到证据充分、依据明确、定性准确、程序正当、处分适当。第55条规定:在对学生作出处分或者其他不利决定之前,学校应当告知学生作出决定的事实、理由及依据,并告知学生享有陈述和申辩的权利,听取学生的陈述和申辩。因此,学校在对学生作出处分决定前应遵循正当程序的原则,履行相关的告知义务,并给予学生陈述和申辩的权利。

4. 保护信赖利益原则

保护信赖利益,是指行政机关所实施的某项行为导致一定法律状态的产生,如果私人因正当地信赖该法律状态的存续而安排自己的生产生活,国家对于私人的这种信赖应当提供一定形式和程度的保护。它是第二次世界大战后德国行政法中发展出来的一项法律原则,源于1956年联邦德国的一起公务员寡妻生活补助案,在该案中德国联邦行政法院认为,给予津贴的决定确实是违法的,然而该寡妇又有正当的理由信赖这样的决定是合法有效的,最终法院支持了该寡妇的诉讼请求。❷

"中国行政审判指导案例"第22号❸和第135号❹的裁判要旨体现了保护信赖利益的原则,该原则同样适用于高校的管理行为。在高校的管理活动中,如果学生、教师因高校先前的行为而信赖该行为的状态会继续延续,并安排自己的学习生活,那么这种基于信赖而产生的后续行为是值得法律保护的。如果高校没有正当理由变更先前的行为,并使学生、教师的利益受到损害,那么司法可以因此而进行审查,去保护学生、教师的正当权益。例如,2012年中国政法大学78位2011级法律硕士生集体向北京市昌平区人民法院提起行政诉讼,要求学校公开关于奖学金分发政策的文件。为什么9000元变成了2000元?2011级法律硕士生有理由相信中国政法大学奖学金政策的延续性,

---

❶ 孙笑侠. 程序的法理 [M]. 北京:商务印书馆,2005:29.

❷ 李洪雷. 行政法释义学:行政法学理的更新 [M]. 北京:中国人民大学出版社,2014:87-88.

❸ 其中指出:行政机关为促进辖区经济社会发展而制定的奖励文件,如果所含允诺性内容与法律、法规不相违背,应视为合法有效。当引资人按照文件规定,通过发挥中介作用客观上促成本地招商引资时,行政允诺关系成立,引资人依法要求兑现相关奖励的权利受法律保护。参见:最高人民法院行政庭. 中国行政审判指导案例:第1卷 [M]. 北京:中国法制出版社,2011:108.

❹ 其中指出:行政机关对特定管理事项的习惯做法,不违反法律、法规的强制性规定且长期使用形成行政惯例的,公民、法人或其他组织基于该行政管理的合理信赖利益应予以适当保护。参见:最高人民法院行政庭. 中国行政审判指导案例:第4卷 [M]. 北京:中国法制出版社,2011:77.

并且学校没有出台公开的文件告知 2011 级法律硕士的奖学金有减少的可能，这少去的 7000 元钱，就是学生信赖利益的损失。虽然本案最终未进入实体审理阶段，法院也并不认为奖金纠纷可以适用行政诉讼，但我们可以尝试从保护学生信赖利益的角度去审查高校的行为。

当然，以保护信赖利益为标准去审查高校教育纠纷也是有条件的。其一，有信赖的表现。如高校的承诺、发布的通知及各种文件，"合法或合理预期的产生，可以是因为行政机关作出了明确的承诺，也可以是因为存在一贯的实践，原告能够合理地预期这样的实践（到他这儿）还会照样继续下去。"❶ 其二，该信赖是正当的。如果存在以下情况，则没有保护的必要：相对人能够预见学校的意识表示在将来可能会改变的，如学校对某类行为的处理或某些活动的实施，已经明确表示过是临时的或暂时的；信赖的内容是违法的，不可能得到法律保护；相对人明知高校的行为是违法的，或相对人提供的材料不齐全、伪造、隐瞒有关信息的。在这些情况下，相对人的信赖不具有正当性，没有保护的必要。

(二) 特别原则

所谓高校教育纠纷司法审查的特别原则，是指该原则仅适用于高校教育纠纷类案件的审理，而不适用于其他行政纠纷类案件，它体现了该类案件的特殊性。我们认为高校教育纠纷司法审查的特别原则主要有尊重学术自治原则与人文关怀原则。

1. 尊重学术自治原则

尊重学术自治与学术节制❷和学术自治尊让❸在实质上是一致的❹，它们都强调当法院介入学校的纠纷涉及学术事项时，应保持谨慎的态度，尊重学校在学术事项方面的自由裁量权，不能武断地以法院的判断代替专家学者的判断。

---

❶ 余凌云. 行政自由裁量论 [M]. 3 版. 北京：中国人民公安大学出版社，2013：189.

❷ 学术节制是一个用得非常多却很少被准确定义的概念，特指法院对那些虽在其管辖范围内的案件，但拒绝介入学术程序及代替学术官员作出判断的一种态度。它是一个普通法原则或法官立法原则，表明了司法界对学术自治的尊重。所以法官被要求介入学术事务时往往非常小心谨慎，而且一般不愿自己作出判断来代替专家们的判断。参见：申素平. 谈美国司法上的学术节制原则 [C] //劳凯声. 中国教育法制评论：第 3 辑. 北京：教育科学出版社，2004：302.

❸ 详细内容可参见：郑磊. 论学术自治尊让原则的具体化：基于最高人民法院指导案例 39 号之展开 [J]. 郑州大学学报（哲学社会科学版），2016，49（3）：39-43.

❹ 我们认为尊重学术自治原则与学术节制原则和学术自治尊让原则，只是表述上有所不同，实质上是相同的，它们之间可以互用。

当然，不能将招生录取、学籍管理、纪律处分等纠纷不加区分、笼统地囊括在学术自治的范围之内，企图排除司法审查的介入。"那种不加区分，把高校学籍管理、纪律处分等一股脑地装入大学自治，并进而纳入学术自治范围的做法，实际上是对教育权和学术自由保护范围的混淆。"❶ 通过对相关案例及判决文书的分析，我们发现当前对尊重学术自治原则的运用，主要体现在高校与学生的学位纠纷案件中。例如，针对白某某等诉武汉理工大学案，武汉市洪山区人民法院余翠兰法官认为：高等学校依照法律、法规授权，独立处理内部事务，自主办学，以保障教学、科研和社会服务等活动的顺利开展，拥有学术自治权力。这种权力如果不充分，则会影响高校履行社会职能；如果被滥用，则会对个体乃至全社会造成消极影响，所以必须保持司法对此权力的监督，和授权形成呼应，共同促进高等学校大学自治权的健康发展。同时，司法审查也不宜对其过多干涉，只以必要为限度，司法审查的广度应当达到对学士学位授予行为的监督和救济。2014年12月25日，最高人民法院审判委员会讨论通过了指导案例第39号——何某某诉华中科技大学拒绝授予学位案，在判决要旨中指出：对学士学位授予的司法审查不能干涉和影响高等学校的学术自治原则，学位授予类行政诉讼案件司法审查的范围应当以合法性审查为基本原则。

2. 人文关怀原则

人文关怀❷是对人的生存与发展状况的关注，它重视人性及人的尊严。第二次世界大战后，国际社会出于对纳粹"轻视人、蔑视人、使人不成其为人"暴行的反思，保障人权成为人们关注的重要议题，而给予人更多的人文关怀、尊重人性是人权保障的重要内容。据统计，世界上有50多个国家的宪法中都有人性尊严的相关规定，体现人文关怀、尊重人性是现代各国宪法发展的趋势，我国现行《宪法》第38条就体现了人文关怀的原则。❸

高校教育纠纷的特殊性在于其发生在学校教书育人的活动之中，司法在介入时不能简单地套用其他行政部门的相关规则，而应关注教育活动的本质

---

❶ 郑磊. 论学术自治尊让原则的具体化：基于最高人民法院指导案例39号之展开[J]. 郑州大学学报（哲学社会科学版），2016，49（3）：39-43.

❷ 所谓人文关怀，是对人存在和发展中所遇到的各种问题的关注、探索和解答。确切地说，是对人的生存状况的关注，对人的尊严与符合人性的生活条件的肯定和对人类解放与自由的追求。参见：杨湣人，邹效维. 论人文关怀的文化内涵[J]. 学习与探索，2008（2）：47-49.

❸ 李洪雷. 行政法释义学：行政法学理的更新[M]. 北京：中国人民大学出版社，2014：97-98. 详细论述可参见："人性尊严原则的发展"部分。

特性,"我国教育目的的基本精神在于:培养德、智、体、美全面发展的,具有创新精神、实践能力和独立个性的,符合社会主义现代化需要的各级各类人才。"❶ "要塑造既有广泛的文化修养又在某个特殊方面有专业知识的人才,他们的专业知识可以给他们进步、腾飞的基础,而他们所具有的广泛的文化,使他们既有哲学般的深邃,又有艺术般的高雅"❷,而该目标的达成需要我们以"润物细无声"的方式去感化教育,侧重于更具"人文精神"气息的软法规制,而非侧重于强制、处罚手段的运用。因此,人文关怀原则应成为司法审查介入教育纠纷时的重要原则。在具体审查时,主要体现为处分与教育应相结合。

三、高校教育纠纷司法审查的范围

司法审查的范围(scope of judicial review),是指法院受理当事人的起诉后,究竟能在多大程度上对行政行为进行审查。司法审查的范围实际上是行政机关和法院之间进行权力和责任的分配,即行政机关有多大的决定权力,法院有多大的决定权力,哪些决定应由行政机关作出,哪些决定应由法院作出。这个分配影响行政活动的效率和公民权益的保护。❸ 在确定哪些高校教育纠纷应纳入司法审查的范围时,首先需要考量的是这些纠纷中是否涉及行政法律关系,其次是该行政法律关系是否有司法介入的必要。

(一)高校与学生之间纠纷的审查范围

当前,高校与学生之间的纠纷主要有招生录取纠纷、开除学籍纠纷和学历与学位证书纠纷。这些纠纷关涉学生的受教育权和未来的发展权,其中也涉及行政法律关系❹。除此之外,我们认为奖、助学金纠纷也有司法审查的必要与可能。

高校给学生发放奖、助学金的行为,是一种授益行政行为,具有可诉性。根据《教育法》和《高等教育法》的相关规定,高校有权对学生实施奖励。奖学金设置的目的是奖励品学兼优的学生在学业方面取得的成绩,给予其经济上的奖励。其资金很多来源于公共财政经费,特别是国家奖学金,其名额的分配及预算的下达需要经过教育部、财政部的审批。《普通本科高校、高等

---

❶ 王道俊,郭文安. 教育学[M]. 北京:人民教育出版社,2009:105.
❷ 怀特海. 教育的目的[M]. 庄莲平,王立中,译. 上海:文汇出版社,2013:1.
❸ 王名扬. 美国行政法:下[M]. 北京:中国法制出版社,2005:668-669.
❹ 详细论述参见第三章第二部分。

职业学校国家奖学金管理暂行办法》第 6 条规定："全国学生资助管理中心根据财政部、教育部确定的当年国家奖学金的总人数，按照本办法第 3 条的规定，于每年 5 月底前，提出各省（自治区、直辖市）和中央部门所属高校国家奖学金名额分配建议方案，报财政部、教育部审批。"第 7 条规定："每年 7 月 31 日前，财政部、教育部将国家奖学金分配名额和预算下达中央主管部门和省级财政、教育部门。每年 9 月 1 日前，中央主管部门和省及省以下财政、教育部门负责将国家奖学金名额和预算下达所属各高校。"这些规定体现了国家公权力的介入，而授益行政行为在本质上是指行政主体为行政相对人设定权益或免除其义务的行政行为。❶ 因此，高校发放奖学金的行为是一种授益行政行为。

助学金的发放是为了资助在经济上比较贫困的学生，《普通本科高校、高等职业学校国家助学金管理暂行办法》第 1 条规定：为体现党和政府对普通本科高校、高等职业学校家庭经济困难学生的关怀，帮助他们顺利完成学业，根据《国务院关于建立健全普通本科高校、高等职业学校和中等职业学校家庭经济困难学生资助政策体系的意见》，制定本办法。其名额的分配和预算的下达与国家奖学金的要求一样，需要经教育部、财政部审批，具有极强的公共行政色彩。行政给付又称为行政物质帮助，是指公民在经济比较困难的情况下，根据其申请，行政主体依照有关法律、法规、规章或政策的规定，给予其一定的物质权益或与物质有关权益的具体行政行为。这种对学生经济上的帮助实质上是一种行政给付行为。

（二）高校与教师之间纠纷的审查范围

当前，在高校与教师之间的纠纷中，尚无司法审查的先例。我们认为，在职称评审与聘任合同的纠纷中，是有司法审查的必要与可能的。"教育行政诉讼作为司法审判介入教育行政领域的典型体现，具有中立性和权威性的天然制度优势，有利于促进以权利为本位的教师权益保障体系形成。"❷

1. 职称评审纠纷

华中科技大学教师王某某诉教育部案被称为我国"高校教师职称评审第一案"。北京市第一中级人民法院的判决结果表明了当前法院的立场，认为教师的职称评审行为并非具体行政行为，不属于法院的受案范围。高校教师的职称评

---

❶ 姜明安. 行政法与行政诉讼法 [M]. 2 版. 北京：北京大学出版社，2005：180.
❷ 管华，余若凡. 教师申诉制度可以废止吗 [J]. 湖南师范大学教育科学学报，2020，19（4）：14-19.

审结果与其切身利益密切相关，当前不乏高校教师因不服学校的职称评审结果，而"采取网络爆料、著文解嘲甚至暴力的方式加以解决"的情况，"如果职称评审争议不能通过法律途径得到公正的解决，不但教师的正当利益无法得到维护，而且高等教育质量的提升和现代大学制度的建立都将沦为空谈"。❶ 其实，将高校的职称评审纠纷纳入司法审查范围是具有合理性与可行性的。

首先，高校教师的职称评审行为具有可诉性。从职称评审行为的法律性质来看，其属于具体行政行为。"田某案"确立了高校在学生管理活动中的行政主体地位，高校在教师事务的日常管理中，也具有明显的单方面性和强制性，教师通常没有进行平等协商的余地，只能服从与执行学校的各项安排。"从职称评审权的性质来看，该行为的内容是对教师职称进行评审和授予，实质上是对高等学校教师进行的一种管理活动，是一种管理和被管理的关系，而不是平等主体之间的民事法律关系。职称评审权的行使直接源自《教师法》《高等教育法》特别是《高等学校职务试行条例》的授予，属于一种典型的行政权。"❷ 因此，高校教师的职称评审行为是具体的行政行为，是具有可诉性的。

其次，将职称评审纠纷纳入司法审查范畴是高校教师权利救济的现实需要。当高校教师认为自己的权益受到学校的不当侵害后，通常可以通过申诉和行政复议的方式寻求救济。但由于申诉在组成人员、处理程序、执行等方面存在一些问题，因此很难发挥其应有的作用。而《行政复议法》第 6 条对行政复议范围的规定，并没有明确规定职称评审行为属于复议范围。是否可以援引该条第 9 项"申请行政机关履行保护人身权利、财产权利、受教育权利的法定职责，行政机关没有依法履行的"以及第 11 项"认为行政机关的其他具体行政行为侵犯其合法权益的"去处理，完全听凭行政机关对行政自由裁量权的运用。更何况无论是申诉还是行政复议，处理主体都与高校在利益上存在千丝万缕的联系，其处理结果的公正性值得怀疑。"现代法治社会的要义之一就在于为公民权益提供无漏洞且有效的司法救济。为此，对于职称评审这一事关广大高校教师核心利益的重大事项，司法机关显然不能袖手旁观，必须审慎地介入其中，将正义运送到职称评审关系中处于弱势

---

❶ 章志远. 略论高校教师职称评审行为的司法审查 [C] // 湛中乐. 教育行政诉讼理论与实务研究. 北京：中国法制出版社，2013：103.

❷ 章志远. 略论高校教师职称评审行为的司法审查 [C] // 湛中乐. 教育行政诉讼理论与实务研究. 北京：中国法制出版社，2013：104.

一方的高校教师身边。"❶

2. 聘任合同纠纷

能否对由高校教师聘任合同引发的纠纷进行司法审查，关键在于对高校教师聘任合同法律性质的判定，不同性质的法律纠纷决定了救济渠道的不同。《最高人民法院关于人民法院审理事业单位人事争议案件若干问题的规定》（法释〔2003〕13号）第1条规定：事业单位与其工作人员之间因辞职、辞退及履行聘用合同所发生的争议，适用《中华人民共和国劳动法》的规定处理。这是当前法院对聘任合同纠纷不予审查的主要原因。我们认为将聘任合同纠纷纳入司法审查的范围，也是具有一定合理性的。

首先，聘任合同具有公共行政性。教师与学校签订聘任合同，在学校从事教育教学活动，是国家高等教育开展的必要前提，其目的具有较强的公共性，因此其性质不同于一般的民事合同。虽然教师受雇于学校，与学校之间的关系具有较强的劳动合同的色彩，但是学校的公法人性质决定了其不同于一般的雇主，高等学校和教师之间签订的任职合同，当然有必要接受公法上的一些特殊监督和制约。❷

其次，在聘任合同中，双方的地位不具有对等性。在教师与高校签订聘任合同的过程中，高校往往掌握着更多的主动权，有着绝对的优势，处于主导地位。而教师往往具有相当有限的谈判空间，一般必须接受高校提前制定的各种条件，如科研考核、职称评定、日常管理的各项规定，否则就可能找不到工作，面临失业的危机。尤其在当前，我国在高等教育办学过程中，出现了过度教育的现象，高学历人才的数量与日俱增，符合高校教师任职条件的高校毕业生也在日渐增多，硕士、博士不再像以往那样是稀缺资源。劳动力市场的现实境遇更是加剧了这种不对等性，使其得以延续。

(三) 高校教育纠纷司法审查范围的确定及可能

上述对高校教育纠纷司法审查范围的列举和阐述，只能反映我国当前高校教育纠纷中较为突出问题的大致轮廓，高校教育纠纷司法审查的范围不能完全局限于此。我国台湾地区1995年"司法院大法官会议"颁布了"第382号解释"，其中规定只有受到"退学或类此之处分"的学生才能提起行政争

---

❶ 章志远. 略论高校教师职称评审行为的司法审查［C］//湛中乐. 教育行政诉讼理论与实务研究. 北京：中国法制出版社，2013：105.

❷ 杨建顺. 教师聘任制与教师的地位：以高等学校教师为中心［C］//劳凯声. 中国教育法制评论：第1辑. 北京：中国教育科学出版社，2002：257-258.

诉；而2011年1月17日"司法院大法官会议"颁布的"第684号解释"❶规定，只要大学处分或其他公权力措施侵害了学生的受教育权或其他基本权利，学生就有权提出行政争诉。由于司法永远滞后于社会现实生活，想要万无一失地对高校教育纠纷司法审查的范围进行精确的界定是难以做到的，也许永远是一项待完成的工程。欧洲社会法学创始人埃利希在《法律社会学基本原理》❷一书的序言中写道："无论是现在或者是其他任何时候，法律发展的重心不在立法，不在法学，也不在司法判例，而在社会本身。"当前，"重要性理论"及我国台湾地区"司法院大法官会议"颁布的"第684号解释"仍然对我们有着重要的借鉴意义。尽管何谓"重要性事项"，何谓"其他基本权利"这些都是不确定的法律概念，需要立法者及法官结合具体的案情，运用自己的价值判断予以阐明。每个案件审判的结果，实际上也是法官们进行利益衡量与平衡的结果，其出发点应当是保护学生与教师的合法权益。

四、高校教育纠纷司法审查的标准

高校教育纠纷司法审查标准的构建，可以从两个方面进行，包括形式性审查和实质性审查。

（一）形式性审查

法律适用包括四个阶段："（1）调查和认定案件事实：发生了什么事实？存在哪些证据？（2）解释和确定法定事实要件的内容：法定事实要件具体包括哪些内容？（3）涵摄：案件事实是否符合法定事实要件？（4）确定法律后果：如何处理？"❸对高校教育纠纷的形式性审查，主要考量高校处理行为是否有确凿的依据以及该依据是否合法。

1. 依据违法

高校教育纠纷中司法审查的依据违法，主要是指高校在上位法的授权下，在行使自由裁量权的过程中，制定的一些规章制度（如学校章程、校纪校规）存在违法的情形。

---

❶ "第684号解释"：大学为实现研究学术及培育人才之教育目的或维持学校秩序，对学生所作行政处分或其他公权力措施，如侵害学生受教育权或其他基本权利，即使非属退学或类此之处分，本于"宪法"第16条有权利即有救济之意旨，仍应许权利受侵害之学生提起行政争讼，无特别限制之必要。在此范围内，本院"释字第382号解释"应予变更。

❷ 埃利希. 法律社会学基本原理［M］. 叶名怡，袁震，译. 北京：中国社会科学出版社，2009.

❸ 毛雷尔. 行政法学总论［M］. 高家伟，译. 北京：法律出版社，2000：123.

校内规章制度是对高校自由裁量权的细化规定，实际上是自由裁量基准。裁量基准是指行政机关根据授权法的旨意，对法定授权范围内的裁量权予以情节的细化和效果的格化而事先以规则的形式设定的一种具体化的判断选择标准，其目的在于对裁量权的正当行使形成一种法定的自我约束。对于裁量基准在整个裁量治理体系中的考量，如果相对于立法和司法等外在控制，裁量基准代表的是一种行政"自律"；而在行政系统内部，则更多的是基准制定者加之于基准执行者的"他律"。裁量基准的生成架构，正融合在自律与他律之间。❶ 可以从以下三个方面对其进行审查。

其一，制定的主体。高校各项规章制度的制定主体必须符合学校章程的规定，例如，《北京大学章程》第55条规定，学校设立章程委员会，行使下列职权：对本章程提出解释说明文本；组织制定章程实施细则；监督本章程的执行情况，依据章程审查学校内部规章制度、规范性文件；提出本章程的修订动议，起草修订案。

其二，制定的程序。规章制度的制定程序必须遵循民主公开的原则，例如《北京大学章程》第54条规定，本章程经学校教代会讨论、校务委员会审议、校长办公会议审议、校党委审定后，由校长签发，报上级核准。本章程修订按前款程序办理。

其三，制定的内容。高校所制定规章制度的内容不得违反上位法的相关规定。例如在"田某案"中，法院对北京科技大学作出退学处分依据的合法性进行了审查。北京市海淀区人民法院认为，北京科技大学的"068号通知"不仅扩大了认定"考试作弊"的范围，而且对"考试作弊"的处理方法明显重于《普通高等学校学生管理规定》第12条的规定，也与第29条规定的退学条件相抵触，应属无效。在樊某某诉郑州航空工业管理学院评审学位程序违法请求重新评审并授予学士学位案中，法院认为郑州航空工业管理学院所制定的《学生手册》中关于在校期间因违反纪律，受到行政记过（含记过）以上处分及考试舞弊者不授予学士学位的规定，与《中华人民共和国学位条例》授予学士学位的规定相抵触，故应认定为无效，从而判决郑州航空工业管理学院于本判决生效之日起六十日内，对樊某某进行学士学位资格审核，作出是否授予学士学位的决定。❷

---

❶ 周佑勇. 行政裁量基准研究［M］. 北京：中国人民大学出版社，2015：13, 37.
❷ 参见：河南省郑州市二七区人民法院行政判决书（2003）二七行初字第67号.

139

2. 依据不存在或被撤销

依据不存在是指高校处理决定的作出，缺少法律上的依据或事实上的证据去证明法律后果的正当性。例如，在张某某诉郑州航空工业管理学院案中，郑州航空工业管理学院在《郑州航院考试违纪情况说明表》所记载内容与原告张某某的陈述相矛盾的情况下，仅凭监考教师单方面记录的《郑州航院考试违纪情况说明表》去认定原告在考试中有利用手机作弊的行为，并给予原告开除学籍的处分，属于事实不清、主要证据不足。法院最后撤销了郑州航空工业管理学院对原告的处分。❶ 高校原据以行为的依据被撤销后，原处理行为就失去了依据，从而也就失去了合法性。以孟某诉新乡学院案❷为例，新乡学院给予孟某开除学籍处分决定的主要依据是新乡市公安局红旗分局的行政处罚决定，后来红旗分局自行撤销了原行政处罚决定。这样，新乡学院的处分依据就不存在了，法院也就撤销了新乡学院对孟某开除学籍的处分决定。

3. 依据错误

依据错误是指高校处理行为援引的依据不正确，法院在"甘某案"❸ 中确立了"依据错误"的审查标准。该案经过了四级法院的审理，是我国高校教育纠纷中被最高人民法院提审的第一案。本案争议的焦点在于：暨南大学依据《暨南大学学生管理暂行规定》第53条第5项的规定"剽窃、抄袭他人研究成果，情节严重的，可给予开除学籍处分"给予甘某开除学籍处分，其

---

❶ 参见：河南省郑州市二七人民法院行政判决书（2012）二七初字第49号。

❷ 孟某是平原大学（现新乡学院）学生，在平原大学就读期间，2006年11月23日，新乡市公安局红旗分局以孟某去平原大学社科系开证明时，与社科系主任杨某某发生矛盾，将其电脑显示屏砸坏，其行为已构成故意损害财物为由，对其作出行政拘留十日的行政处罚决定。2007年4月24日，平原大学新平学（2007）6号文以孟某损坏财物，受到公安部门拘留处罚、扰乱了学校的正常办公和教学秩序、对老师进行语言及人身攻击等为由，作出《关于对孟某同学开除学籍的决定》。孟某不服，向平原大学申诉，平原大学召开了听证会，于2007年5月23日作出申诉复查决定，维持了开除学籍处分决定。之后，孟某向河南省教育厅申诉，2007年7月10日，河南省教育厅学生处作出复查决定，维持了新平学（2007）6号文《关于对孟某同学开除学籍的决定》。孟某仍不服，于2007年12月25日起诉。2009年9月30日，新乡市公安局红旗分局以在办理孟某故意损毁财物一案中存在程序违法问题为由，自行撤销了新红公（洪）决字〔2006〕第0538号公安处罚决定及案件。参见：河南省新乡市中级人民法院行政判决书（2010）新行终字第25号。

❸ 甘某原系暨南大学华文学院语言学及应用语言学专业2004级硕士研究生。2005年间，甘某在参加现代汉语语法专题科目的撰写课程论文考试时，提交了《关于"来着"的历史发展》的考试论文。任课老师发现其提供的考试论文是从互联网上抄袭的，遂对其进行批评、教育后，要求其重写论文。甘某第二次向任课老师提供的考试论文《浅议东北方言动词"造"》，又被任课老师发现与发表

依据是否正确。

2005年《普通高校学生管理规定》第54条规定了高校可以开除学籍的七种情形，其中包括"剽窃、抄袭他人研究成果"。那么，甘某抄袭课程论文的情形是否可以认定为2005年《普通高校学生管理规定》第54条和《暨南大学学生管理暂行规定》第53条中的"剽窃、抄袭他人研究成果"呢？广东省广州市中级人民法院认为：在适用法律方面，暨南大学根据法律授权制定了本校的学生管理规定，并依照该规定对甘某作出开除学籍决定，并未违反法律、法规和规章规定。在2005年《普通高等学校学生管理规定》第54条已对开除学籍的情形作出规定的情况下，暨南大学在开除学籍决定中没有引用该规定不妥，但该瑕疵不足以影响开除学籍决定的合法性。❶ 广东省广州市中级人民法院的立场与暨南大学是一致的，即认为抄袭课程论文属于"剽窃、抄袭他人研究成果"的情形。最高人民法院提审后，完全推翻了一审、二审法院的立场，认为"剽窃、抄袭他人研究成果"，是指高等学校学生在毕业论文、学位论文或者公开发表的学术文章、著作，以及所承担科研课题的研究成果中，存在剽窃、抄袭他人研究成果的情形。而"情节严重"，是指剽窃、抄袭行为具有非法使用他人研究成果数量多，在全部成果中所占的地位重要、比例大，手段恶劣，或者社会影响大、对学校声誉造成不良影响等情形。甘某作为在校研究生提交课程论文，属于课程考核的一种形式，即使其中存在抄袭行为，也不属于该项规定的情形。因此，暨南大学开除学籍决定援引《暨南大学学生管理暂行规定》第53条第5项和《暨南大学学生违纪处分实施细则》第25条规定，属于适用法律错误，应予撤销。❷

4. 程序违法

这里的程序违法是指高校在教育管理活动中的行政行为违背了正当程序的原则。那么，是否只要学校的处理行为没有遵循一定的程序，就违背了正当程序原则，法院就可以认定该行为无效，而一律予以撤销呢？在作出行政处分决定之前，让当事人参与到决定的形成过程中，如公开举行听证，可以使当事人知道什么样的行为构成违法，在什么情况下需要承担法律责任、受

（接上注）
于《江汉大学学报》2002年第2期《东北方言动词"造"的语法及语义特征》一文雷同。2006年3月8日，暨南大学作出暨学〔2006〕7号《关于给予硕士研究生甘某开除学籍处理的决定》，给予甘某开除学籍的处分。后甘某不服，向法院提起了诉讼。

❶ 参见：广东省广州市中级人民法院行政判决书（2007）穗行终字第709号。
❷ 参见：最高人民法院行政判决书（2011）行提字第12号。

到法律制裁,从而可以增强当事人的法律意识与法治观念,而且可以使参加旁听的其他人受到生动的教育,最大限度地发挥其教育功能。❶ 程序本位主义理论认为,公正的程序与公正的判决结果是不可分的。离开了公正、合理的程序,法院的裁判即使对被告人的行为作出了正确的判断,也不具备任何公正性可言。❷

我们认为,程序本位理论对保护当事人的权益具有重要意义,但如果只要学校的处理行为不符合正当程序的原则,就一律予以撤销,也是不合理的。"法的基本价值是一个有机联系的整体:秩序是人类生存的基本条件,人权是人类生存和发展的必需,公正是人类社会得以维持的保证。三者是一个整体,都服务于共同的最终目标——人类的全面发展。"❸ 因此,不能不分青红皂白地认为,只要学校的行政行为有违正当程序原则,就一律予以撤销,而是要分情况予以处理。程序违法的情形包括一般违法与严重违法,或程序瑕疵与程序严重违法。如果学校的行政处理行为只是存在程序上的瑕疵,法院就不应当予以撤销,否则有违行政效率的价值,不利于高校日常教育活动的管理。"从法律形式上讲,程序是效率的运载主体,效率就是通过程序这个运载主体而达到理想的彼岸的。"❹ 这种做法也得到了司法审判实践的认可,如"王某某不服宿迁学院开除学籍处分案""唐某案""龙某案"等。

需要进一步明确的问题是怎样区分程序瑕疵与程序严重违法,可以根据高校处理程序中各个环节对处理结果影响的权重去区分。例如,高校在对学生、教师作出处分决定前,应调查事件的基本事实情况,询问当事人及其他相关人员,听取当事人的申辩意见,给予当事人申请听证的机会,处分决定作出后应将处理决定书送达当事人。我们认为,在这些程序中,调查基本事实、询问当事人、听取申辩意见及举行听证,对处分决定结果的形成具有重大影响,如果高校的处理行为没有遵循这些程序,则属于程序严重违法的情形,法院可予以撤销,责令其重新作出处理决定。而送达程序对处理决定的形成影响不大,当高校没有严格按照送达程序送达处理结果时,则属于在处理过程中存在程序瑕疵,法院可以根据违法的形式作出判决,责令高校在今后的处理行为中加以改正,而不必撤销高校的处理决定。

---

❶ 姜明安. 行政程序研究 [M]. 北京:北京大学出版社,2006:280.
❷ 陈瑞华. 程序正义理论 [M]. 北京:中国法制出版社,2010:13;64-65.
❸ 卓泽渊. 法的价值论 [M]. 北京:法律出版社,2006:623.
❹ 关保英. 行政法的价值定位 [M]. 北京:中国政法大学出版社,1997:70.

(二) 实质性审查

对高校行政自由裁量的实质性审查（substantive review of discretion），是审查高校裁量决定本身是否合理，或者说裁量有没有被不适当地行使，在一定程度上涉及对高校裁量决定的内容的"对错"进行评价。大量的事实已经证明，对行政自由裁量的司法审查，如果仅仅是对裁量的行使是否越权、裁量的过程是否遵守了正当程序的要求进行审查，还不足以有效地控制行政自由裁量的滥用，公民的权益仍然得不到有效的保障。[1]

1. 实质性审查的必要性

进行实质性审查通常是出于以下几个方面的考虑：其一，基本权利保障之需。"若每一种权利都能各按其是的轨迹运行、实现，就无须救济可言；倘若权利的合法实现会受到来自社会不同方面的阻碍，那么消除阻碍，实现救济就是必要的。实际上，权利不仅受制于社会的政治、经济、文化等各种客观条件，而且会受到各方面的侵扰。法律不仅应宣示权利，而且还应同时配置救济的各种程序。"[2] "德国和英国的法院判例很明显地表现出一种趋势，即根据司法审查的内容与性质而采取不同的审查强度（intensity），越是关系到公民基本权利的案件，司法审查的强度就越大、越严格。"[3] 其二，国家法治之需。"人类文明的脚步在跨出人治的窠臼而迈向法治的门槛之时，它首先踏破的并非法律的外壳而是法律的内核。从本质上讲，在人治的社会组织结构方式中并不缺少法律的存在，但由于它割断了法律生长为法治的脐带，因而，法律虽然也可能呈多繁的状态，但这些法律与法治模式无缘。法治的价值之一，就在于它能保证法律价值的实现，并把权力置于一个合适的位置，实现权力的制约。实现权力的制约，是实现法治的制度性基础。"[4]

2. 实质性审查的路径之一：考虑不相关因素

考虑不相关因素（take into account irrelevant considerations）或不考虑相关因素（don't take into account relevant considerations）都是滥用行政自由裁量（或职权）的表现。[5] 之所以要对行政自由裁量的考量过程确定审查标准，是因为它是法治和依法行政的内在要求，反映了宪政体制下行政机关与立法机

---

[1] 余凌云. 行政自由裁量论 [M]. 3版. 北京：中国人民公安大学出版社，2013：36.
[2] 程燎原，王人博. 权利论 [M]. 桂林：广西师范大学出版社，2014：362.
[3] 余凌云. 行政自由裁量论 [M]. 3版. 北京：中国人民公安大学出版社，2013：36.
[4] 王人博，程燎原. 法治论 [M]. 桂林：广西师范大学出版社，2014：113-130.
[5] 罗豪才. 行政法学 [M]. 北京：中国政法大学出版社，1989：43.

关的基本关系。在具体授权法中设计相关因素,实际上就表明了或反映了立法机关对行政机关行使该项裁量权的基本方向和轨迹的一种预期与态度,是追求立法目的实现的重要手段之一。同时,这也是良好行政的基本要求。通过相关因素本身,也透露出有关裁量权行使的基本信息,形成了决定考量的基本路径,搭建了操作的基本平台,有助于保持裁量决定的高质量和一致性。❶

"相关因素,是相对作出的行政自由裁量决定之间的内在关系而言的,与行政自由裁量的各个环节或要素之间有着某种合理的关联性。它对作出上述决定的推理质量会产生一定的影响,能够保证行政行为基本上按照法律设定的目标方向作出有助于推进和实现法律所体现的特定目的和政策。"❷ 反之,则是不相关因素。那么,如何判定高校在作出自由裁量的过程中,哪些是相关因素,哪些不是相关因素呢?

如果不相关因素对高校自由裁量的决定没有实质性的影响,则没有审查的必要。只有当其产生了实质性影响时,才有审查的必要。我们采用以下判定方法:

如果考虑相关因素 A、B、C、D……时结果为 S,考虑相关因素 A、B、C、D……+不相关因素 E、F、G……时结果为 Q,那么,不相关因素 E、F、G……对裁量结果有实质性影响,应予审查;反之,则没有实质性影响,没有审查的必要。

以"杭某案"❸为例,该案最后因南京理工大学逾期提交证据,被法院判决撤销《关于取消杭某硕士研究生入学资格的决定》。但该案带给我们的思考是,因学生恋爱期间的违纪及越轨行为而取消其入学资格,是否属于考虑不相关因素?南京理工大学的行为是否属于滥用自由裁量权?

高校招收硕士研究生,是为了培养热爱祖国,拥护中国共产党的领导,拥护社会主义制度,遵纪守法,品德良好,具有服务国家、服务人民的社会

---

❶ 余凌云. 行政自由裁量论 [M]. 3版. 北京:中国人民公安大学出版社,2013:80.
❷ 余凌云. 行政自由裁量论 [M]. 3版. 北京:中国人民公安大学出版社,2013:81.
❸ 杭某于1996年9月至2000年7月在南京理工大学机械学院机械设计及制造专业完成四年制本科学习,于2000年7月2日获得毕业证书和学士学位证书,2001年9月考取南京理工大学硕士研究生,当年9月8日入学。2002年5月6日,南京理工大学作出《关于取消杭某硕士研究生入学资格的决定》,其内容为:机械工程学院杭某,男,学号 S×××××××。在对2001届硕士研究生政审复查中,发现其隐瞒在本科阶段与曹某谈恋爱期间的违纪及越轨行为,不符合军工专业硕士研究生入学条件。根据《南京理工大学研究生学籍管理规定实施细则》的有关规定,经研究决定,取消杭某的研究生入学资格。杭某得知该决定后,于2002年10月8日向南京市玄武区人民法院提起了行政诉讼。

责任感，掌握本学科坚实的基础理论和系统的专业知识，具有创新精神、创新能力和从事科学研究、教学、管理等工作能力的高层次学术型专门人才，以及具有较强解决实际问题的能力、能够承担专业技术或管理工作、具有良好职业素养的高层次应用型专门人才。硕士研究生招生应坚持按需招生、德智体全面衡量、择优录取和宁缺毋滥的原则。❶ 由上可知，高校决定招收某一考生为硕士研究生的考量因素包括热爱祖国、拥护中国共产党的领导、遵纪守法、品德良好、社会责任感、专业知识、创新精神、创新能力、解决实际问题的能力等。当然，该考生必须通过了招生高校的笔试和复试。

杭某通过了南京理工大学硕士研究生招生考试的笔试和复试，其专业知识水平和能力得到了南京理工大学的认可。问题的关键是，其恋爱期间的违纪及越轨行为是否属于南京理工大学硕士研究生招生中的考量因素？是否可以纳入"品德良好"的考量范畴之中？

在招录研究生的过程中，高校享有较大的自由裁量权，其考量因素也有很强的自主性，特别是在对考生学业水平及学术水平的考核上，例如大多数专业的专业课考试试题都由本校命题。除学业水平和学术水平的考量外，还需考察考生遵纪守法、品德良好的情况。但是，高校对相关因素的考虑不是任意的，不得违背一般人的常识判断，应符合社会公众的通常认知。高校将学生在恋爱期间的违纪及越轨行为认定为其品德不好的表现，是有违社会伦理的，并不符合一般人的判断。因此，将学生恋爱期间的违纪及越轨行为纳入招生录取的考量因素，属于考虑不相关因素。

不相关因素的判定，应结合具体的场景去分析。高校对不相关因素的考虑，有时实际上是对目的不适当的追求。例如，在违纪处分决定中，因为违纪学生是某位校领导（或某位官员）的亲戚，为了顾及领导的情面而不予违纪处分。这种不应该考虑的因素（情面），对高校自由裁量的作出有着决定性的影响，同时也是对目的不适当的追求。因此，有学者建议将"考虑不相关因素"和"目的不适当"合二为一。其实，"考虑不相关因素"和"目的不适当"在某些情境下极为相似，难分彼此，但它们都因有着自己独特的价值而存在。"由于它们考虑问题的参照系是不一样的，不适当目的是以立法授权目的为评价标准的，而不相关因素的考虑是以行政权力具体行使必须满足的事实和法律条件为衡量的，因而它们之间不见得完全相同。保留彼此的独立，

---

❶ 参见：教育部《2015年全国硕士研究生招生工作管理规定》《2016年全国硕士研究生招生工作管理规定》《2017年全国硕士研究生招生工作管理规定》等通知。

能够为法官提供更多的审查手段和审查视角,根据实际情况灵活地运用,挑选一个最适合于解决其正在处理之中的案件的审查标准。"❶

3. 实质性审查的路径之二:显失公正

在行政审判中,显失公正通常是指行政主体处罚的幅度明显不当,是"量"上畸轻或畸重,违背了《行政处罚法》的过罚相当原则。"如果单纯从理论和逻辑上去分析,(显失)公正可以具有程序(procedural)、实质(substantive)和形式(formal)三方面的意义"❷,在以显失公正为标准进行审查时,可以从以下两个方面进行:其一,违反了实质意义上的公正,如结果明显不当,不符合常理,达到荒谬的程度;其二,违反了形式公正,对相同的情况给予了不同的处理。

以"袁某案"❸为例,在本案的审理过程中,一审江苏省苏州市沧浪区人民法院以被告苏州大学"处理明显畸重"为由,判决被告对原告的学位资格重新进行审核。但二审江苏省苏州市中级人民法院认为这属于学校自由裁量的范围,认可了学校的处理行为,撤销了一审法院的判决。❹本案带给我们的思考是,对高校教育纠纷中,高校显失公正的处理行为是否可以审查?如果可以审查,如何审查才合适?本案原告的诉讼请求虽然最终没有得到法院的认可,一审法院实际上从被告处理结果显失公正的角度,审查了被告的自由裁量行为。我们也赞同二审法院的判决及理由,但这并不代表法院不能以"显失公正"为标准进行审查,正如高校的自由裁量不是任意的,当其滥用自由裁量以致出现显失公正的结果时,仍可以此为标准对其进行审查。例如,某高校的两名学生同时在考试中作弊,结果甲受到记过处分,而乙被开除学籍,其中对乙的处理就属于显失公正。

《行政诉讼法》第77条规定:行政处罚明显不当的,人民法院可以判决变更。该条是法院行使变更判决权的直接法源依据。行政诉讼中的变更判决,

---

❶ 余凌云.行政自由裁量论[M].3版.北京:中国人民公安大学出版社,2013:72.
❷ 余凌云.行政自由裁量论[M].3版.北京:中国人民公安大学出版社,2013:107.
❸ 原告袁某系苏州大学应用技术学院工商管理专业2001级本科生。2003年12月24日,原告在税法考试中作弊,该科目考试成绩被记零分,并被处留校察看一年的处分。2005年4月30日,被告撤销了对原告的处分。后被告准予原告补考,原告的补考成绩为94分。2005年6月,原告完成全部规定课程的学习,取得相应学分,获得大学本科毕业证书,但在原告向被告申请学士学位时,被口头告知因其税法考试作弊,并曾受留校察看一年的处分,已被取消学士学位授予资格。原告对此不服,遂向江苏省苏州市沧浪区人民法院提起诉讼。参见:江苏省苏州市沧浪区人民法院行政判决书(2006)沧行初字第45号。
❹ 参见:江苏省苏州市中级人民法院行政判决书(2006)苏中行终字第97号。

是由法院直接以自己的判断代替所诉行政行为，在当事人之间产生新的法律关系。在高校教育纠纷的案例中，我们可以发现有些法院直接运用变更判决，例如，在高某与华北水利水电大学开除学籍纠纷案中，一审法院将对高某作出的"开除学籍"处分变更为"留校察看"。❶ 在益某某不服许昌学院开除学籍案中，河南省许昌市魏都区人民法院判决许昌学院对原告益某某恢复学籍。❷ 在杨某某与济南大学不授予学士学位纠纷上诉案中，山东省济南市中级人民法院判决责令济南大学自本判决生效之日起一年内向杨某某颁发学士学位。❸

变更判决"是否已造成司法侵越行政而使得它存在的容许性大受怀疑"❹。在普通法中，这种判决方式通常是不被允许的，"对于不合理的行政行为只是撤销，发回被告行政机关重新考虑。因为出于法院在宪法秩序下分工定位的基本认识，司法审查不是复议程序，对于立法机关授予行政机关行使的自由裁量权，法院不能用自己的意见代替行政机关的意见。"❺ 而赞同变更判决的学者认为，我国目前的行政诉讼赋予法院司法变更权是十分必要的。在有关保障法院判决执行的法律措施尚不健全的情况下，如果没有司法变更权，行政诉讼就发挥不了应有的作用。❻ 并且它能提高行政效率，迅速地对相对人的权利进行救济。❼

然而，即便运用变更判决，其范围也是有严格限制的，在适用范围内变更判决主要运用在下列案件中：显失公正的行政处罚、行政裁决案件、行政赔偿案。❽ 但是，高校教育纠纷案件不同于这三种案件，并且纠纷的内容往往具有专业性，法院直接运用变更判决，代替高校对争议问题进行判断，是对高校以学术自由为代表的自由裁量权的侵害，是不合适的。从现有判决来看，一审法院直接运用了变更判决的，也被二审法院撤销了，例如，"益某某案"中二审法院撤销了对变更判决所涉内容的裁判。因此，我们认为，在高校教

---

❶ 参见：河南省郑州市金水区人民法院行政判决书（2013）金行初字第171号。
❷ 参见：河南省许昌市魏都区人民法院行政判决书（2009）魏行初字第7号；河南省许昌市魏都区人民法院行政判决书（2009）魏行初字第6号。
❸ 参见：山东省济南市中级人民法院行政判决书（2011）济行终字第29号。
❹ 杨伟东．行政行为司法审查强度研究：行政审判权纵向范围分析［M］．北京：中国人民大学出版社，2003：145．
❺ 余凌云．行政自由裁量论［M］．3版．北京：中国人民公安大学出版社，2013：122．
❻ 江必新．论行政诉讼中的司法变更权［J］．法学研究，1988（6）：31-34．
❼ 吴庚．行政法之理论与实用［M］．北京：中国人民公安大学出版社，2005：427．
❽ 章剑生．行政诉讼判决研究［M］．杭州：浙江大学出版社，2010：659-664．

育纠纷案件的司法审查中,法院不宜直接运用变更判决的裁判方式,如果认为高校的行为存在显失公正、考虑了不相关因素、存在程序违法等情形时,可撤销高校的处理行为,责令其重新作出决定。

4. 实质性审查的路径之三:法的安定性

法的安定性强调维护既定的法律关系或状态,保护行为人的合理预期,在这一点上它和信赖保护原则是一致的。法的安定性与信赖保护原则关系密切,但它们仍然存在差异,"信赖保护原则强调的是对私人信赖利益与信赖状态的保护,具有强烈的主观色彩,法律安定性原则强调的是法律状态的安定性与和平性,是一个客观的标准;从这两个原则适用的目的来看,在案件中适用信赖保护原则是为了作出对私人有利的判决,法律安定性的适用案型既可能对私人有利,也可能对私人不利"❶。

法的安定性是我国立法追求的一项重要价值,可以从一些法律条文中发现其身影。例如,《行政处罚法》第36条规定:"违法行为在二年内未被发现的,不再给予行政处罚;涉及公民生命健康安全、金融安全且有危害后果的,上述期限延长至五年。法律另有规定的除外。"《治安管理处罚法》第22条规定:"违反治安管理行为在六个月内没有被公安机关发现的,不再处罚。"《刑法》第87条规定:"犯罪经过下列期限不再追诉:(一)法定最高刑为不满五年有期徒刑的,经过五年;(二)法定最高刑为五年以上不满十年有期徒刑的,经过十年;(三)法定最高刑为十年以上有期徒刑的,经过十五年;(四)法定最高刑为无期徒刑、死刑的,经过二十年。如果二十年以后认为必须追诉的,须报请最高人民检察院核准。"

以"陈某案"❷为例,广东省高级人民法院最终维持了一审判决,本案带给我们的思考是,中山大学在时隔11年后撤销陈某的学位是否合适?法的安定性既指法律本身的安定性,也包括因法律的适用而形成的权利义务关系的安定性。当行政行为已经正式作出甚至延续了很长一段时间以后,如果行政机关仍然有权随意对其加以撤销,就会破坏既存的社会关系和社会秩序,

---

❶ 李洪雷. 行政法释义学:行政法学理的更新[M]. 北京:中国人民大学出版社,2014:97-98.

❷ 2005年12月,中山大学以中大研院〔2005〕25号文作出《关于撤销陈某硕士学位的决定》。该文称:陈某承认在报考我校1995年硕士学位研究生时,未取得大专毕业资格,伪造大专毕业学历,以同等学力人员身份报考的事实。我校1995年硕士研究生报考条件是根据国家招生的有关规定制定的,陈某不符合报考的学历要求,而是凭伪造的学历取得入学资格,我校决定宣布陈某的毕业证书无效。根据《中华人民共和国学位条例》第17条的规定,经中山大学学位评定委员会第二届五次会议决定,撤销陈某的硕士学位。陈某收到上述决定后,向中山大学申请行政复议,中山大学不予答复。

从而直接威胁到法律的安定性。❶ 案例中陈某伪造大专毕业证书的违法行为发生在撤销学位决定的 11 年之前。在这期间，陈某基于硕士学位的取得而后续发生的各种法律关系，经过 6 年时间的沉淀逐渐变得稳固。此时，中山大学撤销其硕士学位，会破坏已经形成的由此衍生出的各种法律关系。正如该案的二审法院认为的那样，在陈某违法行为已经发生 11 年、离开学校 6 年之后，中山大学再以"办学自主权"为由追究其责任，无论是从公平合理的角度，还是从维护社会秩序稳定方面考虑，都是不合适的。❷

（接上注）
陈某遂在法定期限内向广东省广州市海珠区人民法院提起行政诉讼，要求法院撤销中山大学关于宣布其毕业证书无效并撤销其硕士学位的决定，责令中山大学向其赔礼道歉并承担本案诉讼费用。2006 年 6 月 27 日，广东省广州市海珠区人民法院一审判决驳回陈某的诉讼请求。参见：广东省广州市中级人民法院行政判决书（2006）穗中法行终字第 442 号。

❶ 章志远. 行政撤销权法律控制研究 [J]. 政治与法律，2003（05）：18-22.
❷ 参见：广东省广州市中级人民法院行政判决书（2006）穗中法行终字第 442 号。

参考文献

一、著作类

[1] 李晓燕. 学生权利和义务问题研究 [M]. 武汉：华中师范大学出版社，2010.

[2] 李晓燕. 我国教师的权利与义务及其实现保障机制研究 [M]. 广州：广东教育出版社，2001.

[3] 王道俊，郭文安. 教育学 [M]. 北京：人民教育出版社，2009.

[4] 涂艳国. 走向自由：教育与人的发展问题研究 [M]. 武汉：华中师范大学出版社，1999.

[5] 王坤庆，岳伟. 教育哲学简明教程 [M]. 武汉：华中师范大学出版社，2011.

[6] 劳凯声. 教育法论 [M]. 南京：江苏教育出版社，1993.

[7] 劳凯声. 变革社会中的教育权与受教育权：教育法学基本问题研究 [M]. 北京：教育科学出版社，2003.

[8] 劳凯声. 中国教育改革 30 年：政策与法律卷 [M]. 北京：北京师范大学出版社，2011.

[9] 劳凯声. 中国教育法制评论：第 1 辑 [M]. 北京：教育科学出版社，2002.

[10] 劳凯声. 中国教育法制评论：第 2 辑 [M]. 北京：教育科学出版社，2003.

[11] 劳凯声. 中国教育法制评论：第 3 辑 [M]. 北京：教育科学出版社，2004.

[12] 劳凯声. 中国教育法制评论：第 4 辑 [M]. 北京：教育科学出版社，2006.

[13] 劳凯声. 中国教育法制评论：第 5 辑 [M]. 北京：教育科学出版社，2007.

[14] 劳凯声. 中国教育法制评论：第 6 辑 [M]. 北京：教育科学出版社，2009.

[15] 劳凯声. 中国教育法制评论：第 7 辑 [M]. 北京：教育科学出版社，2009.

[16] 劳凯声. 中国教育法制评论：第 8 辑 [M]. 北京：教育科学出版社，2010.

［17］劳凯声. 中国教育法制评论：第9辑［M］. 北京：教育科学出版社，2011.

［18］劳凯声. 中国教育法制评论：第10辑［M］. 北京：教育科学出版社，2012.

［19］劳凯声. 中国教育法制评论：第11辑［M］. 北京：教育科学出版社，2013.

［20］劳凯声，余雅风. 中国教育法制评论：第12辑［M］. 北京：教育科学出版社，2014.

［21］劳凯声，余雅风. 中国教育法制评论：第13辑［M］. 北京：教育科学出版社，2015.

［22］余雅风. 学生权利与义务［M］. 南京：江苏教育出版社，2012.

［23］申素平. 教育法学：原理、规范与应用［M］. 北京：教育科学出版社，2009.

［24］申素平. 高等学校的公法人地位研究［M］. 北京：北京师范大学出版社，2010.

［25］马怀德. 学校法律制度研究［M］. 北京：北京大学出版社，2007.

［26］温辉. 受教育权入宪研究［M］. 北京：北京大学出版社，2003.

［27］杜文勇. 受教育权宪法规范论［M］. 北京：法律出版社，2012.

［28］冉艳辉. 我国公民受教育权的平等保护：以法权中心主义为进路［M］北京：中国政法大学出版社，2013.

［29］王敬波. 高等教育领域里的行政法问题研究［M］北京：中国法制出版社，2007.

［30］章瑛. 学生诉我国公立高校行政案例之类型化研究［M］. 上海：上海交通大学出版社，2013.

［31］姚金菊. 转型期的大学法治：兼论我国大学法的制定［M］. 北京：中国法制出版社，2007.

［32］张维迎. 大学的逻辑［M］. 3版. 北京：北京大学出版社，2012.

［33］周光礼. 学术自由与社会干预：大学学术自由的制度分析［M］. 武汉：华中科技大学出版社，2003.

［34］李子江. 学术自由：大学之魂［M］. 北京：中国社会科学出版社，2012.

［35］韩水法. 大学与学术［M］. 北京：北京大学出版社，2008.

［36］刘宇文. 高校办学自主权研究［M］. 长沙：湖南人民出版社，2014.

［37］陈洪捷. 德国古典大学观及其对中国的影响［M］. 3版. 北京：北京大学出版社，2015.

［38］张磊. 欧洲中世纪大学［M］. 北京：商务印书馆，2010.

［39］郑登云. 中国高等教育史：上［M］. 上海：华东师范大学出版社，1994.

［40］徐小洲. 自主与制约：高校办学自主权政策研究［M］. 杭州：浙江教育出版社，2007.

［41］王建华. 第三部门视野中的现代大学制度［M］. 广州：广东高等教育出版社，2008.

［42］列宁. 列宁选集：第4卷［M］. 中共中央马克思恩格斯列宁斯大林著作编译局，

译. 北京：人民出版社，1972.
［43］中国蔡元培研究会. 蔡元培全集：第 3 卷［M］. 杭州：浙江教育出版社，1997.
［44］张文显. 法理学［M］. 北京：法律出版社，2003.
［45］张文显. 权利与人权［M］. 北京：法律出版社，2011
［46］李龙. 良法论［M］. 武汉：武汉大学出版社，2005.
［47］卓泽渊. 法的价值论［M］. 北京：法律出版社，2008.
［48］孙笑侠. 程序的法理［M］. 北京：商务印书馆，2010.
［49］王人博，程燎原. 法治论［M］. 桂林：广西师范大学出版社，2014.
［50］程燎原，王人博. 权利论［M］. 桂林：广西师范大学出版社，2014.
［51］季卫东. 法制秩序的建构：增补版［M］. 北京：商务印书馆，2014.
［52］季卫东. 大变局下的中国法治［M］. 北京：北京大学出版社，2014.
［53］苏力. 法治及其本土资源［M］. 北京：北京大学出版社，2015.
［54］王利明. 法治：良法与善治［M］. 北京：北京大学出版社，2015.
［55］姜明安. 行政法与行政诉讼法［M］. 北京：北京大学出版社，高等教育出版社，2005.
［56］王名扬. 美国行政法［M］. 北京：中国法制出版社，2005.
［57］王名扬. 法国行政法［M］. 北京：北京大学出版社，2007.
［58］王名扬. 英国行政法［M］. 北京：北京大学出版社，2007.
［59］于安. 德国行政法［M］. 北京：清华大学出版社，1999.
［60］梁慧星. 民法总论［M］. 北京：法律出版社，1996.
［61］宋功德. 行政法的均衡之约［M］. 北京：北京大学出版社，2004.
［62］江必新. 行政法制的基本类型［M］. 北京：北京大学出版社，2005.
［63］叶必丰. 行政法的人文精神［M］. 北京：北京大学出版社，2005.
［64］叶必丰. 行政行为原理［M］. 北京：商务印书馆，2015.
［65］杨海坤，章志远. 中国行政法基本理论研究［M］. 北京：北京大学出版社，2014.
［66］石佑启. 论公共行政与行政法学范式转换［M］. 北京：北京大学出版社，2003.
［67］陈小文. 行政法的哲学基础［M］. 北京：北京大学出版社，2009.
［68］关保英. 行政法的价值定位［M］. 北京：中国政法大学出版社，1997.
［69］罗豪才. 中国司法审查制度［M］. 北京：北京大学出版社，1993.
［70］罗豪才，等. 软法与公共治理［M］. 北京：北京大学出版社，2006.
［71］罗豪才，毕洪海. 软法的挑战［M］. 北京：商务印书馆，2011.
［72］余凌云. 行政自由裁量论［M］. 3 版. 北京：中国人民公安大学出版社，2013.
［73］周佑勇. 行政裁量基准研究［M］. 北京：中国人民公安大学出版社，2015.

[74] 朱新力. 法治社会与行政裁量的基本准则研究 [M]. 北京：法律出版社, 2007.
[75] 程瑞华. 程序正义理论 [M]. 北京：中国法制出版社, 2010.
[76] 蔡震荣. 行政法理论与基本人权之保障 [M]. 台北：五南图书出版公司, 1999.
[77] 湛中乐. 现代行政过程论：法制理念、原则与制度 [M]. 北京：北京大学出版社, 2005.
[78] 湛中乐. 教育行政诉讼理论与实务研究 [M]. 北京：中国法制出版社, 2013.
[79] 湛中乐. 教师权利及其法律保障 [M]. 北京：中国法制出版社, 2015.
[80] 范愉. 纠纷解决的理论与实践 [M]. 北京：清华大学出版社, 2007.
[81] 何兵. 现代社会的纠纷解决 [M]. 北京：法律出版社, 2003.
[82] 顾培东. 社会冲突与诉讼机制 [M]. 北京：法律出版社, 2004.
[83] 徐昕. 迈向社会和谐的纠纷解决 [M]. 北京：中国检察出版社, 2008.
[84] 夏勇. 走向权利的时代：中国公民权利发展研究 [M]. 北京：社会科学文献出版社, 2007.
[85] 张千帆, 等. 司法审查制度比较研究 [M]. 南京：译林出版社, 2012.
[86] 陈道英. 日美司法审查比较研究 [M]. 北京：人民出版社, 2008.
[87] 何海波. 司法审查的合法性基础：英国话题 [M]. 北京：中国政法大学出版社, 2007.
[88] 雷安军. 美国司法审查制度及其理论基础研究 [M]. 北京：中国政法大学出版社, 2011.
[89] 张明锋. 加拿大司法审查的应用研究：以宪法平等权的司法保护为例 [M]. 北京：中国政法大学出版社, 2011.
[90] 杨伟东. 行政行为司法审查强度研究：行政审判权纵向范围分析 [M]. 北京：中国人民大学出版社, 2003.
[91] 解志勇. 论行政诉讼审查标准：兼论行政诉讼审查前提问题 [M]. 北京：中国人民公安大学出版社, 2004.
[92] 薛丽珍. 行政行为司法审查基本制度 [M]. 成都：西南交通大学出版社, 2011.
[93] 陆益龙. 转型中国的纠纷与秩序：法社会学的经验研究 [M]. 北京：中国人民大学出版社, 2015.
[94] 黄先雄. 司法谦抑论：以美国司法审查为视角 [M]. 北京：法律出版社, 2008.
[95] 袁文峰. 我国公立高校办学自主权与国家监督 [M]. 北京：中国政法大学出版社, 2015.
[96] 任东来, 等. 美国宪政历程：影响美国的25个司法大案 [M]. 北京：中国法制出版社, 2005.
[97] 吴庚. 行政法之理论与实用 [M]. 北京：中国人民大学出版社, 2005.
[98] 周志宏. 学术自由与大学法 [M]. 台北：蔚理法律出版社, 1989.

［99］朱九思，姚启和. 高等教育辞典［K］. 武汉：湖北教育出版社，1993.

［100］沃克. 牛津法律大词典［M］. 李双元，等译. 北京：法律出版社，2002.

［101］怀特海. 教育的目的［M］. 庄莲平，王立中，译. 上海：文汇出版社，2013.

［102］纽曼. 大学的理想［M］. 何辉，等译. 杭州：浙江教育出版社，2001.

［103］科班. 中世纪大学：发展与组织［M］. 周常明，王晓宇，译. 济南：山东教育出版社，2013.

［104］拉德布鲁赫. 法学导论［M］. 米健，译. 北京：商务印书馆，2014.

［105］黑格尔. 法哲学原理［M］. 范扬，张企泰，译. 北京：商务印书馆，2014.

［106］魏德士. 法理学［M］. 丁晓春，吴越，译. 北京：法律出版社，2013.

［107］毛雷尔. 行政法学总论［M］. 高家伟，译. 北京：法律出版社，2000.

［108］迈耶. 德国行政法［M］. 刘飞，译. 北京：商务印书馆，2013.

［109］布鲁贝克. 高等教育哲学［M］. 王承绪，等译. 杭州：浙江教育出版社，2001.

［110］英伯，吉尔. 美国教育法［M］. 3版. 李晓燕，申素平，陈蔚，译. 北京：教育科学出版社，2011.

［111］波斯纳. 法理学问题［M］. 苏力，译. 北京：中国政法大学出版社，2005.

［112］博登海默. 法理学：法律哲学与法律方法［M］. 邓正来，译. 北京：中国政法大学出版社，2004.

［113］德沃金. 认真对待权利［M］. 信春鹰，吴玉章，译. 上海：上海三联书店，2008.

［114］庞德. 通过法律的社会控制［M］. 沈宗灵，译. 北京：商务印书馆，2008.

［115］斯图尔特. 美国行政法的重构［M］. 沈岿，译. 北京：商务印书馆，2011.

［116］庞德. 普通法的精神［M］. 唐前宏，廖湘文，高雪原，译. 北京：法律出版社，2010.

［117］施瓦茨. 美国法律史［M］. 王军，等译. 北京：法律出版社，2011.

［118］考文. 司法审查的起源［M］. 徐爽，编. 北京：北京大学出版社，2015.

［119］戴维斯. 裁量正义：一项初步的研究［M］. 毕洪海，译. 北京：商务印书馆，2009.

［120］博克. 美国高等教育［M］. 乔佳义，编译. 北京：北京师范大学出版社，1991.

［121］科赛. 社会冲突的功能［M］. 孙立平，等译. 北京：华夏出版社，1989.

［122］特纳. 现代西方社会学理论［M］. 范伟达，译. 天津：天津人民出版社，1988.

［123］佩里. 西方文明史：上［M］. 胡万里，等译. 北京：商务印书馆，1993.

［124］小岛武司，伊藤真. 诉讼外纠纷解决法［M］. 丁婕，译. 北京：中国政法大学出版社，2005.

［125］克里滕登. 父母、国家与教育权［M］. 秦惠民，等译. 北京：教育科学出版社，2009.

[126] 霍奇森. 受教育人权 [M]. 申素平, 译. 北京: 教育科学出版社, 2012.
[127] 莱奥尼. 自由与法律 [M]. 秋风, 译. 长春: 吉林人民出版社, 2004.
[128] 勒戈夫. 中世纪的知识分子 [M]. 张弘, 译. 北京: 商务印书馆, 1996.
[129] 范德格拉夫. 学术权力 [M]. 王承绪, 等译. 杭州: 浙江教育出版社, 2001.
[130] 凯尔森. 法与国家的一般理论 [M]. 沈宗灵, 译. 北京: 中国大百科全书出版社, 1996.

二、论文类

[1] 李晓燕, 巫志刚. 教育法规地位再探 [J]. 教育研究, 2014 (5): 80-88.
[2] 李晓燕. 学术自由、学术规范与学术秩序治理 [J]. 陕西师范大学学报 (哲学社会学科版), 2010 (6): 14-22.
[3] 李晓燕. 中国教师权利和义务及其实现保障论纲 [J]. 国家教育行政学院学报, 2006 (6): 26-30.
[4] 李晓燕. 学生的权利和义务论纲 [J]. 河北师范大学学报 (教育科学版), 2009, 11 (10): 94-99.
[5] 劳凯声. 教育体制改革中的高等学校法律地位变迁 [J]. 北京师范大学学报 (社会科学版), 2007 (2): 5-16.
[6] 罗豪才, 王天成. 中国的司法审查制度 [J]. 中外法学, 1991 (6): 1-7.
[7] 罗豪才. 行政法之语义与意义分析 [J]. 法制与社会发展, 1995 (4).
[8] 罗豪才, 袁曙宏, 李文栋. 现代行政法的理论基础: 论行政机关与相对一方的权利义务平衡 [J]. 中国法学, 1993 (1).
[9] 罗豪才, 甘雯. 行政法的"平衡"及"平衡论"范畴 [J]. 中国法学, 1996 (4): 48-55.
[10] 胡锦光. 论中国司法审查的空间 [J]. 河南社会科学, 2006 (5): 78-82.
[11] 周佑勇. 行政法的正当程序原则 [J]. 中国社会科学, 2004 (4): 115-124.
[12] 秦惠民. 高等学校法律纠纷若干问题的思考 [J]. 法学家, 2001 (5): 107-116.
[13] 程雁雷. 高校学生管理纠纷与司法介入之范围 [J]. 法学, 2004 (12): 34-39.
[14] 程雁雷. 论司法审查对大学自治的有限介入 [J]. 行政法学研究, 2000 (2): 33-36.
[15] 夏民, 刘同君. 大学自治与司法审查: 由学子告母校引发的思考 [J]. 高等工程教育研究, 2003 (3): 26-30.
[16] 王嘎利. 大学自治与司法审查关系之分析 [J]. 江苏高教, 2006 (5): 13-15.
[17] 唐宇明. 试论高等学校与行政诉讼 [J]. 国际关系学院学报, 2004 (2): 59-64.
[18] 苗琰. 司法审查介入高校行政行为的强度 [J]. 重庆工学院学报 (社会科学版), 2008 (5): 98-99.

[19] 卢威，邱法宗. 论对公立高校行政行为的适度司法审查 [J]. 中国高教研究，2010（2）：45-46.

[20] 黄艳. 司法审查视角下的高校处分权探析 [J]. 高教探索，2013（7）：33-35.

[21] 祁占勇，陈鹏. 高校招生权的法律性质与司法审查：对"罗彩霞事件"的行政法透视 [J]. 高等教育研究，2009，30（9）：29-35.

[22] 王柱国. 学校管理司法介入的限度 [J]. 行政法学研究，2006（2）：7-12.

[23] 宋红丽，谭秀森. 高校学生教育管理行政行为司法审查介入研究 [J]. 当代教育科学，2014（23）：40-42.

[24] 吴文灵. 自治与法治的博弈：论大学自治与司法介入的关系 [J]. 首都师范大学学报（社会科学版），2010（3）：78-81.

[25] 吴卫军，张倩倩. 论学校行政行为司法审查的广度与深度 [J]. 当代教育科学，2014（17）：32-34.

[26] 马焕灵，李春玲. 权利解读：走入大学生纪律处分纠纷的司法困惑深处 [J]. 江西教育科研，2007（1）：49-52.

[27] 李胜利，陈晨. 高校对学生管理行为的可诉性分析 [J]. 现代大学教育，2007（2）：60-63.

[28] 范履冰，阮李全. 高校教育纠纷性质探析：兼论解决高校教育纠纷的对策 [J]. 高等教育研究，2005，26（5）：12-16.

[29] 陈鹏. 论高校自主权的司法审查 [J]. 陕西师范大学学报（哲学社会科学版），2004（1）：103-107.

[30] 陈鹏. 高等学校学生处分权的法理学探析 [J]. 教育研究，2004（9）：37-42.

[31] 陈鹏. 高校教师聘任制的法律透视 [J]. 中国高教研究，2005（1）：62-64.

[32] 杨挺. 论公立学校教师聘任合同的法律性质 [J]. 中国教育学刊，2007（4）：1-4.

[33] 申素平. 论我国公立高等学校与教师的法律关系 [J]. 高等教育研究，2003（1）：70-74.

[34] 赵杰宏，严妍. 教师聘任合同之法律性质 [J]. 国家教育行政学院学报，2006（4）：77-79.

[35] 马怀德. 公务法人问题研究 [J]. 中国法学，2000（4）：43-54.

[36] 秦惠民. 论教育纠纷案件的法律适用及其法治推进作用 [J]. 法律适用，2005（10）：73-76.

[37] 张慰. "重要性理论"之梳理与批判：基于德国公法学理论的检视 [J]. 行政法学研究，2011（2）：113-115.

[38] 李华. 从司法监督审视高校学生管理行为 [J]. 现代教育管理，2010（9）：58-61.

[39] 胡大伟,晋国群. 论司法审查介入高校学生管理纠纷的合理限度 [J]. 现代大学教育,2005(4):39-43.

[40] 邓世豹. 论司法介入大学管理三原则：以大学对学生管理权为例 [J]. 高教探索,2004(1):26-28.

[41] 顾海波,齐宁. 高校管理纠纷诉讼解决机制探析 [J]. 国家教育行政学院学报,2009,138(6):15-18.

[42] 周光礼. 高校内部规则的法理学审视 [J]. 现代大学教育,2005(4):8-11.

[43] 周光礼. 学术自由与大学办学自主权 [J]. 科技导报,2002(6):28-32.

[44] 王俊. 高校特别权力关系与受教育权的法律保护 [J]. 高教探索,2005(6):40-42.

[45] 彭俊. 大学自治与司法介入 [J]. 社会科学家,2010(5):113-116.

[46] 唐杰英. 大学自治、学术自由与法治理想：高校学历学位司法救济及审查标准问题探析 [J]. 山西师大学报(社会科学版),2012,39(2):134-137.

[47] 王敬波. 论高校学术评价行为的司法审查范围与强度 [J]. 法律适用,2007(6):82-84,95.

[48] 胡肖华. 论学校纪律处分的司法审查 [J]. 法商研究,2001,18(6):47-52.

[49] 袁方. 大学自治与司法审查 [J]. 山东大学学报(哲学社会科学版),2001(6):116-120.

[50] 韩兵. 高校基于学术原因惩戒学生行为的司法审查：以美国判例为中心的分析 [J]. 环球法律评论,2007,29(3):106-113.

[51] 翟小波. 代议制机关至上,还是司法化? [J]. 中外法学,2006,18(4):426-447.

[52] 陈征. 中国法院进行违宪审查的可能性与必要性 [J]. 学习与探索,2011(5):103-107.

[53] 李剑萍. 百年来中国的大学自治与社会干预 [J]. 河北师范大学学报(教育科学版),2005,7(1):5-11.

[54] 刘少雪. 我国近现代大学与政府关系的特点 [J]. 高等教育研究,2006,27(3):84-91.

[55] 张进香,龚怡祖. 高校自主权的法律性质研究述评 [J]. 中国农业教育,2006(6):4-8.

[56] 李正元,杨建文. 试论我国高校办学自主权问题 [J]. 兰州大学学报(社会科学版),2008(6):144-148.

[57] 宋中英,郭云云. 高校办学自主权的内涵及其实践意蕴 [J]. 高教探索,2016(7):5-10.

[58] 阮李全,蒋后强. 高校办学自主权：由来、要素、涵义、走向 [J]. 国家教育行

政学院学报, 2014 (8): 26-31.

[59] 胡甲刚. 学术自由的构成要件: 法律权利的视角 [J]. 清华大学教育研究, 2010, 31 (3): 15-21.

[60] 胡发明. 我国高等学校性质的行政法分析 [J]. 时代法学, 2004, 2 (3): 51-57.

[61] 何生根, 周慧. 论学术自由权的保障与救济 [J]. 法制与社会发展 (双月刊), 2005, 11 (2): 79-90.

[62] 康翠萍. 学术自由视野下的大学发展 [J]. 教育研究, 2007 (9): 55-58, 70.

[63] 白呈明. 高校与学生合同关系探讨 [J]. 复旦教育论坛, 2003, 1 (6): 31-34.

[64] 朱志辉. 试论撤销学位的行政行为性质: 由陈某诉中山大学案引发的思考 [J]. 高教探索, 2006 (6): 23-25.

[65] 林雪卿. 论教师聘任合同的法律性质 [J]. 内蒙古师范大学学报 (教育科学版), 2008, 21 (9): 144-148.

[66] 祁占勇. 高校教师聘任合同法律性质的论争及其现实路径 [J]. 高教探索, 2009 (3): 14-17.

[67] 任海涛. 论学生的法律地位 [J]. 东方法学, 2020 (1): 123-133.

[68] 管华, 余若凡. 教师申诉制度可以废止吗 [J]. 湖南师范大学教育科学学报, 2020, 19 (4): 14-19.

[69] 湛中乐, 靳澜涛. 教师申诉制度运行的法治困境及其出路 [J]. 湖南师范大学教育科学学报, 2020, 19 (4): 7-13, 86.

[70] 车聘. 高校惩戒学生行为的司法控制: 从"合法性"走向"合法性"与"正当性" [J]. 东方法学, 2021 (5): 175-186.

[71] 彭俊. 中国公立高校校生纠纷研究 [D]. 武汉: 华中师范大学, 2011.

[72] 陈佩. 社会自治中的纠纷解决机制研究 [D]. 北京: 中共中央党校, 2016.

[73] 陈恩伦. 论学习权 [D]. 重庆: 西南大学, 2003.

[74] 蒋后强. 高等学校自主权研究 [D]. 重庆: 西南大学, 2006.

[75] 赵保庆. 行政行为的司法审查 [D]. 北京: 中国社会科学院, 2002.

[76] 李学永. 高等学校法律地位研究 [D]. 北京: 中国政法大学, 2003.

[77] 马焕灵. 高等学校学生纪律处分纠纷及其处理 [D]. 上海: 华东师范大学, 2007.

[78] 陆波. 高等学校教师权利法律救济机制研究 [D]. 上海: 上海师范大学, 2008.

[79] 王伟英. 高校教师权利的行政法律救济研究 [D]. 上海: 复旦大学, 2008.

[80] 杨彩霞. 高校教师权利及法律救济研究 [D]. 合肥: 安徽大学, 2010.

[81] 张彬. 高校教师学术自由权及其法律保障研究 [D]. 南昌: 江西师范大学, 2010.

[82] 于婷婷. 高校教育行政诉讼问题研究 [D]. 郑州: 郑州大学, 2013.
[83] 毛美芳. 高校教育行政诉讼研究 [D]. 上海: 上海交通大学, 2006.
[84] 曹伟. 高校学生管理纠纷的行政法分析 [D]. 武汉: 武汉科技大学, 2009.
[85] 林大可. 公立高等学校教育中行政诉讼若干问题研究 [D]. 北京: 中央民族大学, 2007.
[86] 汪秋慧. 公立高校被诉的行政法思考 [D]. 苏州: 苏州大学, 2003.
[87] 王桂峰. 教育行政纠纷的可诉性研究 [D]. 北京: 中国政法大学, 2006.
[88] 房倩. 教育行政纠纷及法律救济制度研究 [D]. 上海: 华东师范大学, 2010.
[89] 李建湘. 教育行政纠纷及解决机制研究 [D]. 长沙: 湖南师范大学, 2008.
[90] 孙兵. 教育行政诉讼若干问题研究 [D]. 重庆: 西南政法大学, 2002.
[91] 郭昊巍. 教育行政诉讼制度问题研究 [D]. 湘潭: 湘潭大学, 2004.
[92] 王欢. 论我国公立高等学校的性质与地位 [D]. 长春: 吉林大学, 2004.

三、案例类

入学纠纷：

[1] 黄某某诉武汉大学履行法定职责案（2001）武区行初字第11号
[2] 林某某诉厦门大学博士生招录案（2006）思行初字第80号
  林某某诉厦门大学博士生招录案（2006）厦行终字第29号

退学与开除学籍纠纷：

[1] 李某某诉襄樊学院勒令退学行政处分决定纠纷案（2000）襄中行初字第19号
  李某某与襄樊学院退学处分纠纷上诉案（2000）鄂行终字第41号
[2] 刘某某等不服平顶山煤矿技工学校责令退学注销学籍案（1996）湛行初字第19号
  刘某某等不服平顶山煤矿技工学校责令退学注销学籍案（1996）平行终字第42号
[3] 宋某诉北京民族大学分部（北京市西城经济科学大学）退学、退费纠纷案（2002）廊开民初字第56号
[4] 谭某诉西南大学退学处理决定纠纷案（2011）碚法行初字第14号
[5] 许某与辽宁石油化工大学学校退学处理决定纠纷行政裁定书案（2014）抚中行他字第8号
  许某与辽宁石油化工大学退学处理决定上诉案（2015）抚中行终字第28号
[6] 钟某某不服闽西职业技术学院退学处理案（2010）龙新行初字第11号
  钟某某不服闽西职业技术学院退学处理案（2010）岩行终字第37号
[7] 陈某某不服哈尔滨市工业大学开除学籍案（2015）南行初字第249号

[8] 甘某不服暨南大学开除学籍决定案（2007）天法行初字第 62 号
  甘某不服暨南大学开除学籍决定案（2007）穗中法行终字第 709 号
  甘某不服暨南大学开除学籍决定案（2010）粤高法行监字第 6 号
  甘某不服暨南大学开除学籍决定案（2011）行提字第 12 号
[9] 继某不服河南工业大学开除学籍处分决定案（2012）开行初字第 62 号
  继某不服河南工业大学开除学籍处分决定案（2012）中行初字第 99 号
[10] 龙某不服井冈山大学开除学籍案（2013）青行初字第 7 号
  龙某不服井冈山大学开除学籍案（2013）吉中行终字第 35 号
[11] 康某某不服桂林电子科技大学开除学籍案（2014）星行初字第 9 号
  康某某不服桂林电子科技大学开除学籍案（2014）桂市行终字第 201 号
[12] 林某某不服漳州师范学院开除学籍案（2006）芗行初字第 120 号
  林某某不服漳州师范学院开除学籍案（2007）漳行终字第 13 号
[13] 刘某不服华东理工大学开除学籍案（2013）徐行初字第 223 号
  刘某不服华东理工大学开除学籍案（2014）沪一中行终字第 2 号
[14] 刘某某诉某大学处分决定纠纷案（2014）甘行初字第 13 号
[15] 蒲某某不服广西工业职业技术学院开除学籍案（2012）西行初字第 7 号
[16] 滕某不服桂林电子科技大学开除学籍案（2014）星行初字第 10 号
  滕某不服桂林电子科技大学开除学籍案（2014）桂市行终字第 202 号
[17] 王某某不服宿迁学院开除学籍案（2007）宿城行初字第 1 号
  王某某不服宿迁学院开除学籍案（2007）宿中行终字第 28 号
[18] 王某不服衡水学院开除学籍案（2014）衡桃行初字第 24 号
  王某不服衡水学院开除学籍案（2015）衡行终字第 16 号
[19] 谢某不服太原理工大学开除学籍案（2015）万行初字第 3 号
[20] 新疆大学与姚某某、宋某某开除学籍处理决定案（2013）天行初字第 15 号
  新疆大学与姚某某、宋某某开除学籍处理决定案（2014）乌中行终字第 11 号
[21] 许昌学院与李某某开除学籍处分决定纠纷（2009）魏行初字第 6 号
  许昌学院与李某某开除学籍处分决定纠纷（2009）许行终字第 16 号
[22] 益某某不服许昌学院开除学籍案（2009）魏行初字第 7 号
  益某某不服许昌学院开除学籍案（2009）许行终字第 15 号
[23] 杨某不服桂林电子科技大学开除学籍案（2014）星行初字第 8 号
  杨某不服桂林电子科技大学开除学籍案（2014）桂市行终字第 200 号
[24] 高某不服华北水利水电大学开除学籍案（2013）金行初字第 171 号
[25] 林某不服浙江农林大学开除学籍案（2014）杭临行初字第 7 号
[26] 周某某不服桂林电子科技大学开除学籍案（2014）星行初字第 7 号
  周某某不服桂林电子科技大学开除学籍案（2014）桂市行终字第 199 号

［27］孟某与新乡学院颁发毕业证纠纷案（2010）红行初字第 4 号
　　　孟某与新乡学院颁发毕业证纠纷上诉案（2010）新行终字第 25 号
［28］刘某某不服江苏警官学院取消学籍案（2007）雨行初字第 18 号
　　　刘某某不服江苏警官学院取消学籍案（2008）宁行终字第 54 号
［29］徐某某诉武汉理工大学取消学籍案（2012）鄂洪山行初字第 29 号
　　　徐某某诉武汉理工大学取消学籍案（2013）鄂武汉中行终字第 22 号
［30］王某某不服南京师范大学开除学籍案（2007）鼓行初字第 108 号
［31］何某某诉天津商学院行政处理决定纠纷案（2006）一中行初字第 96 号
［32］唐某不服沈阳师范大学开除学籍案（2007）皇行初字第 51 号
　　　唐某不服沈阳师范大学开除学籍案（2008）沈行终字第 1 号
［33］吕某某诉郑州航空工业管理学院教育行政处罚案（2012）二七行初字第 48 号
［34］张某某诉郑州航空工业管理学院教育行政处罚案（2012）二七行初字第 49 号
［35］张某诉郑州航空工业管理学院教育行政处罚纠纷案（2012）郑行终字第 162 号

学位纠纷：
［1］田某诉北京科技大学拒绝颁发毕业证、学位证案（1998）海行初字第 142 号
　　　田某诉北京科技大学拒绝颁发毕业证、学位证案（1999）一中行终字第 73 号
［2］刘某某诉北京大学学位委员会案（1999）海行初字第 103 号
　　　刘某某诉北京大学学位委员会案（2000）一中行终字第 43 号
　　　刘某某诉北京大学学位委员会案（2000）海行初字第 157 号
　　　刘某某诉北京大学学位委员会案（2001）一中行终字第 50 号
　　　刘某某诉北京大学案（1999）海行初字第 104 号
　　　刘某某诉北京大学案（2000）一中行终字第 45 号
　　　刘某某诉北京大学案（2000）海行初字第 158 号
　　　刘某某诉北京大学案（2001）一中行终字第 41 号
［3］白某某诉武汉理工大学不授予学位纠纷案（2006）武行终字第 60 号
［4］褚某诉天津师范大学不授予学士学位案（2003）二中行初字第 12 号
　　　褚某诉天津师范大学不授予学士学位案（2004）津高行终字第 44 号
［5］高某某诉上海师范大学不授予学士学位案 2014
［6］贺某某诉苏州大学不授予学士学位案（2006）沧行初字第 44 号
　　　贺某某诉苏州大学不授予学士学位案（2006）苏中行终字第 98 号
　　　贺某某诉苏州大学不授予学士学位案（2008）苏中行再终字第 1 号
［7］洪某等诉中南大学不授予学士学位案（2003）岳行初字第 13 号
［8］胡某某诉华中农业大学不授予学位案（2010）洪行初字第 16 号
　　　胡某某诉华中农业大学不授予学位案（2010）武行终字第 184 号

［9］江某诉上海大学不授予学士学位案（2010）宝行初字第 42 号
　　　江某诉上海大学不授予学士学位案（2011）沪二中行终字第 34 号
［10］蒋某诉湘南学院不授予学士学位案 2014 普通话
［11］金某某诉上海杉达学院不授予学士学位案 2011
［12］廖某某诉集美大学不授予学士学位案（2004）集行初字第 1 号
　　　廖某某诉集美大学不授予学士学位上诉案
［13］刘某某诉石河子大学不履行学籍档案法定职责及行政赔偿纠纷上诉案（2014）石行初字第 26 号
　　　刘某某与石河子大学不履行学籍档案法定职责及行政赔偿纠纷上诉案（2015）兵八行终字第 4 号
［14］吕某诉上海大学不授予学士学位案（2009）宝行初字第 25 号
　　　吕某诉上海大学不授予学士学位案（2009）沪二中行终字第 274 号
［15］陶某某诉上海杉达学院不授予学士学位案（2011）浦行初字第 237 号
［16］汪某诉巢湖学院不授予学士学位案（2014）巢行初字第 62 号
　　　汪某诉巢湖学院不授予学士学位上诉案 2015
［17］王某某诉武汉大学不授予学士学位案（2009）武区行初字第 29 号
　　　王某某诉武汉大学不授予学士学位案（2010）武区行初字第 19 号
　　　王某某诉武汉大学不授予学士学位上诉案（2010）武行终字第 108 号
［18］杨某诉吉林师范大学不授予学士学位案（2014）西行初字第 11 号
　　　杨某诉吉林师范大学不授予学士学位上诉案（2015）四行终字第 12 号
［19］杨某某诉天津科技大学不授予学士学位案（2004）二中行初字第 21 号
　　　杨某某诉天津科技大学不授予学士学位上诉案（2005）津高行终字第 2 号
［20］杨某某诉济南大学不授予学士学位案（2010）市行初字第 61 号
　　　杨某某诉济南大学不授予学士学位上诉案（2011）济行终字第 29 号
［21］余某诉南昌大学不授予学士学位案（2003）洪行初字第 12 号
　　　余某诉南昌大学不授予学士学位案（2004）赣行终字第 10 号
［22］袁某诉苏州大学不授予学士学位案（2006）沧行初字第 45 号
　　　袁某诉苏州大学不授予学士学位案（2006）苏中行终字第 97 号
［23］张某某诉莆田学院不授予学士学位案 2010
［24］周某诉北华大学不授予学士学位案（2013）吉丰行初字第 11 号
　　　周某诉北华大学不授予学士学位上诉案（2013）吉中行终字第 96 号
［25］樊某某诉郑州航空工业管理学院不授予学士学位案（2003）二七行初字第 67 号
［26］何某某诉华中科技大学履行法定职责纠纷案（2008）洪行初字第 81 号
　　　何某某诉华中科技大学拒绝授予学位案（2009）武行终字第 61 号
［27］武某某诉华中农业大学教育行政行为纠纷案（2007）

［28］赵某不服广西大学不授予学士学位案（2011）西行初字第 4 号
［29］曹某某与西安财经学院拒绝颁发毕业证纠纷案（2004）雁行初字第 003 号
曹某某与西安财经学院拒绝颁发毕业证纠纷上诉案（2004）西行终字第 188 号

网络案例：

［1］甄某诉三峡大学撤销勒令退学处分案（2003 年）
［2］中国政法大学 78 名法学硕士因奖学金减少状告学校（2011 年）
［3］杭某诉南京理工大学取消研究生入学资格案（2002 年）
［4］湖北朱某某案（2004 年）
［5］王某等集体诉河北经贸大学案（2005 年）
［6］闵某诉苏州大学案（2004 年）
［7］白某某诉河南财经学院案（2005 年）
［8］四川徐某案（2005 年）
［9］河南张某某案（1992 年）
［10］陈某某诉外交学院案（1996 年）
［11］王某诉河南平顶山外贸学校案（1997 年）
［12］女大学生怀孕被开除　两学生不服告学校败诉（2002 年）
［13］欲求深造难提档案　一大学教师状告学校（2002 年）
［14］齐某某案（2001 年）
［15］武汉大学教授被打案（2012 年）
［16］华中科技大学王某某案（2003 年）
［17］华中科技大学邹某某案（2003 年）
［18］陈某诉中山大学案（2006 年）

四、外文类

［1］SUSAN S. Administrative Law［M］. Sydney：Butterworths，1997.
［2］GROUT T J. Public Law［M］. London：Macdonald & Evans Ltd.，1984.
［3］CARING P P. Administrative Law［M］. London：Sweet & Maxwell，1983.
［4］DAVIS K C. Discretionary Justice：A Preliminary Inquiry［M］. Champaign：University of Illinois Press，1969.
［5］SCHWARTZ B. Administrative Law［M］. 3rd ed. London：Little, Brown and Company，1992.
［6］COOPER P J. Public Law and Administration［M］. 2nd ed. Englewood Cliffs：Prentice hall，1988.
［7］HARWOOD S. Judicial Activism［M］. Revised ed. Lanham：Austin & Winfield，1996.

[8] LAMORTE M W. School Law: Cases and Concepts [M]. Boston: Allyn and Bacon Press, 1996.
[9] HODGSON D. The Human Right to Education [M]. Brookfield: Dartmouth Publishing Company Limited, 1998.
[10] HASKINS C H. The Rise of University [M]. Ithaca: Cornell University Press, 1965.
[11] BERKELEY C A. Governance of Higher Education: Six Priority Problems [M]. Hightstown: McGraw-hill Book Company, 1973.
[12] TOMKINS A. Public Law [M]. London: Oxford University Press, 2003.

附　录

附录1

指导案例38号：田某诉北京科技大学拒绝颁发毕业证、学位证案

（最高人民法院审判委员会讨论通过 2014年12月25日发布）

【基本案情】

原告田某于1994年9月考取北京科技大学，取得本科生的学籍。1996年2月29日，田某在电磁学课程的补考过程中，随身携带写有电磁学公式的纸条。考试中，去上厕所时纸条掉出，被监考教师发现。监考教师虽未发现其有偷看纸条的行为，但还是按照考场纪律，当即停止了田某的考试。被告北京科技大学根据原国家教委关于严肃考场纪律的指示精神，于1994年制定了校发（94）第068号《关于严格考试管理的紧急通知》（简称第068号通知）。该通知规定，凡考试作弊的学生一律按退学处理，取消学籍。被告据此于1996年3月5日认定田某的行为属作弊行为，并作出退学处理决定。同年4月10日，被告填发了学籍变动通知，但退学处理决定和变更学籍的通知未直接向田某宣布、送达，也未给田某办理退学手续，田某继续以该校大学生的身份参加正常学习及学校组织的活动。1996年9月，被告为田某补办了学生证，之后每学年均收取田某交纳的教育费，并为田某进行注册、发放大学生补助津贴，安排田某参加了大学生毕业实习设计，由其论文指导教师领取了学校发放的毕业设计结业费。田某还以该校大学生的名义参加考试，先后取得了大学英语四级、计算机应用水平测试BASIC语言成绩合格证书。被告对原告在该校的四年学习中成绩全部合格，通过毕业实习、毕业设计及论文答辩，获得优秀毕业论文及毕业总成绩为全班第九名的事实无争议。

1998年6月，田某所在院系向被告报送田某所在班级授予学士学位表时，被告有关部门以田某已按退学处理、不具备北京科技大学学籍为由，拒绝为其颁发毕业证书，进而未向教育行政部门呈报田某的毕业派遣资格表。田某所在院系认为原告符合大学毕业和授予学士学位的条件，但由于当时原告因毕业问题正在与学校交涉，故暂时未在授予学位表中签字，待学籍问题解决后再签。被告因此未将原告列入授予学士学位资格的名单交该校学位评定委员会审核。因被告的部分教师为田某一事向原国家教委申诉，国家教委高校学生司于1998年5月18日致函被告，认为被告对田某违反考场纪律一事处理过重，建议复查。同年6月10日，被告复查后，仍然坚持原结论。田某认为自己符合大学毕业生的法定条件，北京科技大学拒绝给其颁发毕业证、学位证是违法的，遂向北京市海淀区人民法院提起行政诉讼。

【裁判结果】

北京市海淀区人民法院于1999年2月14日作出（1998）海行初字第00142号行政判决：

一、北京科技大学在本判决生效之日起30日内向田某颁发大学本科毕业证书；

二、北京科技大学在本判决生效之日起60日内组织本校有关院、系及学位评定委员会对田某的学士学位资格进行审核；

三、北京科技大学于本判决生效后30日内履行向当地教育行政部门上报有关田某毕业派遣的有关手续的职责；

四、驳回田某的其他诉讼请求。北京科技大学提出上诉，北京市第一中级人民法院于1999年4月26日作出（1999）一中行终字第73号行政判决：驳回上诉，维持原判。

【裁判理由】

法院生效裁判认为：根据我国法律、法规规定，高等学校对受教育者有进行学籍管理、奖励或处分的权力，有代表国家对受教育者颁发学历证书、学位证书的职责。高等学校与受教育者之间属于教育行政管理关系，受教育者对高等学校涉及受教育者基本权利的管理行为不服的，有权提起行政诉讼，高等学校是行政诉讼的适格被告。

高等学校依法具有相应的教育自主权，有权制定校纪、校规，并有权对在校学生进行教学管理和违纪处分，但是其制定的校纪、校规和据此进行的教学管理和违纪处分，必须符合法律、法规和规章的规定，必须尊重和保护当事人的合法权益。本案原告在补考中随身携带纸条的行为属于违反考场纪律的行为，被告可以按照有关法律、法规、规章及学校的有关规定处理，但其对原告作出退学处理决定所依据的该校制定的第068号通知，与《普通高等学校学生管理规定》第二十九条规定的法定退学条件相抵触，故被告所作退学处理决定违法。

退学处理决定涉及原告的受教育权利，为充分保障当事人权益，从正当程序原则出发，被告应将此决定向当事人送达、宣布，允许当事人提出申辩意见。而被告既未依此原则处理，也未实际给原告办理注销学籍、迁移户籍、档案等手续。被告于1996年9月为原告补办学生证并注册的事实行为，应视为被告改变了对原告所作的按退学处理的决定，恢复了原告的学籍。被告又安排原告修满四年学业，参加考核、实习及毕业设计并通过论文答辩等。上述一系列行为虽系被告及其所属院系的部分教师具体实施，但因他们均属职务行为，故被告应承担上述行为所产生的法律后果。国家实行学历证书制度，被告作为国家批准设立的高等学校，对取得普通高等学校学籍、接受正规教育、学习结束达到一定水平和要求的受教育者，应当为其颁发相应的学业证明，以承认该学生具有的相当学历。原告符合上述高等学校毕业生的条件，被告应当依《中华人民共和国教育法》第二十八条第一款第五项及《普通高等学校学生管理规定》第三十五条的规定，为原告颁发大学本科毕业证书。国家实行学位制度，学位证书是评价个人学术水平的尺度。被告作为国家授权的高等学校学士学位授予机构，应依法定程序对达到一定学术水平或专业技术水平的人员授予相应的学位，颁发学位证书。依《中华人民共和国学位条例暂行实施办法》第四条、第五条、第十八条第三项规定的颁发学士学位证书的法定程序要求，被告首先应组织有关院系审核原告的毕业成绩和毕业鉴定等材料，确定原告是否已较好地掌握本门学科的基础理论、专业知识和基本技能，是否具备从事科学研究工作或担负专门技术工作的初步能力；再决定是否向学位评定委员会提名列入学士学位获得者的名单，学位评定委员会方可依名单审查通过后，由被告对原告授予学士学位。

附录2

指导案例39号：何某某诉华中科技大学拒绝授予学位案

（最高人民法院审判委员会讨论通过 2014 年 12 月 25 日发布）

【基本案情】

原告何某某系第三人华中科技大学武昌分校（以下简称武昌分校）2003级通信工程专业的本科毕业生。武昌分校是独立的事业单位法人，无学士学位授予资格。根据国家对民办高校学士学位授予的相关规定和双方协议约定，被告华中科技大学同意对武昌分校符合学士学位条件的本科毕业生授予学士学位，并在协议附件载明《华中科技大学武昌分校授予本科毕业生学士学位实施细则》（以下简称《实施细则》）。其中第二条规定"凡具有我校学籍的本科毕业生，符合本《实施细则》中授予条件者，均可向华中科技大学学位评定委员会申请授予学士学位"，第三条规定"……达到下述水平和要求，经学术评定委员会审核通过者，可授予学士学位。……（三）通过全国大学英语四级统考"。2006年12月，华中科技大学作出《关于武昌分校、文华学院申请学士学位的规定》，规定通过全国大学外语四级考试是非外国语专业学生申请学士学位的必备条件之一。

2007年6月30日，何某某获得武昌分校颁发的《普通高等学校毕业证书》，由于其本科学习期间未通过全国英语四级考试，武昌分校根据上述《实施细则》，未向华中科技大学推荐其申请学士学位。8月26日，何某某向华中科技大学和武昌分校提出授予工学学士学位的申请。2008年5月21日，武昌分校作出书面答复，因何某某没有通过全国大学英语四级考试，不符合授予条件，华中科技大学不能授予其学士学位。

【裁判结果】

湖北省武汉市洪山区人民法院于2008年12月18日作出（2008）洪行初字第81号行政判决，驳回原告何某某要求被告华中科技大学为其颁发工学学士学位的诉讼请求。湖北省武汉市中级人民法院于2009年5月31日作出（2009）武行终字第61号行政判决，驳回上诉，维持原判。

【裁判理由】

法院生效裁判认为：本案争议焦点主要涉及被诉行政行为是否可诉、是否合法以及司法审查的范围问题。

一、被诉行政行为具有可诉性。根据《中华人民共和国学位条例》等法律、行政法规的授权，被告华中科技大学具有审查授予普通高校学士学位的法定职权。依

附 录

《中华人民共和国学位条例暂行实施办法》第四条第二款"非授予学士学位的高等院校,对达到学士学术水平的本科毕业生,应当由系向学校提出名单,经学校同意后,由学校就近向本系统、本地区的授予学士学位的高等院校推荐。授予学士学位的高等院校有关的系,对非授予学士学位的高等院校推荐的本科毕业生进行审查考核,认为符合本暂行办法及有关规定的,可向学校学位评定委员会提名,列入学士学位获得者名单",以及国家促进民办高校办学政策的相关规定,华中科技大学有权按照与民办高校的协议,对于符合本校学士学位授予条件的民办高校本科毕业生经审查合格授予普通高校学士学位。

本案中,第三人武昌分校是未取得学士学位授予资格的民办高校,该院校与华中科技大学签订合作办学协议约定,武昌分校对该校达到学士学术水平的本科毕业生,向华中科技大学推荐,由华中科技大学审核是否授予学士学位。依据《中华人民共和国学位条例暂行实施办法》的规定和华中科技大学与武昌分校之间合作办学协议,华中科技大学具有对武昌分校推荐的应届本科毕业生进行审查和决定是否颁发学士学位的法定职责。武昌分校的本科毕业生何某某以华中科技大学在收到申请之日起六十日内未授予其工学学士学位,向人民法院提起行政诉讼,符合《最高人民法院关于执行〈中华人民共和国行政诉讼法〉若干问题的解释》第三十九条第一款的规定。因此,华中科技大学是本案适格的被告,何某某是对华中科技大学不授予其学士学位不服提起诉讼的,人民法院应当依法受理。

二、被告制定的《华中科技大学武昌分校授予本科毕业生学士学位实施细则》第三条的规定符合上位法规定。《中华人民共和国学位条例》第四条规定:"高等学校本科毕业生,成绩优良,达到下述学术水平者,授予学士学位:(一)较好地掌握本门学科的基础理论、专门知识和基本技能……"。《中华人民共和国学位条例暂行实施办法》第二十五条规定:"学位授予单位可根据本暂行条例实施办法,制定本单位授予学位的工作细则。"该办法赋予学位授予单位在不违反《中华人民共和国学位条例》所规定授予学士学位基本原则的基础上,在学术自治范围内制定学士学位授予标准的权力和职责,华中科技大学在此授权范围内将全国大学英语四级考试成绩与学士学位挂钩,属于学术自治的范畴。高等学校依法行使教学自主权,自行对其所培养的本科生教育质量和学术水平作出具体的规定和要求,是对授予学士学位的标准的细化,并没有违反《中华人民共和国学位条例》第四条和《中华人民共和国学位条例暂行实施办法》第二十五条的原则性规定。因此,何某某因未通过全国大学英语四级考试不符合华中科技大学学士学位的授予条件,武昌分校未向华中科技大学推荐其申请授予学士学位,故华中科技大学并不存在不作为的事实,对何某某的诉讼请求不予支持。

三、对学校授予学位行为的司法审查以合法性审查为原则。各高等学校根据自身的教学水平和实际情况在法定的基本原则范围内确定各自学士学位授予的学术水平衡量标准，是学术自治原则在高等学校办学过程中的具体体现。在符合法律、法规规定的学位授予条件前提下，确定较高的学士学位授予学术标准或适当放宽学士学位授予学术标准，均应由各高等学校根据各自的办学理念、教学实际情况和对学术水平的理想追求自行决定。对学士学位授予的司法审查不能干涉和影响高等学校的学术自治原则，学位授予类行政诉讼案件司法审查的范围应当以合法性审查为基本原则。

附录3

甘某不服暨南大学开除学籍决定案

【裁判摘要】

学生对高等院校作出的开除学籍等严重影响其受教育权利的决定可以依法提起诉讼。人民法院审理此类案件时,应当以相关法律、法规为依据,参照相关规章,并可参考涉案高等院校正式公布的不违反上位法规定精神的校纪校规。

最高人民法院行政判决书

(2011)行提字第12号

申请再审人(一审原告、二审上诉人)甘某,女,1981年10月15日出生,汉族,住沈阳市东陵区南塔东街24号7-6-1。

委托代理人湛某乐,北京大学教授。

委托代理人湛某卓,北京市众天律师事务所律师。

被申请人(一审被告、二审被上诉人)暨南大学,住所地广州市天河区黄埔大道西601号。

法定代表人胡某,该校校长。

委托代理人李某某,该校教师。

委托代理人陆某某,广东胜伦律师事务所律师。

申请再审人甘某因诉被申请人暨南大学开除学籍决定一案,不服广东省广州市中级人民法院(2007)穗中法行终字第709号行政判决和广东省高级人民法院(2010)粤高法行监字第6号驳回再审申请通知,向本院申请再审。本院经审查后认为原生效判决可能存在适用法律错误的情形,以(2010)行监字第1023号行政裁定提审本案。本案提审后,本院依法组成合议庭公开开庭审理了本案。甘某的委托代理人湛某乐、湛某卓,暨南大学的委托代理人李某某、陆某某到庭参加了诉讼。本案现已审理终结。

广东省广州市中级人民法院(2007)穗中法行终字第709号终审判决认定以下事实:甘某原系暨南大学华文学院语言学及应用语言学专业2004级硕士研究生。2005年间,甘某在参加现代汉语语法专题科目的撰写课程论文考试时,提交了《关于"来着"的历时发展》的考试论文,任课老师发现其提供的考试论文是从互联网上抄袭,遂对其进行批评、教育后,要求重写论文。甘某第二次向任课老师提供的考试论文《浅议东北方言动词"造"》,又被任课老师发现与发表于《江汉大学学报》2002年第 2 期《东北方言动词"造"的语法及语义特征》一文雷同。2006 年 3 月 8 日，暨南大学作出暨学〔2006〕7 号《关于给予硕士研究生甘某开除学籍处理的决定》，给予甘某开除学籍的处分。甘某不服，向广东省教育厅提出申诉，广东省教育厅于 2006 年 5 月 16 日作出粤教法〔2006〕7 号《学生申诉决定书》，认为暨南大学对甘某作出处分的程序违反《暨南大学学生违纪处分实施细则》第三十三条的规定，影响甘某的陈述权、申诉权及听证权的行使，不符合《普通高校学生管理规定》第五十五条、第五十六条的规定，责令暨南大学对甘某的违纪行为重新作出处理。暨南大学收到广东省教育厅的决定书后，于 2006 年 6 月 1 日将调查谈话通知单送达给甘某母亲赵某某，并于当天就甘某违纪事件进行调查。6 月 2 日，暨南大学华文学院向暨南大学学生违纪处理委员会办公室建议给予甘某开除学籍的处分。6 月 6 日，暨南大学研究生部向学校领导提交有关给予硕士研究生甘某开除学籍处理报告，建议对甘某作出开除学籍的处理。6 月 7 日，暨南大学将违纪处理告知书送达给甘某母亲赵某某，并制作了告知笔录。6 月 13 日，赵某某将陈述、申辩材料交暨南大学。暨南大学也对甘某陈述申辩作了记录。2006 年 6 月 15 日，暨南大学学生违纪处理委员会召开会议，决定给予甘某开除学籍的处分，并将给予甘某开除学籍处分的意见提交校长办公会议进行讨论。6 月 19 日，暨南大学召开 2006 年第 16 次校长办公会议，会议决定同意给予甘某开除学籍的处分，并制作了暨学〔2006〕33 号《关于给予硕士研究生甘某开除学籍处分的决定》（以下简称开除学籍决定），对甘某作出开除学籍处分。6 月 21 日，暨南大学将处分决定送达给赵某某。6 月 23 日，暨南大学又通过特快专递 EMS 将开除学籍决定寄送给甘某。2007 年 6 月 11 日，甘某以暨南大学作出的开除学籍决定没有法律依据及处罚太重为由，向广州市天河区人民法院提起行政诉讼，请求撤销暨南大学作出的开除学籍决定并承担案件诉讼费。广州市天河区人民法院以（2007）天法行初字第 62 号行政判决维持了开除学籍决定。甘某不服提起上诉。

广东省广州市中级人民法院终审判决认为，根据《中华人民共和国教育法》的规定，暨南大学有权对受教育者进行学籍管理，实施奖励或者处分。《普通高等学校学生管理规定》第五十四条第（五）项规定，剽窃、抄袭他人研究成果，情节严重的，学校可以给予开除学籍处分。第六十八条规定，高等学校应当根据本规定制定或修改学校的学生管理规定，报主管教育行政部门备案，并及时向学生公布。《暨南大学学生管理暂行规定》第五十三条第（五）项、原《暨南大学学生违纪处分实施细则》第二十五条规定，剽窃、抄袭他人研究成果，情节严重的，可给予开除学籍处分。本案中，甘某两次抄袭他人论文作为自己的考试论文，其行为属于抄袭他人研究成果，在任课老师已经指出其错误行为后，甘某仍然再次抄袭欺骗老师，这种治学态度是很不严谨的。暨南大学认为甘某违规行为属情节严重，主要证据充分，甘某认为其行为属考试作弊的理由不成立，不予采纳。在学校处理过程中，甘某书面表达了自己的意见，也委托母亲接受了暨南大学的调查、进行了申辩，暨南大学处理程序并未影响甘某行使法定权利，甘某认为开除学籍决定程序违法的主张缺乏依据，不予支持。在适用法律方面，暨南大学根据法律授权制定了本校的学生管理规定，并依照该规定对甘某作出开除学籍决定，并无违反法律、法规和规章规定。需要指出的是，在《普通高等学校学生管理规定》第五十四条已对开除学籍情形作出规定的情况下，暨南大学在开除学籍决定中没有引用该规定不妥，但该瑕疵不足以影响开除学籍决定的合法性。综上，广东省广州市中级人民法院认为，广州市天河区人民法院（2007）天法行初字第62号行政判决维持暨南大学的开除学籍决定正确。因此，广东省广州市中级人民法院判决驳回甘某上诉，维持原判。

后甘某向广东省高级人民法院申请再审，该院以（2010）粤高法行监字第6号驳回再审申请通知驳回其再审申请。甘某向我院申请再审称：其作为暨南大学2004级硕士研究生在修读学位课程现代汉语语法专题时，先后两次上交的课程论文存在抄袭现象属实。但该课程考试形式是以撰写课程论文方式进行的开卷考试，抄袭他人论文的行为违反了考试纪律，应按违反考试纪律的规定给予处分。但这种抄袭行为并不是《普通高等学校学生管理规定》第五十四条第（五）项和《暨南大学学生管理暂行规定》第五十三条第（五）项规定所称的"剽窃、抄袭他人研究成果"的违纪行为。暨南大学适用《暨南大学学生管理暂行规定》第五十三条第（五）项规定给予开除学籍处分认定事实不清、适用法律不当、处分程序不合法，且处分明显偏重。请求本院撤销原审判决并撤销开除学籍决定，责令暨南大学重新作出具体行政行为或者直接将开除学籍决定变更为其他适当的处分，同时赔偿因诉讼多年而支出的交通住宿等直接费用89601元和因丧失学习机会造成的间接损失及精神赔偿100000元。

暨南大学辩称：学期课程论文作为研究生修读课程的考试形式之一，也是研究生在学习期间研究成果的一部分，研究生理应严格认真对待。甘某连续两次的抄袭行为已经严重违反了《高等学校学生行为准则》《普通高等学校学生管理规定》以及《暨南大学学生管理暂行规定》，丧失了作为一名学生所应有的道德品质，应按照《暨南大学学生违纪处分实施细则》进行处理。即便如申请人所述，其行为属于考试作弊行为，而根据《普通高等学校学生管理规定》第五十四条第（四）项的规定："由他人代替考试、替他人参加考试、组织作弊、使用通讯设备作弊及其他作弊行为严重的"，仍然可以给予申请人开除学籍处分。因此，开除学籍决定认定事实清楚、定性准确，适用法律正确。请求本院依法维持原审判决，并驳回甘某在原一、二审期间未曾提出的赔偿请求。

本院庭审中，双方当事人对原生效判决所认定的事实均无异议，本院经审查后依法予以确认。本院在复查期间和提审后，曾先后多次组织双方当事人进行协调。但暨南大学坚持不自行撤销开除学籍决定，而甘某则坚持在暨南大学不自行撤销开除学籍决定情况下，不接受任何形式的经济补偿或者赔偿，因而双方未能达成和解。庭审后，甘某再次向本院书面说明，因已经失去5年最好的光阴，其已不愿意回到学校修完学业。本院认为，高等学校学生应当遵守《高等学校学生行为准则》《普通高等学校学生管理规定》，并遵守高等学校依法制定的校纪校规。学生在考试或者撰写论文过程中存在的抄袭行为应当受到处理，高等学校也有权依法给予相应的处分。但高等学校对学生的处分应遵守《普通高等学校学生管理规定》第五十五条规定，做到程序正当、证据充足、依据明确、定性准确、处分恰当。特别是在对违纪学生作出开除学籍等直接影响受教育权的处分时，应当坚持处分与教育相结合原则，做到育人为本、罚当其责，并使违纪学生得到公平对待。违纪学生针对高等学校作出的开除学籍等严重影响其受教育权利的处分决定提起诉讼的，人民法院应当予以受理。人民法院在审理此类案件时，应依据法律法规、参照规章，并可参考高等学校不违反上位法且已经正式公布的校纪校规。

《暨南大学学生管理暂行规定》第五十三条第（五）项规定，剽窃、抄袭他人研究成果，情节严重的，可给予开除学籍处分。《暨南大学学生违纪处分实施细则》第二十五条规定，剽窃、抄袭他人研究成果，视情节轻重，给予留校察看或开除学籍处分。暨南大学的上述规定系依据《普通高等学校学生管理规定》第五十四条第（五）项的规定制定，因此不能违背《普通高等学校学生管理规定》相应条文的立法本意。《普通高等学校学生管理规定》第五十四条列举了七种可以给予学生开除学籍处分的情形，其中第（四）项和第（五）项分别列举了因考试违纪可以开除学籍和因剽窃、抄袭他人研究成果可以开除学生学籍的情形，并对相应的违纪情节作了明确规定。其中第（五）项所称的"剽窃、抄袭他人研究成果"，系指高等学校学生在毕业论文、学位论文或者公开发表的学术文章、著作，以及所承担科研课题的研究成果中，存在剽窃、抄袭他人研究成果的情形。所谓"情节严重"，系指剽窃、抄袭行为具有非法使用他人研究成果数量多、在全部成果中所占的地位重要、比例大、手段恶劣，或者社会影响大、对学校声誉造成不良影响等情形。甘某作为在校研究生提交课程论文，属于课程考核的一种形式，即使其中存在抄袭行为，也不属于该项规定的情形。因此，暨南大学开除学籍决定援引《暨南大学学生管理暂行规定》第五十三条第（五）项和《暨南大学学生违纪处分实施细则》第二十五条规定，属于适用法律错误，应予撤销。一、二审法院判决维持显属不当，应予纠正。鉴于开除学籍决定已生效并已实际执行，甘某已离校多年且目前已无意返校继续学习，撤销开除学籍决定已无实际意义，但该开除学籍决定的违法性仍应予以确认。甘某在本院再审期间提出的其在原审期间未提出的赔偿请求，本院依法不予审查。

综上，依据《中华人民共和国行政诉讼法》第六十一条第（二）项和最高人民法院《关于执行〈中华人民共和国行政诉讼法〉若干问题的解释》第五十七条第二款第（二）项的规定，判决如下：

一、撤销广东省广州市中级人民法院（2007）穗中法行终字第709号行政判决和广州市天河区人民法院（2007）天法行初字第62号行政判决；

二、确认暨南大学暨学〔2006〕33号《关于给予硕士研究生甘某开除学籍处分的决定》违法。

一、二审案件受理费共计人民币100元，由被申请人暨南大学负担。

本判决为终审判决。

审　判　长　郭修江
审　判　员　段小京
代理审判员　耿宝建
二〇一一年十月二十五日
书　记　员　徐　超

附录 4

北京大学与于某某撤销博士学位决定纠纷上诉案

北京市第一中级人民法院
行政判决书

(2017) 京 01 行终 277 号

上诉人 (一审被告) 北京大学, 住所地北京市海淀区颐和园路 5 号。

法定代表人林某某, 校长。

委托代理人王某某, 北京大成律师事务所律师。

委托代理人陆某某, 北京大学校长法律顾问办公室主任。

被上诉人 (一审原告) 于某某, 女, 1979 年 2 月 8 日出生, 汉族, 住北京市通州区。

委托代理人仪某某, 上海知谦律师事务所律师。

上诉人北京大学因撤销博士学位决定一案, 不服北京市海淀区人民法院 (2015) 海行初字第 1064 号行政判决, 向本院提起上诉。本院依法组成合议庭, 于 2017 年 5 月 19 日公开开庭审理了本案。上诉人北京大学的委托代理人王某某、陆某某, 被上诉人于某某及其委托代理人仪某某到庭参加了诉讼。本案现已审理终结。

一审法院经审理查明, 于某某系北京大学历史系 2008 级博士研究生, 于 2013 年 7 月 5 日取得历史学博士学位。2013 年 1 月, 于某某将其撰写的论文《1775 年法国大众新闻业的"投石党运动"》(以下简称《运动》) 向《国际新闻界》杂志社投稿。同年 3 月 18 日, 该杂志社编辑通过电子邮件通知于某某按照该刊格式规范对《运动》一文进行修改。同年 4 月 8 日, 于某某按照该杂志社要求通过电子邮件提交了修改稿。同年 5 月 31 日, 于某某向北京大学提交博士学位论文答辩申请书及科研统计表。于某某将该论文作为科研成果列入博士学位论文答辩申请书, 注明"《国际新闻界》, 2013 年待发"。于某某亦将该论文作为科研论文列入研究生科研统计表, 注明"《国际新闻界》于 2013 年 3 月 18 日接收"。同年 7 月 23 日, 《国际新闻界》(2013 年第 7 期) 刊登《运动》一文。2014 年 8 月 17 日, 《国际新闻界》发布《关于于某某论文抄袭的公告》, 认为于某某在《运动》一文中大段翻译原作者的论文, 直接采用原作者引用的文献作为注释, 其行为已构成严重抄袭。随后, 北京大学成立专家调查小组对于某某涉嫌抄袭一事进行调查。同年 9 月 1 日, 北京大学专家调查小组召开第一次会议, 决定聘请法国史及法语专家对于某某的博士学位论文、《运动》一文及在校期间发表的其他论文进行审查。同年 9 月 9 日, 于某某参加了专家调查小组第二次会议，于某某就涉案论文是否存在抄袭情况进行了陈述。其间，外聘专家对涉案论文发表了评审意见，认为《运动》一文"属于严重抄袭"。同年10月8日，专家调查小组作出调查报告，该报告提到审查小组第三次会议中，审查小组成员认为《运动》一文"基本翻译外国学者的作品，因而可以视为严重抄袭，应给予严肃处理"。同年11月12日，北京大学学位评定委员会召开第117次会议，对于某某涉嫌抄袭事件进行审议，决定请法律专家对现有管理文件的法律效力进行审查。2015年1月9日，北京大学学位评定委员会召开第118次会议，全票通过决定撤销于某某博士学位。同日，北京大学作出校学位〔2015〕1号《关于撤销于某某博士学位的决定》（以下简称《撤销决定》）。该决定载明："于某某系我校历史系2008级博士研究生，2013年7月获得博士学位，证书号为（×××）。经查实，其在校期间发表的学术论文《1775年法国大众新闻业的'投石党运动'》存在严重抄袭。依据《中华人民共和国学位条例》《国务院学位委员会关于在学位授予工作中加强学术道德和学术规范建设的意见》《北京大学研究生基本学术规范》等规定，经2015年1月9日第118次校学位评定委员会审议批准，决定撤销于某某博士学位，收回学位证书。"该决定于同年1月14日送达于某某。于某某不服，于同年1月20日向北京大学学生申诉处理委员会提出申诉。同年3月16日，北京大学学生申诉处理委员会作出〔2015〕3号《北京大学学生申诉复查决定书》，决定维持《撤销决定》。同年3月18日，于某某向北京市教育委员会（以下简称市教委）提出申诉，请求撤销上述《撤销决定》。同年5月18日，市教委作出京教法申字〔2015〕6号《学生申诉答复意见书》，对于某某的申诉请求不予支持。于某某亦不服，于同年7月17日向一审法院提起行政诉讼，请求撤销北京大学作出的《撤销决定》，并判令恢复于某某博士学位证书的法律效力。

2017年1月17日，一审法院经审理认为，根据《中华人民共和国学位条例》（以下简称学位条例）第八条规定，博士学位，由国务院授权的高等学校和科研机构授予。该条例第十七条规定："学位授予单位对于已经授予的学位，如发现有舞弊作伪等严重违反本条例规定的情况，经学位评定委员会复议，可以撤销。"根据上述规定，北京大学作为学位授予机构，依法具有撤销已授予学位的行政职权。因此，北京大学向于某某作出的《撤销决定》，属于《中华人民共和国行政诉讼法》（以下简称《行政诉讼法》）规定的行政行为；于某某不服该《撤销决定》而提起的诉讼，亦属于人民法院行政诉讼受案范围。

《行政诉讼法》第一条规定了该法的立法宗旨是"保证人民法院公正、及时审理行政案件，解决行政争议，保护公民、法人和其他组织的合法权益，监督行政机关依法行使职权……"《行政诉讼法》第六条亦规定："人民法院审理行政案件，对行政行为是否合法进行审查。"因此，行政行为是否合法是人民法院审理行政案件的关键所在。

本案中，北京大学在作出《撤销决定》的过程中，其行为是否合法，是本院应当审查的主要问题。"发展高等教育事业，实施科教兴国战略，促进社会主义物质文明和精神文明建设"是《中华人民共和国高等教育法》的立法原则。同时，该法第五条规定："高等教育的任务是培养具有社会责任感、创新精神和实践能力的高级专门人才，发展科学技术文化，促进社会主义现代化建设。"《学位条例》第三条规定了我国高等教育学位分学士、硕士、博士三级，其中博士学位是最高级。因此，为了培养我国的高级专门人才，促进社会主义现代化建设，高等院校在授予学位，特别是最高级别的博士学位过程中，应当按照科学、严谨的态度和方法，审慎进行处理；对于已授予的学位予以撤销的，亦应遵循正当程序进行，保障相关权利人的合法权益。

《学位条例》及相关法律、法规虽然未对撤销博士学位的程序作出明确规定，但撤销博士学位涉及相对人的重大切身利益，是对取得博士学位人员获得的相应学术水平作出否定，对相对人合法权益产生极其重大的影响。因此，北京大学在作出被诉《撤销决定》之前，应当遵循正当程序原则，在查清事实的基础上，充分听取于某某的陈述和申辩，保障于某某享有相应的权利。本案中，北京大学虽然在调查初期与于某某进行过一次约谈，于某某就涉案论文是否存在抄袭陈述了意见；但此次约谈系北京大学的专家调查小组进行的调查程序；北京大学在作出《撤销决定》前未充分听取于某某的陈述和申辩。因此，北京大学作出的对于某某不利的《撤销决定》，有违正当程序原则。虽然北京大学当庭辩称此次约谈有可能涉及撤销学位问题，但北京大学未能提供相关证据予以证明。因此，法院对北京大学的上述辩称意见不予采信。

此外，北京大学作出的《撤销决定》中仅载明"依据《中华人民共和国学位条例》《国务院学位委员会关于在学位授予工作中加强学术道德和学术规范建设的意见》《北京大学研究生基本学术规范》等规定"，未能明确其所适用的具体条款，故其作出的《撤销决定》没有明确的法律依据，适用法律亦存有不当之处。

综上，北京大学作出的被诉《撤销决定》违反法定程序，适用法律存在不当之处，法院应予撤销。该《撤销决定》被依法撤销后，由北京大学依照相关规定进行处理。于某某要求恢复其博士学位证书法律效力的诉讼请求，不属于本案审理范围，法院依法予以驳回。

据此，一审法院依照《行政诉讼法》第六十九条，第七十条第（二）、（三）项之规定，判决撤销北京大学作出的《撤销决定》，并驳回于某某的其他诉讼请求。

北京大学不服一审判决，上诉称：1. 没有相关法律规定，学校在作出撤销学位决定之前必须听取当事人的陈述与申辩；2. 上诉人在作出决定前，曾经约谈过于某某，已经给其提供了充分陈述与申辩的机会。没有相关规定要求，上诉人必须向于某某说明其学位可能被撤销的后果。而且，约谈属于调查程序，没有必要也不可能向于某某提及最终处理结果的问题。于某某在受到处分之后，也已向学生申诉受理委员会提出申诉，委员会予以受理并专门召开会议，听取了于某某本人的申辩，并进行了讨论；3. 尽管《撤销决定》中没有列明具体法律条文，但这不表明相关的法律依据不存在，一审法院以此为由撤销《撤销决定》显属不当。综上，请求依法撤销一审判决。

被上诉人于某某表示同意一审判决，请求二审法院维持一审判决。

在法定举证期限内，北京大学向一审法院提交了如下证据：1. 北京大学博士学位研究生学籍表及研究生科研统计表，证明于某某博士生的在读期间；2. 北京大学博士学位论文答辩申请书，证明于某某是博士研究生在读期间发表的抄袭论文；3. 历史学系关于博士生毕业时发表科研论文的规定，证明其对科研论文发表的要求；4. 《运动》；5. 原作者论文；6. 关于于某某论文抄袭的公告，以上证据证明于某某发表的论文属于抄袭；7. 关于于某某论文《运动》编审情况的说明，证明于某某是博士研究生在读期间发表的抄袭文章；8. 关于于某某博士发表文章的评审意见，证明校外专家认为于某某发表的论文属严重抄袭；9. 于某某抄袭事件专家调查小组报告，证明于某某发表的论文属抄袭；10. 北京大学学位评定委员会第117次会议纪要；11. 北京大学学位评定委员会第118次会议纪要；12.《撤销决定》，以上证据证明其按国家及学校规定对于某某作出处理；13. 北京大学学生申诉处理委员会会议纪要；14. 北京大学学生申诉复查决定书，以上证据证明其按规定对于某某的申诉进行了处理；15. 市教委《学生申诉答复意见书》、送达回证及补正通知书，证明其对于某某抄袭行为的处理符合法律规定。

在法定举证期限内，于某某向一审法院提交下列证据：1.《撤销决定》，证明其起诉符合法定条件；2. 收据；3. 北京大学学生申诉复查决定书；4. 送达回证，以上证据证明于某某起诉没有超过起诉期限；5. 北京大学信息公开申请答复函，证明北京大学在作出《撤销决定》时，始终未让其查阅、复制、获取相关证据材料，其更不可能有针对性地进行陈述和申辩；6. 凤凰网转载新华社2015年1月10日的新闻报道；7. 中央电视台2015年1月10日新闻报道的视频资料及网址（附文字稿），以上证据证明北京大学作出的《撤销决定》未送达并经于某某签收，即进行新闻通报，是程序违法；8. 博士学位证书，证明其已通过博士学位的课程考试和论文答辩，成绩合格，于2013年7月5日取得博士学位；9.《国际新闻界》封面、目录页和封底，证明《运动》的发表时间为2013年7月23日，并不是在校期间发表；10. 研究生科研统计表，证明其在读期间超额完成了学校指定的发表论文任务，符合答辩资格，且《运动》一文处于待刊状态，并未发表；11. 北京大学关于博士研究生培养工作的若干规定，证明其在申请论文答辩之前，已经符合"至少发表2篇论文"的要求，具备了校规所规定的参加博士学位论文答辩的条件；12. 北京大学研究生论文答辩和学位申请指南，证明科研统计表和学籍表是两种表格，待刊论文必须提交接收函；13. 全国博士后管委会办公室通知（2013年6月28日），证明《运动》一文发表时，其身份已不是北京大学历史学系博士研究生；14. 电子邮件12封，证明《国际新闻界》杂志社于2013年3月18日对其投稿作出刊物接收的回应，直至同年6月25日文章并未正式发表，在此期间，其向《国际新闻界》发送两次邮件更改署名，《国际新闻界》杂志社未作出回应，其于10月底才知道《运动》已经发表,且署名单位仍是北京大学历史学系;15. 凤凰网转载《京华时报》新闻报道(2014年8月24日),证明北京大学曾经向媒体表态,《运动》一文属文责自负,与北京大学无关;16. 博士研究生成绩单,证明其博士在读期间各门功课成绩优异;17. 中国社会科学院世界历史研究所致北京大学的公函(2014年10月31日),证明于某某现在的单位对其学术表现予以充分肯定;18. 关于对于某某学术论文抄袭事件尽快作出处理意见的通知,证明北京大学适用法律错误,处理程序违规;19. 北京大学学位评定委员会分会会议记录(2014年12月24日),证明北京大学工作程序存在瑕疵和错误,记录内容含有虚假陈述,于某某从未承认抄袭,且仅有5名委员建议撤销学位,未超过半数,于某某的博士学位不应撤销。

对于上述证据,一审法院经审查认为,于某某提交的证据2至证据4、证据8至证据12、证据14、证据18与本案有关,且符合证据合法性、真实性要求,法院予以采纳。其中,于某某提交的证据2至证据4能够证明其就《撤销决定》进行申诉的情况;证据8能够证明其于2013年7月5日取得博士学位;证据9能够证明《运动》一文刊登情况;证据10能够证明其申请博士学位提交材料的情况;证据11、证据12能够证明北京大学关于博士研究生培养及论文答辩、学位申请的相关规定;证据14能够证明其与《国际新闻界》编辑就《运动》一文进行过沟通;证据18能够证明北京大学对于某某涉嫌抄袭事件进行处理的相关情况。于某某提交的证据1系本案被诉《撤销决定》,不能作为证据使用。于某某提交的证据5系其在被诉《撤销决定》作出后取得的信息公开答复函;证据6、证据7、证据15系新闻媒体的报道;证据13系全国博士后管委会办公室同意其去中国社会科学院世界史学科做博士后的通知;证据16系于某某成绩单;证据17系中国社会科学院世界历史研究所的意见函,以上证据均与本案被诉《撤销决定》不具有直接关联性,法院不予采纳。于某某提交的证据19中有涂抹和遮挡的痕迹,不能完整反映真实的记录情况,对该证据的真实性法院无法判定,故对该证据法院亦不予采纳。北京大学提交的证据1至证据6、证据8至证据11、证据13至证据15与本案有直接关联性,且符合证据的合法性、真实性要求,对上述证据本院予以采纳。其中,北京大学提交的证据1中的学籍表能够证明于某某博士研究生在读时间;证据1中的科研统计表、证据2及证据3能够证明于某某申请博士学位论文提交的材料及北京大学历史学系对发表科研论文的规定;证据4至证据6、证据8至证据11能够证明北京大学对于某某涉嫌抄袭事件进行调查处理的相关情况;证据13至证据15能够证明北京大学及市教委对于某某的申诉进行了处理。北京大学提交的证据7系被诉《撤销决定》作出后取得,对该证据本院不予采纳。北京大学提交的证据12系本案被诉《撤销决定》,不能作为证据使用。上述证据全部随案卷移送本院。本院经查阅一审卷宗,上述证据已经一审法院庭审质证。经审查,本院同意一审法院的上述认证意见。基于上述证据及各方当事人的陈述,本院同意一审法院查明的案件事实。本院认为,结合双方当事人的诉辩主张,本案的争议焦点在于:一、北京大学作出《撤销决定》时是否应当适用正当程序原则；二、北京大学作出《撤销决定》的程序是否符合正当程序原则；三、北京大学作出《撤销决定》时适用法律是否准确。

关于焦点一，正当程序原则的要义在于，作出任何使他人遭受不利影响的行使权力的决定前，应当听取当事人的意见。正当程序原则是裁决争端的基本原则及最低的公正标准，其在我国行政处罚法、行政许可法等基本行政法律规范中均有体现。作为最基本的公正程序规则，只要成文法没有排除或另有特殊情形，行政机关都要遵守。即使法律中没有明确的程序规定，行政机关也不能认为自己不受程序限制，甚至连最基本的正当程序原则都可以不遵守。应该说，对于正当程序原则的适用，行政机关没有自由裁量权。只是在法律未对正当程序原则设定具体的程序性规定时，行政机关可以就履行正当程序的具体方式作出选择。本案中，北京大学作为法律、法规授权的组织，其在行使学位授予或撤销权时，亦应当遵守正当程序原则。即便相关法律、法规未对撤销学位的具体程序作出规定，其也应自觉采取适当的方式来践行上述原则，以保证其决定程序的公正性。

关于焦点二，正当程序原则保障的是相对人的程序参与权，通过相对人的陈述与申辩，使行政机关能够更加全面地把握案件事实、准确适用法律，防止偏听偏信，确保程序与结果的公正。而相对人只有在充分了解案件事实、法律规定以及可能面临的不利后果之情形下，才能够有针对性地进行陈述与申辩，发表有价值的意见，从而保证其真正地参与执法程序，而不是流于形式。譬如，行政处罚法在设定处罚听证程序时就明确规定，举行听证时，调查人员提出当事人违法的事实、证据和行政处罚建议，当事人进行申辩和质证。本案中，北京大学在作出《撤销决定》前，仅由调查小组约谈过一次于某某，约谈的内容也仅涉及《运动》一文是否涉嫌抄袭的问题。至于该问题是否足以导致于某某的学位被撤销，北京大学并没有进行相应的提示，于某某在未意识到其学位可能因此被撤销这一风险的情形下，也难以进行充分的陈述与申辩。因此，北京大学在作出《撤销决定》前由调查小组进行的约谈，不足以认定其已经履行正当程序。北京大学对此程序问题提出的异议理由不能成立，本院不予支持。

关于焦点三，作为一个对外发生法律效力的行政行为，其所依据的法律规定必须是明确的，具体法律条款的指向是不存争议的。唯有此，相对人才能确定行政机关的确切意思表示，进而有针对性地进行权利救济。公众也能据此了解行政机关适用法律的逻辑，进而增进对于相关法律条款含义的理解，自觉调整自己的行为，从而实现法律规范的指引、教育功能。本案中，北京大学作出的《撤销决定》虽载明了相关法律规范的名称，但未能明确其所适用的具体条款，而上述法律规范的条款众多，相对人难以确定北京大学援引的具体法律条款，一审法院据此认定北京大学作出的《撤销决定》没有明确的法律依据并无不当，本院应予支持。

综上，上诉人北京大学提出的要求撤销一审判决等上诉主张缺乏事实及法律依据，本院不予支持。据此，依照《中华人民共和国行政诉讼法》第八十九条第一款第

(一)项之规定,判决如下:

驳回上诉,维持一审判决。

二审案件受理费50元,由上诉人北京大学负担(已交纳)。

本判决为终审判决。

审　判　长　赵　锋
代理审判员　张美红
代理审判员　徐钟佳
二〇一七年六月六日
书　记　员　冯晓俐

附录5

陈某诉中山大学撤销硕士学位决定案

【基本案情】

陈某系中山大学1999届硕士研究生。1986年,陈某考入武汉水运工程学院(现武汉理工大学瑜家头校区)。1989年,因为专业课不及格,学校仅给他颁发了肄业证书。1994年11月,为参加研究生考试,陈某把自己的肄业证遮盖复印,伪造了一份毕业证。陈某以同等学力人员身份参加了中山大学1995年硕士研究生入学考试,顺利通过考试,被该校哲学系中国哲学专业录取。1999年6月,陈某的论文通过了答辩,被学校授予哲学硕士学位。毕业后,他进入广东省高等教育出版社任编辑工作。2005年7月20日,广东省高等教育出版社的上级主管单位广东省教育厅经过调查致函中山大学,陈某在报考研究生时存在弄虚作假欺骗学校的情况,要求对其研究生学历、学位证书进行复审,并将结果报送教育厅。2005年11月18日,中山大学向陈某核对当时的情况,陈某承认当年是以改动的学历材料报考研究生。2005年12月31日,中山大学认定:陈某在报考1995年硕士学位研究生时未取得大专毕业资格,伪造大专毕业学历,以同等学力身份报考,不符合报考的学历要求,凭伪造的学历取得入学资格,决定宣布陈某的毕业证无效,并撤销其硕士学位。2006年1月4日,陈某被广东省教育厅辞退。2006年3月24日,陈某向广州市海珠区人民法院提起行政诉讼,要求母校撤销宣布他毕业证无效并撤销硕士学位的决定,并赔礼道歉。

【裁判结果】

一审驳回原告诉讼请求;二审支持诉讼请求,撤销学校决定;再审纠正二审,维持一审。

一审法院认为,依照国家教育委员会发布的《普通高等学校招生管理处罚暂行规定》第八条及《普通高等学校学生管理规定》第六条的规定,原告涂改肄业证书以使自己达到研究生报考条件的舞弊行为,显然属于不应录取的条件。原告作为无学籍的学生,不应具有毕业的资格,因此所获得的学历证书不予以承认。

二审法院认为,被上诉人中山大学作出的决定既宣布上诉人的毕业证书无效,又撤销了上诉人的硕士学位,属于涉及上诉人重大权益的行为。但被上诉人既不能提供上诉人当年报考时的涂改证件,也不能提供证据证明其履行过审查和复查的法定职责;被上诉人在作出决定前既没有认真调查核实证据,也没有听取上诉人的陈述和申辩;违反了先调查取证、听取意见,再作出处理的行政法基本原则。因此,二审法院认为中山大学作出的决定认定事实不清、证据不足,适用法律法规错误,程序不合法,依法应予以撤销。

  再审法院维持了一审判决，认为二审判决适用法律错误，应予纠正。法院认为，陈某不符合招生条件且伪造大专毕业学历，按照当时的规定应被取消录取资格，不能因中山大学未在新生入学三个月内及时发现陈某的作假行为而视为陈某已取得了合法、有效的学籍。陈某的行为是一种明显的故意行为，且妨害我国法律保护的平等教育权制度，具有违法性，中山大学纠正其先前的确认行为，符合公平、公正、诚实守信的行政原则。

附录 6

柴某某与上海大学教育一审行政判决书

上海市浦东新区人民法院
行政判决书

（2019）沪 0115 行初 362 号

原告柴某某。
委托代理人曹某某，上海市汇业律师事务所律师。
委托代理人何某，天册（上海）律师事务所律师。
被告上海大学。
法定代表人刘某某。
委托代理人李某某。
委托代理人徐某某，上海金茂凯德律师事务所律师。

原告柴某某诉被告上海大学要求履行法定职责一案，于 2019 年 3 月 20 日向本院提起行政诉讼，经审查，本院依法立案受理，并在法定期限内向被告送达了起诉状副本及应诉通知书。本院依法组成合议庭，于 2019 年 7 月 24 日公开开庭审理了本案。原告柴某某及其委托代理人曹某某、何某，被告上海大学的委托代理人郭某某（后被上海大学撤销委托）、徐某某到庭参加诉讼。经上海市高级人民法院批准延长审理期限，本案现已审理终结。

原告柴某某诉称，其于 2014 年 9 月至 2017 年 12 月在上海大学应用经济学（法律金融学）专业攻读博士研究生。就读期间，原告无任何违法乱纪行为，按规定修完全部课程并通过全部学业考试。原告撰写的博士论文《中国农地信托构造研究》，通过了被告组织的开题、预答辩、盲审、正式答辩等环节，论文答辩委员会的最终答辩意见为建议授予博士学位。在读期间，原告在南大核心期刊《大连理工大学学报》上发表了学术论文，并在全国性学术会议"中国商法年会"上发表了会议论文。2017 年 12 月 9 日，被告向原告颁发了上海大学《博士研究生毕业证书》，准予原告毕业。2018 年 11 月 28 日，原告依据《上海大学学位授予工作实施细则》（以下简称《上大学位实施细则》）的规定，向被告邮寄了申请颁发博士学位的全部材料。原告认为，根据《上大学位实施细则》第十五条、《上海大学攻读博士学位研究生指导性培养方案》第六部分以及《上海大学博士学位授予科研成果量化指标》的规定，原告已经符合了学校关于"在国内外核心期刊或全国性学术会议上正式发表 2 篇与学位论文有关的学术论文"的博士学位授予条件。被告却以原告发表的核心期刊学术论文数量不符合经济学院的科研量化指标为由，未组织学校学位评定委员会对原告的博士学位申请进行审核评定，未出具法定答复。原告已经通过答辩，答辩意见也是建议授予博士学位，应当认为被告已经认定原告符合了被告的科研量化要求。原告还认为，上位法均未规定在核心期刊发表论文才能申请学位，立法本意是重点审查在校成绩和学位论文情况。科研量化指标的制定是学校的行政管理行为，而非学术自治范畴，经济学院的量化指标突破学校规定，不能对原告产生效力。依据《中华人民共和国学位条例》（以下简称《学位条例》）规定，被告负有依法对原告提出的学位申请进行评定并对符合学位授予条件者颁发学位的法定职责，被告在申请阶段增设条件，缺乏上位法依据。被告仅通过学院秘书微信告知，也不具备法定形式，应当视为未履行法定职责，被告也无证据证明学位评定分委员会曾就原告申请进行过审查和开会表决程序，违反正当程序原则，被告的做法已经严重侵害了原告的合法权益。故原告诉至本院，请求法院判令被告履行法定职责，组织学校的学位评定委员会对原告的博士学位申请进行审核评定。

  原告向本院提交了以下证据：1. 成绩单，证明原告已修完并通过上海大学规定的博士学位全部课程，且已通过博士学位毕业论文的答辩，答辩结果为"建议授予博士学位"；2. 博士学位论文双盲评审成绩、博士毕业证书，证明原告的博士学位论文已通过"双盲评审"程序，2017年12月9日，被告向原告颁发博士研究生毕业证书；3. 《寿险核保期被保险人意外身故法律问题研究》，载于《大连理工大学学报（社会科学版）》（2017年第2期），证明原告撰写的上述论文被公开发表在《大连理工大学学报（社会科学版）》（核心期刊）2017年第2期第38卷上；4. 《私法自治与民商主体制度的重构——从小商贩与城管的矛盾冲突谈起》，载于《中国商法年刊》（2015年），证明原告撰写的上述论文，已被公开发表在《中国商法年刊》（2015年）上（全国性会议论文）；5. 致上海大学金东寒校长的三封信，证明2018年11月19日、11月22日、11月24日，原告向被告金东寒校长致信，向校长反映原告的情况，并请求学校有关部门能妥善处理原告申请博士学位一事；6. 信访材料、信访邮件截屏，证明2018年12月3日，原告向被告信访办发送了相关信访材料；7. 《上大学位实施细则》（2017年7月修订），证明根据被告有关规定要求，原告符合"在国内外核心期刊或全国性学术会议上正式发表2篇与学位论文有关的学术论文"的要求，可以申请博士学位，被告应根据该细则第十三条、第十四条的规定进行审查和审批；8. 《上海大学关于研究生学位授予科研成果量化指标体系的规定》（2018年7月修订）及附件《上海大学博士学位授予科研成果量化指标》，证明附录说明4表明《上海大学博士学位授予科研成果量化指标》适用于除"艺术类学位"之外的所有学位授予申请，并没有授权其他学位评定分委员会制定科研成果量化指标，原告所读专业没有得到授权制定细化标准；9. 淘宝网销售页面截图，证明原告的论文被刊登在2015年9月1日法律出版社正式出版的《中国商法年刊》（2015年），书号为×××××××××，属于会议学术论文，是合法出版物，目录中列明了原告发表的论文；10. 微信聊天记录截屏、邮寄凭证，证明原告于 2018 年 11 月 28 日向被告提出博士学位申请，并按照要求邮寄提交了相关材料，包括博士学位申请书两份、博士学位论文纸质版、成绩单、论文中英文摘要、照片和已经发表的两篇论文。

被告上海大学辩称，原告系被告经济学院应用经济学下属二级学科法律金融学的 2014 级博士生，在进校之初就应当了解学校关于博士毕业和取得学位的相关要求，相关规定和科研量化指标被告也通过学生手册和官网的方式予以周知。经济学院的科研量化指标体系是上海大学科研量化考核体系的一部分，通过学校统一向学生公布，在该专业就读的学生理应符合该专业的论文发表要求。原告发表论文数量不符合经济学院的科研量化考核要求，只发表了一篇核心期刊论文，不符合三篇的要求。同时，原告发表的论文也不符合学校的科研量化指标要求，与原告的博士学位论文没有相关性，商法年刊的论文不属于会议论文。被告收到原告的申请材料后，由经济学科的学位评定分委员会予以审查，审查后认为原告不符合博士学位申请条件，遂对原告申请予以驳回。根据被告关于学位评定分委员会及秘书的职责相关规定，通过学位评定分委员会秘书微信对原告告知，属于合法告知，其后也对原告进行了面谈告知。被告认为，对申请的形式要件是否符合规定，无须开会表决，只有审查接受学位申请后，才进入下一步的审核评定程序。故被告未组织学位评定委员会对原告的博士学位申请予以审核评定，符合学校惯例和相关规定。关于答辩委员会作出的"建议授予博士学位"，只是建议，是否接受，由被告和学位评定委员会予以审查判断。另外，原告明知其论文发表数量不符合要求，也向被告申请延期申请博士学位，被告并未最终作出结论，原告依旧可以在论文发表符合要求的情况下，要求被告组织审核评定。在最终审核评定未作出之前，原告提起本案诉讼没有意义。综上，原告不符合博士学位申请条件，被告并不存在不履行法定职责的情形。请求法院依法驳回原告的诉讼请求。

被告上海大学向本院提交了以下证据、依据：1. 申请书，证明 2017 年 12 月 9 日原告向被告提交申请，要求暂缓申请博士学位，原告知道其没有完成学校规定的科研指标；2. 柴某某与秘书陈某某的微信对话截图，证明学位评定分委员会已审核柴某某的博士学位申请，2018 年 12 月 5 日，秘书通过微信告知原告结果，原告导师也不同意柴某某提交申请；3. 面谈记录，证明 2018 年 12 月 11 日面谈记录上有柴某某签字，已经说明被告告知了不予接受原告的博士学位申请；4. 关于柴某某同学学位申请相关情况的说明，由陈某某出具，证明陈某某对原告申请学位相关事项作出书面说明，包括原告答辩当天申请暂缓授予博士学位，被告同意原告先进行论文答辩，之后原告曾向被告邮寄申请材料，被告认为原告申请不符合条件，通过秘书告知原告，以及面谈告知原告等情况；5.《学位条例》《中华人民共和国学位条例暂行实施办法》（以下简称《暂行办法》）第二十五条、《上大学位实施细则》（2017 年 7 月修订），证明被告具有受理原告博士学位申请，并进行审核的相应职权；6.《上大学位实施细则》第二十四条转引至第十三条，《上海大学学位评定委员会章程》（2017 年 6 月）第七条、第八条,《上海大学经济学科学位评定分委员会工作章程》(2017年9月)第二条、第三条,作为被告处理原告博士学位申请的程序依据,证明根据规定,原告的博士学位申请由研究生院委请学位评定分委员会予以审查,学位评定分委员会具有审查通过接受申请学位人员名单的职责,其下设的办公室协助学位评定分委员会对学位申请人进行资格审查,审核学位课程考试门类及学位论文答辩情况等工作,学位评定分委员会设秘书一人,协助学位评定分委员会主席处理日常工作,通过秘书传达相关信息,是学校惯例;7.《学位条例》第六条,是被告制定科研量化指标的依据,《上大学位实施细则》第十三条、第十四条、第十五条、第二十四条、第二十五条、第二十六条,《上海大学关于研究生学位授予科研成果量化指标体系的规定》及附件《上海大学研究生学位授予科研量化指标》、《应用经济学学科攻读博士学位研究生培养方案》、《应用经济学博士研究生科研量化考核办法》(2013年4月修订)、《上海大学经济学院研究生学位授予科研量化指标》(2014年),作为被告的法律适用依据,证明经上位法授权,被告有权制定具体的科研量化指标,被告认定原告提交的论文不符合经济学院的科研量化指标,因此原告的博士学位申请未通过学位评定分委员会的审查;8.《上海大学申请博士学位论文答辩流程》,证明上海大学博士论文答辩的流程规定;9. 上海大学2013年博士研究生招生专业及考试科目,二级学科自主设置信息平台,自主设置目录外二级学科备案表(法律金融学),授予博士、硕士学位和培养研究生的二级学科自主设置实施细则,证明上海大学2013年博士研究生招生专业列明应用经济学学科下设"法律金融学"的研究方向,该二级学科已经备案;10.《关于对〈上海大学关于研究生学位授予科研成果量化指标体系的规定(试行)〉的补充说明》,2006年7月10日上海大学网上公布,证明期刊学术论文是指在期刊上以正常卷期发表的学术文章;会议学术论文是指论文被刊登在正式出版的学术论文集中,柴某某发表的会议论文不符合要求;11.《上海大学研究生教学管理规定(试行)》,证明培养方案适用于所有研究生,一经确定,严格执行;12.《制定上海大学攻读博士学位研究生培养方案指导性意见》,证明二级学院获得授权制定培养方案;13.《上海大学经济学院研究生学位授予科研量化指标》(2014年版),证明在举行学位论文答辩时应已发表(含录用)与学位论文研究相关的研究论文,且符合量化要求。

经庭审质证,原告对被告证据依据,发表以下质证意见:被告超过法定期限举证,应视为没有提交证据,法院立案后向被告寄送了应诉通知书、举证通知书等相关材料,法院第一次送达符合法定程序,被告无正当理由退件,文书退回之日视为送达之日。被告在法院再次送达后提交的证据,已经超过了法定的举证期限。被告在开庭前一天又补充了证据2~4、9~13,没有正当的延期举证事由,属于超期举证,应当予以排除。对证据1,系原告在答辩当日书写,由于受到胁迫,并非真实意思表示,被告告知原告论文发表数量不符合规定,现在申请肯定无法审核通过,故原告暂缓申请,但不代表放弃申请,申请书不能证明被告拒绝原告申请的事实;对证据2~4关涉申请事实等,原告予以质证,对证据2,内容真实,系发生在原告和秘书之间的对话,但导师不同意不代表被告可以拒绝原告的博士学位申请,如果博士在读期间一篇论文未发表想要获得博士学位才需要导师签字,微信截图不能达到证明目的;对证据3,确实因原告信访后于2018年12月11日召开过会议,但该会议参会人员只有聂某是学位评定分委员会委员,其余均不是,根据规则,不能认为是学位评定分委员会履行法定职责,会议记录性文字非原告书写,只有第二页原告署名和"双方对法律、经济学院内部文件的有效性存在较大分歧"是原告所写,到会人员签名不全,无法确认真实性;对证据4,形式上是证人证言,证人未到庭无法质证,关于内容方面,对申请材料邮寄、暂缓申请学位的事实认可,秘书的告知不能代表被告的告知,秘书告知原告先不要申请,一旦否决将不能再申请学位,所以原告才提出暂缓申请,是受被告胁迫,其中所说的由导师核实原告论文达标情况的表述不属实;对证据8,认为与本案无关,真实性认可,原告已经通过论文答辩。对被告的职权依据无异议,原告表示需要补充,《学位条例》第六条、第八条第一款、第十条第二款,《暂行办法》第十条第二款、第十八条第(一)项及《上大学位实施细则》第十三条、第十四条、第十五条,这些依据也应当作为职权依据。对被告的程序依据有异议,被告的相关规定对学位评定委员会的召开和表决都规定了明确的议事规则,需要三分之二出席才得以召开,三分之二表决一致才能作出决议,秘书只是协助,不能作出是否接受的决定,学位评定分委员会也只是协助,被告应当举证是否开会投票决议,如果没有具体程序规制,应当以正当程序原则审查被告有无履职,被告应当作出书面决定,并告知理由,允许原告提出陈述申辩和反对意见,被告在此过程中均未做到。对被告的法律适用依据,原告均不认可,《上大学位实施细则》第十五条和《学位条例》第六条与本案程序认定无关,经济学院的科研量化指标与学校规定不同,根据《上海大学关于研究生学位授予科研成果量化指标体系的规定》说明4表明《上海大学研究生学位授予科研成果量化指标》适用于除"艺术类学位"的所有博士学位授予的申请,被告不能证明经济学院的科研量化指标得到了学校的授权发布。

被告对原告的证据发表以下质证意见:对证据1~3、5~7、10无异议;对证据4证明内容有异议,认为无法证明是全国性会议论文;对证据8证明内容有异议,无法证明应用经济学分委员会制定的量化指标没有得到授权;对证据9有异议,没有看到原件,无法发表质证意见,知网上只能查询到文章;对证据10,被告表示收到了申请材料,对证明事实有异议,原告的申请材料并不符合学校的要求,论文发表数量不符合规定。

本院对上述证据认证如下:被告在本院送达应诉材料后,提交的证据系于法律规定的举证期限内提供,本院予以认可,可以作为本案证据。被告提供的证据2~4,虽然属于补充证据范围,但关涉原告的申请事实等情况,原告当庭予以认可,本院认定作为本案证据,对被告补充提交的证据《上海大学经济学院研究生学位授予科研量化指标》（2014年版），因与被告之前提交的《应用经济学博士研究生科研量化考核办法》（2013年4月修订）关于论文发表数量的要求表述基本一致，被告作为法律适用依据予以提及，原告当庭也予以质证，本院确认可以作为本案证据；对被告补充提交的其余证据（证据9~12），因超过法定期限亦无延期举证的正当理由，本院依法予以排除。

被告提供的证据1~3，可以证明原告在博士论文答辩当日提出暂缓申请学位，原告提出博士学位申请、发表论文的情况，以及秘书告知申请不符合条件的相关事实，本院予以确定为本案证据；证据4中原被告无争议的内容，也验证了原告博士申请未获初审通过并经由陈某某微信告知的事实，对此本院予以确认；证据8证明博士论文答辩流程，与本案无关，本院不予采纳。被告提供的职权依据、程序依据和法律适用依据中的《学位条例》《暂行办法》《上大学位实施细则》《上海大学经济学科学位评定分委员会工作章程》（2017年9月）、《应用经济学博士研究生科研量化考核办法》（2013年4月修订）、《上海大学经济学院研究生学位授予科研量化指标》（2014年），系原告进行博士学位申请时有效的法律法规以及学校、学院制定的相关规定，《上海大学关于研究生学位授予科研成果量化指标体系的规定》（2004年版）及附件《上海大学研究生学位授予科研成果量化指标》，可以证明被告2004年制定的科研量化指标的具体内容，以上规定均可以适用于本案，本院依法予以确认，但被告适用上述依据作出的认定和告知是否符合相关规定，本院会在本院认为中予以分析评判。

对原告提供的证据，可以证明原告的学业成绩、论文答辩情况、发表论文情况，原告邮寄博士学位申请材料、被告告知不符合申请条件等情况，本院予以采信。原告提供的《上海大学关于研究生学位授予科研成果量化指标体系的规定》（2018年7月修订）及附件《上海大学博士学位授予科研成果量化指标》和原告当庭陈述的被告应予补充的职权依据，可以证明被告作为学位授予单位的具体职责，以及对科研量化方面的具体规定，本院予以采信。结合微信截屏、面谈记录以及双方当庭陈述的情况，可以证明被告对原告论文发表数量不符合经济学院的规定已经告知原告，原告也知晓被告拒绝受理其学位申请的事实，对原告当庭陈述被告对其申请未作出任何处理的主张，本院不予采纳。

经审理查明，2014年9月，原告进入上海大学应用经济学（法律金融学）专业就读，攻读法律金融学博士学位。2017年12月9日，被告组织博士论文答辩，原告持博士学位论文《中国农地信托构造研究》参加答辩。答辩当日，原告向被告学位评定委员会提交书面申请称，因科研不达标，要求准予其暂缓申请博士学位。同日，原告以5票通过0票反对，通过答辩。随后，被告向原告颁发了落款日期为2017年12月9日的《博士研究生毕业证书》，证书载明：原告于2014年9月至2017年12月在应用经济学（法律金融学）专业学习，修完博士研究生培养计划规定的全部课程，成绩合格，毕业论文答辩通过，准予毕业。同年12月11日，上海大学经济学院研究生办公室盖章出具成绩单,载明原告的博士学位论文答辩结果为建议授予博士学位。2018年11月28日,原告向被告上海大学学位评定委员会递交了博士学位申请书及相关材料,包括博士学位论文纸质版、成绩单、论文中英文摘要、照片和已经发表的两篇论文。被告收悉后,经济学科学位评定分委员会秘书(兼经济学院秘书,以下以学院秘书指代)陈某某于2018年12月5日通过微信告知原告,因其发表的论文数量不符合经济学院科研量化考核指标,故其博士学位申请不符合要求。之后,被告对原告的博士学位申请未组织学位评定委员会进行审核评定,也未出具任何书面决定。原告不服,遂涉诉。

另查明,《上海大学关于研究生学位授予科研成果量化指标体系的规定》及附件规定,文学、历史学、管理学、法学等的科研量化指标为:1.申请人在国内外核心期刊或全国性学术会议上正式发表2篇与学位论文有关的学术论文,作者排序:第一作者或者除导师以外的第一排署名,其中至少有1篇论文是第一作者;2.申请人一般应在国内外核心期刊上发表与学位有关的论文1篇(作者排序要求同上),并有1项经省部级以上(含省部级)主持鉴定、验收的科研成果,研究者排序:前三名;3.参加专著或教材编著,并正式出版,其字数不得少于十五万字(编著者排序要求同学术论文要求)。以上条件只需符合1项即可。

《应用经济学博士研究生科研量化考核办法》(2013年4月修订)规定,本学科博士研究生在举行学位论文答辩时,应已发表(含录用)与学位论文研究相关的研究论文,量化要求为:1篇一级论文,或者2篇二级论文,或者1篇二级论文和2篇三级论文。对一级、二级、三级论文进行了明确,并列举了期刊名录。此后,经济学院发布《上海大学经济学院研究生学位授予科研量化指标》(2014年版)规定,本学科博士研究生在举行学位论文答辩时,应已发表(含录用)与学位论文研究相关的研究论文(CSSCI/SSCI/SCI期刊),量化要求为:一级B及以上期刊论文1篇,或二级(A、B)期刊论文2篇,或二级(A、B)期刊1篇和三级期刊论文2篇,并在附件中将论文分级进行明确。庭审中,被告称上述两个量化要求一致,经本院核对,量化要求基本一致,但列明的各个级别的期刊名录略有不同,原告发表的两篇论文不符合上述两个量化要求。根据《上海大学关于研究生学位授予科研成果量化指标体系的规定》的相关规定,学校规定部分学科能够另行制定科研量化指标的主体是学位评定分委员会,而非二级学院。鉴于本案中经济学院和应用经济学关于科研量化指标的规定基本一致,后文阐述对此不作区分,以经济学院的科研量化指标统一指代。

原告向被告申请博士学位时,作为科研成果提交的论文为:1.《寿险核保期被保险人意外身故法律问题研究》,载于《大连理工大学学报(社会科学版)》(2017年第2期第38卷);2.《私法自治与民商主体制度的重构——从小商贩与城管的矛盾冲突谈起》,载于《中国商法年刊》(2015年),法律出版社出版。被告认可原告论文一发表于核心期刊,属于经济学院科研量化指标中的三级论文,论文二不属于经济学院规定的论文类型范围,故原告的论文发表数量不符合经济学院的科研量化指标。

再查明,《上海大学关于研究生学位授予科研成果量化指标体系的规定》(2004年版本)第一点规定博士学位申请者在学习期间必须有公开发表的论文或取得经过鉴定的科研成果,具体要求见附件《上海大学研究生学位授予科研成果量化指标》,附录说明5载明文科中的美术学研究生学位的标准另定。《上海大学关于研究生学位授予科研成果量化指标体系的规定》(2018年7月修订)第一点规定,为保证毕业研究生学位授予的质量,上海大学博士、硕士学位申请者,在学习期间必须有公开发表的论文,或取得经过鉴定的科研成果,博士具体要求见附件《上海大学博士学位授予科研成果量化指标》,硕士不再统一要求,由学位评定分委员会确定。《上海大学博士学位授予科研成果量化指标》附录说明4载明,艺术类学位科研成果量化指标的标准由学位评定分委员会制订。又查明,原告在2018年11月28日向被告提出博士学位申请前后,还曾向被告时任校长金东寒邮寄了三封信,对被告通过设置核心期刊论文发表数量来提高获取博士学位门槛的做法表示不满,希望被告对原告诉求予以研究,并妥善处理。原告还于2018年12月3日通过电子邮件方式,向被告信访机构发送信访材料,要求被告对原告的博士学位申请事宜进行研究处理。2018年12月11日,被告相关人员与原告就原告学位问题进行面谈,原告在面谈记录尾部书写"双方对法律、经济学院内部文件有效性存在较大分歧"并签名。还查明,被告上海大学于2019年12月组织学位评定委员会对原告的博士学位申请进行了审核评定,审核评定结果为不同意授予原告博士学位。

本院认为,被告上海大学作为高等学校,属于法律法规授权的学位授予单位,具有组织学位评定委员会对原告博士学位申请进行审核评定的职权。本案原告提出博士学位申请后,被告未予组织审核评定,原告的起诉符合提起履行法定职责案件的诉讼要件。

就被告以原告发表论文的数量未达到经济学院的科研量化指标为由,对原告的博士学位申请不予组织审核评定,且以微信的方式告知,其行为是否符合相关规定,本院认为:第一,根据《学位条例》第六条和《暂行办法》第二十五条的规定,被告上海大学作为博士学位授予单位有权制定博士学位授予的相关细则。《上大学位实施细则》相关条款对博士学位授予条件进行了限定,规定了学位授予的申请程序、博士学位审批、不授予学位的情形,来源于上位法的授权,并未违反《学位条例》和《暂行办法》的规定。《学位条例》第六条对"学术水平"的界定比较原则,上海大学将学术水平的衡量标准通过科研成果量化指标予以具体化,并未违反《学位条例》第六条关于授予博士学位条件的相关规定。原告关于被告将科研量化指标作为申请学位的申请要件属于突破上位法规定,应属违法的主张,缺乏依据,本院不予采纳。第二,根据上位法和被告相关规定,原告的博士学位申请材料应当由所属学科的学位评定分委员会进行审查。《学位条例》第十条,《暂行办法》第十条、第十八条、第十九条及《上大学位实施细则》第十三条、第二十四条规定,学位评定委员会根据授予学位权限，在规定期限内具有履行审查通过接受申请博士学位的人员名单的相关职责。学位评定分委员会协助学位评定委员会工作，负责审查学位申请材料是否符合规定。本案中，除原被告争议的科研成果是否达标的问题外，原告在规定的期限内提交了全部申请材料，被告未出具证据证明学位评定分委员会曾就原告的博士学位申请材料进行过审查，不能证明被告的程序正当性。第三，学院秘书通过微信向原告告知，不能当然视为学位评定分委员会履职的行为。《上海大学学位评定委员会章程》《上海大学经济学科学位评定分委员会工作章程》规定，学位评定委员会下设若干学位评定分委员会，学位评定分委员会设秘书一人，协助学位评定分委员会主席处理日常工作。上述规定将学院秘书在学位授予工作中的职责限定于协助主席工作。学院秘书的行为是否可视为学位评定分委员会的履职行为，应结合上述规定对秘书协助开展相关工作的性质予以认定。

学院秘书对明显不符合申请材料形式要件的，可以通过简便方式告知申请人补充相关材料。但本案中，原告向被告提交的申请材料中所涉已发表2篇论文，一篇刊载于核心期刊（属于经济学院指标中的三级论文），一篇是会议论文（不属于经济学院指标中的任何论文级别），已符合学校科研标准关于2篇核心期刊或者全国性会议论文的数量要求，但不符合经济学院科研量化指标中关于2篇三级论文和1篇二级论文的数量要求。原被告对应当适用学校科研标准还是学院科研标准存有争议，该争议的判断结论不仅会影响申请材料是否完备的审查定性，更关乎学生的重大权利义务，显然不宜直接由学院秘书予以决定，也不能当然视为学位评定分委员会的履职行为。

关于原被告争议的学校科研标准和学院科研标准的问题，本院认为，《上大学位实施细则》规定，对博士学位申请者的科研成果应当符合《上海大学研究生学位授予科研成果量化指标》，该量化指标是上海大学校级层面的规定。该校级科研量化指标2004年版本仅规定"文科中的美术学研究生学位"可以另行制定标准。2018年版本仅说明"硕士不再统一要求，由学位评定分委员会确定。""艺术类学位科研成果量化指标的标准由学位评定分委员会制订。"由此可见，上海大学并未将经济学院应用经济学学科纳入另行制定科研成果量化指标的学科范围。经济学院的科研量化指标规定的论文发表载体和数量与学校规定不相一致，并非对学校规定的简单细化，而是重新定义。学位的授予与否关涉学生重大切身利益，经济学院的相关规定并不能如被告所称通过事先告知的方式，当然上升为校级规定。本院还认为，在不违反上位法的前提下，高校对博士学位申请者的学术衡量标准有自主自治的权力，可以设置相关规范，但设定的规则应当被严格遵守，以防止学术评价标准上的混乱。各学科标准高于或低于学校标准，应在学校规定中予以体现，高校在学位授予方面的程序规制并未否定各学科制定具有本学科特点科研标准的自主性。

值得指出的是，通过规定发表论文数量和期刊载体的方式评价博士的学术水平，历来颇受争议，是否科学合理，各方意见不尽一致，但此属高校学术自治的范畴，本院予以充分尊重。各方期待能有更科学合理的评价博士学术水平的途径或者多样评价方式，需要学位授予单位、教育管理部门和学子们共同推进。

综上，在原被告对学院科研标准和学校科研标准存有争议的情况下，被告仅通过学院秘书以微信告知的方式驳回原告的博士学位申请，缺乏事实和法律依据，属于未履行法定职责的行为，依法应予纠正。在本案审理过程中，原被告确认被告已于2019年12月对原告的博士学位申请组织学位评定委员会进行了审核评定，并出具了评定结论。经本院释明，原告不撤回本案起诉。故本院依法确认被告之前对原告的博士学位申请未予组织审核评定的行为违法。

依照《中华人民共和国行政诉讼法》第七十四条第二款第（二）项，《最高人民法院关于适用的解释》第八十一条第四款之规定，判决如下：

确认被告上海大学对原告柴某某于2018年11月28日提交的博士学位申请未组织学校学位评定委员会予以审核评定的行为违法。

案件受理费50元（原告已预缴），由被告上海大学负担。

如不服本判决，可在判决书送达之日起十五日内，向本院递交上诉状，并按对方当事人的人数提出副本，上诉于上海市第三中级人民法院。

审　判　长　金民珍
审　判　员　孙忠耘
审　判　员　郭寒娟
二〇二〇年三月五日